Korruption und Amtsmißbrauch in der DDR

Volker Klemm

Korruption und Amtsmißbrauch in der DDR

Deutsche Verlags-Anstalt
Stuttgart

Die Deutsche Bibliothek – CIP-Einheitsaufnahme

Klemm, Volker:
Korruption und Amtsmissbrauch in der DDR / Volker Klemm.
– Stuttgart : Deutsche Verlags-Anstalt, 1991
ISBN 3-421-06620-5

© 1991 Deutsche Verlags-Anstalt GmbH, Stuttgart
Alle Rechte vorbehalten
Lektorat: Ulrich Volz
Gesamtherstellung: F. Pustet, Regensburg
Printed in Germany

Inhalt

Vorwort 7

Chronologische Vorbemerkung 9

Ein ungewöhnliches parlamentarisches Gremium 11
   Entstehung und Mitglieder 11
   Konstitution des Ausschusses 15
   Startprobleme 17
   Rechtsstaatlichkeit und Öffentlichkeit 19

Informationsquellen 22
   Briefe und Eingaben 22
   Expertenrunde 25
   Aufträge an die Experten 29

Erste Aktivitäten 30
   Bereitschaft zur Mitarbeit 30
   Beantwortung von Briefen und Gespräche mit Bürgern . . 31
   Eigenständige Ermittlungen 33
   Öffentlichkeitsarbeit 35
   Zwei Versuche hoher Politik 39

Anhörungen 44
   Die ersten beiden Gruppen 44
   Fragen nach politischer Verantwortlichkeit 46
   Keine Kontrolle der Stasi 52
   Vorbereitungen und Antworten 59
   Mangelndes Unrechtsbewußtsein 65

Eine Art Sündenregister 71
   Versorgungsprivilegien in »Wandlitz« 71
   Begünstigter Bau und Verkauf von Einzelhäusern 74
   Jagdleidenschaften 79
   Lüge vom Amateurstatus 82
   Ausschaltung von gesellschaftlicher Kontrolle – »Koko« . . 84
   Eine unvollkommene Bilanz 89

Ausklang und Versuch eines Resümees 91
   Ruhmloser Ausklang 91
   Was bleibt? 94

Dokumentenanhang 98
   Vorbemerkung 98
   Anhörung von Margot Honecker (20. Dezember 1989) . . 99
   Anhörung von Horst Sindermann (4. Januar 1990) 112
   Anhörung von Kurt Hager (4. Januar 1990) 120
   Anhörung von Erich Mückenberger (9. Januar 1990) . . . 133
   Anhörung von Werner Eberlein (9. Januar 1990) 141
   Anhörung von Joachim Herrmann (17. Januar 1990) . . . 152
   Anhörung von Hans Reichelt (18. Januar 1990) 165
   Anhörung von Wolfgang Herger und Fritz Streletz
   (18. Januar 1990) 177
   Anhörung von Günter Schabowski (23. Januar 1990) . . . 203
   Anhörung von Wolfgang Schwanitz und Rudi Mittig
   (6. Februar 1990) 224

Abkürzungsverzeichnis 245
Literatur- und Dokumentenverzeichnis 246
Personenverzeichnis 248

Vorwort

Auf ihrer 11. Tagung am 13. November 1989 beschloß die Volkskammer einhellig, einen Ausschuß zur Untersuchung von Korruption und Amtsmißbrauch und ähnlicher Gesetzesverstöße zu bilden. Er existierte vier Monate, bis zur Wahl der neuen Volkskammer am 18. März 1990.

Welches Ziel, welchen Charakter hatte dieses wohl einmalige parlamentarische Untersuchungsgremium? Wollten die Erben der alten Führungsclique den guten Willen der dem Ausschuß angehörenden Abgeordneten nur ausnutzen, um die Erregung und Wut der Bevölkerung über die politische und ökonomische Schuld der alten Politprominenz abzuschwächen? Ging es etwa nur darum, den Umfang dieser Schuld zu verhüllen und für die Erben zu retten, was zu retten war? Sollte dieser Ausschuß vielleicht nur eine Alibi-Rolle spielen?

Oder war es der erste ehrliche Versuch einer bisher fast nur als schein-parlamentarische Stütze des alten Regimes in Aktion getretenen Institution, über das gestürzte diktatorische System und sich selbst zu Gericht zu sitzen? War es eventuell ein erster systematisch gestalteter Schritt, die Vergangenheit zu bewältigen und daraus Lehren für die Zukunft zu gewinnen? Welche Aufgaben übernahm dann dieser Ausschuß, welche Informationen trug er zusammen, welche Erfahrungen und Erkenntnisse sammelte er?

Antworten auf diese Fragen zu finden, ist das Ziel des nachfolgenden Berichtes, der sich vor allem auf die umfangreichen Materialien, die dem Ausschuß als schriftliche Informationen im Laufe seines Wirkens zugegangen sind, die stenografischen Protokolle von angehörten Zeugen und Beschuldigten, auf die persönlichen Eindrücke des Autors von den Verhandlungen und Aktivitäten des Ausschusses stützt.

Das Bild wird abgerundet durch einen umfangreichen Dokumentenanhang, der wörtliche Auszüge aus den stenografischen Protokollen der Angehörigen enthält. Ein erläuterndes Namensregister stellt die im Bericht und den Dokumenten genannten Personen vor.

Berlin, im Oktober 1990   Volker Klemm

Nachtrag

Seit der Beendigung des Manuskriptes, das noch ganz unter dem Eindruck der Situation im April/Juni 1990 geschrieben wurde, sind neun Monate vergangen. Viel hat sich inzwischen ereignet. Die Informationen über hier dargestellte und analysierte Vorgänge haben sich nicht selten geradezu ins Unermeßliche gesteigert. Manches, was sich damals erst andeutete, hat sich nachhaltig bestätigt. Anderes müßte aus aktueller Sicht abwägender, vielleicht kritischer beurteilt werden. Dennoch sind wir mit einer sorgfältigen, verantwortungsvollen Aufbereitung unserer Vergangenheit seitdem nur wenig vorangekommen. Und schon allein daher besitzt dieser als Zeitdokument gedachte Bericht noch die gleiche Aktualität wie in den Wochen seines Entstehens.

Berlin, im Juli 1991   Volker Klemm

Chronologische Vorbemerkung

Unwahrscheinlich schnell eilt unsere Zeit. Das, was gestern noch aktuell war, das Denken und Handeln vieler beherrschte, ist heute veraltet, fast vergessen, zählt kaum noch. Und es bedarf schon des Eifers und des Mutes des Chronisten, um es wieder stärker aus dem Schatten der Vergangenheit in das Gedächtnis und die Aufmerksamkeit der einst Teilhabenden zu heben.

Am 12. Oktober 1989 fordert der Abgeordnete Professor Clauß aus der Fraktion der SED in der geschlossenen Informationstagung der Volkskammer, beeindruckt durch die Demonstrationen vom 6. bis 9. Oktober in Leipzig und Berlin, unverzüglich ein offizielles Plenum einzuberufen, auf der die Lage der Nation beraten werden sollte. Fast einhellig unterstützten die etwa 400 anwesenden Abgeordneten diesen Appell. Präsident Horst Sindermann reagierte nicht, weil das Politbüro der SED, wie er später berichten wird, ein solches Treffen nicht für notwendig hielt. Knapp eine Woche darauf, am 18. Oktober, verzichtet Erich Honecker auf sein Amt als Generalsekretär der SED; sein Nachfolger wird Egon Krenz, den die Volkskammer am 24. Oktober mit 26 Gegenstimmen und 26 Stimmenthaltungen zugleich zum Staatsratsvorsitzenden wählt. Zum neuen Regierungschef kreiert die Volkskammer am 13. November 1989 Hans Modrow. Zum Ende ihrer 11. Tagung beschließen die Abgeordneten, einen zeitweiligen Ausschuß zur Untersuchung von Fällen des Amtsmißbrauchs und der Korruption ins Leben zu rufen.

Fünf Tage darauf, am 18. November, bestätigt die 12. Tagung der Volkskammer die Regierung Modrow, wählt zugleich fast einhellig 20 Abgeordnete für den ebengenannten Ausschuß, der sich am 22. November endgültig konstituiert. Bis Ende Februar 1990 tagt zumindest der Vorstand fast in Permanenz. Sein erster Bericht während der 13. Tagung der Volkskammer am 1. Dezember 1990 löst eine stürmische Debatte zwischen Abgeordneten, ehemaligen und neuen Ministern aus. Das Interesse der Öffentlichkeit ist beträchtlich. Protokolle von Angehörigen, Eingaben, Kontrollen, Berichten, Empfehlungen und Beschlüssen des Ausschusses füllen binnen weniger Monate einen ganzen Aktenschrank. Unmöglich, das darin Enthaltene in kurzer Frist aufzubereiten oder endgültig zu werten.

Der zweite und dritte Ausschuß-Bericht findet praktisch schon unter Ausschluß der Öffentlichkeit statt. Das Präsidium der Volkskammer vermeidet, eingedenk der Vorgänge vom 1. Dezember 1989, eine erneute kritische Debatte. Den Abgeordneten werden diese Materialien und Informationen nur noch in schriftlicher Form übergeben. Dem Ausschuß wird nahegelegt, auf eine mündliche Erläuterung zu verzichten. Mit der letzten Tagung der alten Volkskammer am 7. März 1990 stellt auch der Untersuchungsausschuß endgültig seine Arbeit ein. Der Versuch der Mitglieder des Ausschusses, sich mit der Historie dieses Staates offen, kritisch und belehrend auseinanderzusetzen, mit soviel Enthusiasmus eingeleitet, bleibt wie so vieles beim Bewältigen unserer Vergangenheit unvollendet. Sicher ist das im hohen Maße dem Tempo der Zeit, den Problemen und Ereignissen der Gegenwart geschuldet. Sich damit kommentarlos abzufinden, bedeutet Verzicht auf jegliche analytisch-wertende Bilanz und verstärkt die Gefahr, daß die fehlerhafte geschichtliche Vergangenheit sich unter veränderten Bedingungen wiederholt.

Ein ungewöhnliches parlamentarisches Gremium

Entstehung und Mitglieder

Seit Anfang November 1989 mehren sich die Meldungen und Diskussionen über Amtsmißbrauch und Korruption von leitenden Funktionären aus dem Parteiapparat der SED und staatlichen Behörden. Immer klarer wird, daß führende Persönlichkeiten, die dem Volk sozialistische Bescheidenheit und Sparsamkeit, Dienst an der Gemeinschaft predigten, sich, was ihre individuellen Gewohnheiten und Wünsche betraf, keinesfalls bescheiden verhalten hatten. Bevorzugt wurden sie mit hochwertigen importierten Konsumprodukten und Medikamenten versorgt. Großzügig ausgestattete Wohnhäuser, Ferienheime, Jagdreviere, Gesundheitseinrichtungen standen ihnen und ihren Verwandten zur Verfügung. Die Unzufriedenheit über eine verfehlte Wirtschaftspolitik, die jahrzehntelang die große Mehrheit der Bürger der DDR zu Konsumverzicht gezwungen hatte, wuchs durch diese Meldungen weiter an.

Der Druck der empörten Bürger auf die Abgeordneten der Volkskammer steigert sich. Gegen Ende der 11. Tagung der Volkskammer am 13. November, auf der eine Anzahl erregter Abgeordneter zum erstenmal in der vierzigjährigen Geschichte der Volkskammer ungehemmt von ihrem Recht zur Frage an Mitglieder der Regierung Gebrauch macht, schlägt der neu gewählte Präsident der Kammer, Günther Maleuda, im Namen des Präsidiums »auf der Grundlage der Anträge von Fraktionen sowie des Generalstaatsanwalts« vor, einen »zeitweiligen Ausschuß der Volkskammer der DDR zur Überprüfung von Fällen des Amtsmißbrauchs, der Korruption, der ungerechtfertigten persönlichen Bereicherung und anderer Handlungen, bei denen der Verdacht der Gesetzesverletzung besteht«, zu bilden. Jede Fraktion sollte bis zur nächsten Tagung zwei Abgeordnete benennen. Die Mitglieder der Kammer befürworten diesen Antrag einstimmig;

und auf der 12. Tagung, am 18. November, werden die von den zehn Fraktionen vorgeschlagenen Abgeordneten mit einer Gegenstimme und einer Stimmenthaltung bestätigt.

Dennoch prägen die Geburt des Ausschusses von Anfang an einige Eigenheiten. Das beginnt schon mit dem Entstehen des Ausschusses, denn bisher ist unbekannt, von wem der Anstoß zur Bildung ausgegangen ist. Eindeutige Auskunft könnte das Protokoll der Präsidiumssitzung geben, aber dieses Schriftstück ist, soweit überhaupt vorhanden, noch nicht zugänglich. Widersprüchlich auch die Motive, warum dieser Ausschuß überhaupt gegründet wurde. War es wirklich vor allem das Ziel, Fälle des Amtsmißbrauches, der Korruption und ähnlicher Handlungen zu überprüfen, wie es der vom Präsidium entworfene, publikumswirksame Name des Ausschusses zum Ausdruck brachte? Oder ging es vielleicht in der damaligen kritischen Situation in erster Linie darum, den Ausschuß als Beruhigungsmittel für die Öffentlichkeit, als eine Alibi-Institution für die in der Volkskammer trotz aller demokratischen Ansätze noch immer äußerst einflußreichen Kräfte des Ancien régime zu nutzen? Aus heutiger Sicht erscheint letzteres wahrscheinlich. Dafür sprechen Ungenauigkeit und nicht zu bewältigende Breite des erteilten Auftrages, die wiederholten latenten Versuche von Präsidium und Sekretariat der Kammer, autarkes öffentlichkeitswirksames Entscheiden und Handeln des Ausschusses einzudämmen, und schließlich die völlig unzureichenden personellen und vor allem materiellen Mittel für den Ausschuß, um wirklich ernsthafte Nachforschungen und Kontrollen selbständig und unabhängig führen zu können.

An andere Beispiele und Vorbilder anzuknüpfen, war nicht möglich. Noch nie hatte es einen so gearteten Sonderausschuß in der Volkskammer gegeben. Weder in den Parlamenten von Polen, Ungarn und der Tschechoslowakei fanden vergleichbare Versuche statt; ganz abgesehen davon, daß der Druck der Aufgabe und der Zeit zu einem fundierteren Erfahrungsaustausch keine Möglichkeit ließ.

Ob das Präsidium der Volkskammer für die Mitgliedschaft im Ausschuß den Fraktionen Empfehlungen gegeben hat, ist nicht zu beweisen. Was die eigene Person angeht, fragte der Vorsitzende meiner Fraktion unmittelbar vor dem Beschluß zur Bildung des Ausschusses überraschend bei mir an, ob ich bereit sei, in diesem Gremium mitzuarbeiten. Ich hielt das damals für eine der Zufälligkeiten in einer an unerwarteten Zufällen reichen Zeit. Ohne Zögern sagte ich zu, noch nicht bewußt, auf welches Unternehmen ich mich da einließ. Anderen Mitgliedern ging es, wie aus Gesprächen später zu entnehmen war, ganz ähnlich. Die Zusammensetzung des Ausschusses läßt allerdings vermuten, daß hier neben dem Zufall auch bewußte Regie im Spiele gewesen ist, denn für das Gros der Mitglieder trafen relativ einheitliche Kriterien zu. Zum ersten sollten es wohl Abgeordnete sein, die durch ihr bisheriges gesellschaftliches Engagement in und außerhalb der Kammer nicht zu stark durch die Schatten der Vergangenheit belastet waren und gegen die Vorwürfe des Amtsmißbrauches, der Korruption, der persönlichen Bereicherung und der Privilegien relativ gefeit waren. Manche Kandidaten hatte man auch noch mit der Absicht nominiert, sie an eine möglichst zeitaufwendige und komplizierte Aufgabe zu binden, um ihren kritischen Elan innerhalb der Volkskammer und ihrer Fraktion etwas zu bremsen. Nur eine untergeordnete Rolle für die Wahl spielte die fachliche, speziell juristische Kompetenz der Mitglieder des Ausschusses. Im Gegenteil, es verstärkt sich retrospektiv der Eindruck, daß gezielt, abgesehen von einer Ausnahme, rechtswissenschaftlich unerfahrene Abgeordnete bevorzugt wurden, um unliebsamen fachlichen Streitigkeiten über die Schuldfrage vorzubeugen. Ein letztes Kriterium bildete der Heimatort des Ausschußmitgliedes. Hier wurde eindeutig Berlin der Vorrang gegeben, um gegebenenfalls ein möglichst operatives und zügiges Agieren des Ausschusses zu gewährleisten.

Bei der angesprochenen Ausnahme handelte es sich um den von der CDU-Fraktion vorgeschlagenen späteren Vorsitzenden des Ausschusses Dr. Heinrich Toeplitz. Für ihn trafen die aufgezählten Kriterien nicht zu. Toeplitz zählte durch seine gesamte politische und berufliche Karriere zu den prominentesten Vertretern seiner Partei und Fraktion. Der aus rassischen Gründen während des Naziregimes Verfolgte hatte von 1932 bis 1936 ein juristisches Vollstudium absolviert. Von 1950 bis 1960 bekleidete er unter Hilde Benjamin das Amt des Staatssekretärs im Ministerium der Justiz der DDR. 1960 wählte ihn die Volkskammer zum Präsidenten des Obersten Gerichtes, eine Funktion, die er bis 1986 ausübte. Seit 1950 hatte er in den Reihen seiner Partei stets eine führende Position inne, seit 1966 die eines stellvertretenden Parteivorsitzenden. Heinrich Toeplitz verfügte über ausgezeichnete Verbindungen zu zahlreichen hochrangigen Vertretern der ehemaligen Politprominenz der DDR. Er galt unter Fachkollegen als ein hervorragender juristischer Praktiker, der trotz seiner 75 Lebensjahre kaum etwas von seinem langjährig geschulten guten Konzentrations- und Reaktionsvermögen eingebüßt hatte.

Was ausgerechnet den Parteivorstand der CDU, in dem Lothar de Maiziére damals schon mit den Ton angab, bzw. die Fraktion bewogen hat, einen solchen Kandidaten zu präsentieren, läßt sich nur vermuten, zumal es bekannt gewesen sein dürfte, wie stark der juristische Ruf von Dr. Toeplitz durch sein Amt als Präsident des Obersten Gerichtes inzwischen erschüttert war.

Zweifellos verband die CDU mit dem Vorschlag Toeplitz anfänglich die Überlegung, daß der Vorsitz in einem so im Blickpunkt der Öffentlichkeit stehenden Ausschuß Gewinne im bevorstehenden Wahlkampf versprach. Auch die bekannte erbitterte Gegnerschaft des stellvertretenden Vorsitzenden zum Chef der Partei, Gerald Götting, was ihm einen gewissen Sympathiebonus bei kritischen Mitgliedern der Partei eingebracht hatte, hat wahrscheinlich dieses Votum mit beeinflußt. Zugleich dürfte es jedoch die Absicht der sich neu formierenden Parteiführung gewesen sein, dem wegen seiner Vergangenheit, seiner gelegentlichen fanatischen Rechthaberei und cholerischen Unbeherrschtheit Unbequemen bei seiner Anhängerschaft in der CDU in Mißkredit zu bringen. Das zukünftige Amt, dessen Erfolglosigkeit vorprogrammiert schien, wurde dafür als ideales Mittel angesehen. Trotz einer solchen widersprüchlichen Konstellation betrachtete die Mehrheit des Präsidiums der Volkskammer das Unternehmen Toeplitz mit Wohlwollen, galt er doch als Garant dafür, daß unkontrollierbare, revoluzzerartige Aktionen des Ausschusses unterblieben und alles in den gewünschten Bahnen von Gesetz und Ordnung ablief. Dem Ausschuß wurde allerdings mit der Nominierung von Toeplitz ein zwiespältiger Dienst geleistet. Positiv machte sich anfänglich die rechtskundige Routine des ehemaligen Gerichtspräsidenten bemerkbar, was die Startschwierigkeiten der juristisch unbedarften anderen Mitglieder in die ungewohnte Aufgabe verringerte. Bald wurde jedoch dieser Vorteil dadurch wieder gemindert, daß an der Spitze dieser parlamentarischen Institution ein Mann stand, der infolge persönlicher Kontakte mit einem Teil der Anzuhörenden und gebunden in den Konventionen seiner früheren gerichtlichen Tätigkeit nie seine Befangenheit abstreifen konnte. Das hat dem Ruf des Ausschusses im Laufe der Zeit immer mehr geschadet, und von diesem Makel hat er sich trotz des ehrlichen Mühens aller seiner Mitglieder nie völlig befreien können.

Konstitution des Ausschusses

Am 22. November 1989 versammelte sich der zwanzigköpfige Untersuchungsausschuß zum ersten Male in einem Konferenzraum des Hauses am Marx-Engels-Platz, das von nun an für die fünf Vorstandsmitglieder und vor allem die Berliner Delegierten bis Anfang März zu einem Dauer-Domizil werden sollte.

Der Ausschuß setzte sich aus je zwei Angehörigen der zehn Fraktionen der Kammer zusammen. Noch am Tage der Wahl wechselte die SED-Fraktion ihre Kandidaten aus und ersetzte sie durch den bekannten ehemaligen Radsportler Gustav Adolph Schur aus Magdeburg und den gerade in dieser Tagung aufgerückten Berliner Nachfolgekandidaten Thomas Singer. Auch in den folgenden Wochen tauschten drei weitere Fraktionen, bestätigt durch die Plenartagungen, einen ihrer Vertreter aus; die Gründe dürften vorrangig organisatorischer Natur gewesen sein. Der einzige Sonderfall war der Ersatz des Dresdener Stomatologen Professor Dr. Gerd Staegemann durch den Berliner Diplomingenieur Norbert Jaskulla von der Fraktion der NDPD. Staegemann hatte den Zorn seines Fraktions- und Parteivorstandes auf sich gezogen, weil er zwei Anfragen in der Kammer gestellt hatte, die in polemischer, teilweise nicht ganz sachgerechter Weise das Finanzgebaren des Zentralkomitees der SED und eine Deutschlandformulierung des vorgesehenen Reisegesetzes kritisierten. Seine Parteiführung legte ihm daher den Verzicht auf die Mitarbeit im Ausschuß nahe. Insgesamt haben jedoch diese Veränderungen die politische und soziale Struktur des Ausschusses nur unwesentlich beeinflußt.

Abgesehen von Dr. Toeplitz handelte es sich fast einhellig um bisherige Hinterbänkler in der Volkskammer. Gewichtigere gesellschaftliche Ämter bekleideten nur Wilhelm Weißgärber als Sekretär und Mitglied des Parteivorstandes des DBD und Wolfgang Lesser von der Fraktion des Kulturbundes als Präsident des Verbandes der Komponisten und Musikwissenschaftler der DDR. Von den 23 Mitgliedern, die im Laufe der Zeit dem Ausschuß angehörten (mit den Auswechselungen) waren vier hauptamtlich in gesellschaftlichen Organisationen tätig. Die anderen arbeiteten in wissenschaftlichen Bereichen, als mittlere Leiter in verschiedenartigen Betrieben; drei waren Rentner. Die politische Struktur entsprach der in der Volkskammer. Die von den sogenannten Massenorganisationen delegierten Abgeordneten zählten ausnahmslos zur Mitgliedschaft der SED, d. h. nur acht der zwanzig ständigen Ausschußmitglieder kamen aus anderen Parteien. Wesentlich behindert hat dieser Umstand jedoch die Ausschußtätigkeit nicht. Denn einmal gehörten von den fünf Vorstandsmitgliedern vier nicht zur SED. Und zum zweiten waren die Mitglieder der SED im Ausschuß auch bei Verschiedenheit der Ansichten bereit, die gemeinsame Suche nach der Wahrheit mit besten Kräften zu unterstützen.

Das Durchschnittsalter der Ausschußmitglieder betrug etwa 50 Jahre. Der älteste unter ihnen war Dr. Toeplitz mit 75 Jahren, die jüngste die Abgeordnete Kerstin Kralowetz aus der Fraktion der FDJ mit 28 Jahren, eine in einem Volkseigenen Gut des Kreises Schwerin arbeitende Agraringenieurin. Außer ihr gehörten sechs weitere Frauen zum Ausschuß.

Zum ersten Male versammelte sich der Ausschuß am 22. November. Auf dieser konstituierenden Zusammenkunft wurden die von den fünf Parteifraktionen vorgeschlagenen Abgeordneten Claus Dieter Knöfler, Justitiar an einem Leipziger Bergbau-Insitut (LDPD), Gustav Adolf Schur, Stellvertretender Vorsitzender des Deutschen Turn- und Sportbundes im Bezirk Magdeburg (SED), Dr. Heinrich Toeplitz, stellvertretender Vorsitzender der CDU, Wilhelm Weißgärber, Sekretär des Parteivorstandes der DBD und ich selbst als Vertreter der NDPD in den Vorstand des Ausschusses gewählt. Der Vorstand kürte Dr. Toeplitz einstimmig auf Vorschlag von Gustav Adolf Schur zu seinem Vorsitzenden, eine Entscheidung, die das Plenum des Ausschusses ohne Diskussion billigte. Daß dieser Akt so ohne jede Debatte vollzogen wurde, lag vor allem daran, daß die anderen Vorstandsmitglieder eigentlich froh waren, um eine unbekannte und daher schwierige Aufgabe herumgekommen zu sein. Außerdem schien das umfangreiche praktische und theoretische juristische Wissen den neuen Vorsitzenden von vornherein für eine korrekte Amtsführung zu prädestinieren. Einige Bedenken wegen seines zu hohen

Alters verdrängte Dr. Toeplitz sofort durch eine mit Routine und Konsequenz gestaltete Auftaktsitzung.

Einige problematische richterliche Entscheidungen während der Tätigkeit als Gerichtspräsident und die teilweise recht engen Kontakte zur später zu überprüfenden Polit-Prominenz der DDR blieben mir selbst, und ich glaube ebenfalls den anderen Ausschußmitgliedern, bis Anfang März verborgen. Vorwürfe in an den Ausschuß gerichteten Briefen oder in westdeutschen Medien, er hätte am Janka-Prozeß mitgewirkt, widerlegte Toeplitz mit dem Argument, er habe damals noch nicht als Präsident des Obersten Gerichts der DDR fungiert. So waren wir eigentlich alle bis zum Schluß seines Wirkens, wenn es auch zeitweise heftigen Streit über seine recht subjektiven, dem Ansehen des Ausschusses manchmal nicht dienlichen Handlungen gegebenen hat, fest von seiner Integrität als Abgeordneter und Mitglied des Ausschusses überzeugt, und daß er im Falle eines begründeten Verdachts sofort auf das ihm übertragene Amt verzichtet hätte.

Startprobleme

Von Anfang an sah sich der Ausschuß mit komplizierten Problemen konfrontiert. Das begann schon mit der für vom Präsidium bzw. dem Sekretariat der Volkskammer entworfenen Arbeitsordnung, die zwar auf Grund der Unerfahrenheit der Ausschußmitglieder ohne große Umstände akzeptiert wurde, die aber mehr Fragen aufwarf, als sie beantwortete. Sie gab als »Zielstellung« für die »Arbeit des zeitweiligen Ausschusses« »die unvoreingenommene Überprüfung von Hinweisen auf Fälle des Amtsmißbrauches, der Korruption, der ungerechtfertigten persönlichen Bereicherung und anderer gesetzwidriger Handlungen, bei denen der Verdacht der Verletzung von Strafgesetzen besteht und die im Zusammenhang mit der Ausübung von Funktionen in zentralen staatlichen Organen, Einrichtungen sowie in zentralen Leitungen von Parteien und gesellschaftlichen Organisationen begangen werden«, vor.

Mit einem derartigen Auftrag – und es verdichtet sich der Verdacht, daß die Autoren dieses Schriftstückes, deren Identität verborgen blieb, das von vornherein beabsichtigten – waren Schwierigkeiten und Uferlosigkeit der Aktivitäten des Ausschusses teilweise vorherbestimmt; denn einmal verwendete das Strafgesetzbuch der DDR die Begriffe »Korruption« oder »Amtsmißbrauch« überhaupt nicht, und zum zweiten ließ die Formulierung der »Ausübung von Funktionen in zentralen gesellschaftlichen Institutionen« eine schier unbegrenzte und damit eine nicht zu bewältigende Anzahl von Fällen zu.

Völlig unklar war, wie der Ausschuß die »unvoreingenommene Überprüfung von Hinweisen« realisieren sollte. Die »Arbeitsordnung« sah hierfür vor, »eine Arbeitsgruppe« zu bilden, »die als operativ tätiges Organ alle erforderlichen Untersuchungen mit dem Generalstaatsanwalt der DDR und zentralen Kontrollorganen koordiniert, selbst Untersuchungen durchführt und darüber in Sitzungen des Ausschusses berichtet«. So ist dies auch auf der ersten Sitzung geschehen. Aber da dieser Gruppe keinerlei organisatorisches noch technisches Personal mit den entsprechenden Institutionen zur Verfügung gestellt wurde, hat sie praktisch nie existiert. Dafür entstanden die sogenannte Expertenrunde und, unabhängig von der konkreten Situation, weitere kurzlebige Arbeitsgruppen aus Mitgliedern des Ausschusses, über die noch zu berichten sein wird.

Teilweise ungeklärt blieben weiterhin die gesetzlichen Grundlagen für das Wirken des Ausschusses. Sicher war, daß der Ausschuß über keinerlei rechtsprechende, rechtausübende Funktion verfügte, obwohl das fälschlicherweise vielfach von der Öffentlichkeit vermutet bzw. erwartet wurde. Seine Mitglieder hatten nicht den Ehrgeiz, eine Art »Robespierre« in einem Sondertribunal zu spielen. Die »Arbeitsordnung« schloß dies auch von vornherein aus und beschränkte die Aktivitäten des Ausschusses, »Bei begründetem Verdacht auf Strafrechtsverletzungen ... den Generalstaatsanwalt der DDR mit der Untersuchung« zu beauftragen. Von einer Schuld des Betreffenden durfte »erst ausgegangen werden..., wenn diese rechtskräftig durch ein Gericht in dem dafür vorgesehenen Verfahren festgestellt ist«. Zwar gestattete die »Arbeitsordnung« dem Ausschuß bzw. dessen Vorsitzenden, »Angeschuldigte, Zeugen und Sachverständige zu hören, Einsicht in Unterlagen zu nehmen, die den Sachverhalt betreffen« und »Personen, die vom Ausschuß gehört werden, zur wahrheitsgemäßen Aussage zu verpflichten«. Da jedoch die besagte Arbeitsordnung nicht vom Plenum der Volkskammer bestätigt worden war und die Aussagepflicht noch ausdrücklich auf den § 34 der Geschäftsordnung der Volkskammer bezogen war, besaß dieser Passus keine bindende Rechtskraft und verurteilte den Ausschuß erst einmal zu einer weitgehenden Tatenlosigkeit. Und schließlich verpflichtete die »Arbeitsordnung« den Ausschuß, »über die Ergebnisse seiner Tätigkeit ... der Volkskammer« zu berichten.

Insgesamt zeigte sich daher die »Arbeitsordnung« als wenig nützlich für den schwierigen Start des Ausschusses in die rauhe politische Realität. Und seine ersten Aktivitäten nach der Konstitution waren vor allem darauf gerichtet, erst einmal arbeitsfähig zu werden. Wichtige Hilfe leisteten zwei für den Ausschuß gewonnene Rechtsberater, die Richterin am Berliner Stadtgericht Marlies Ewald, ein Mitglied der DBD, und der Rechtsanwalt Grischa Worner, der in der SED organisiert war, sowie die vom Sekretariat der Volkskammer für den Ausschuß eingesetzte Sekretärin, die Diplomjuristin und frühere Staatsanwältin Astrid Heimke. Vor allem ihnen war es zu verdanken, daß die in der »Arbeitsordnung« enthaltenen Fußangeln nachträglich entschärft wurden.

Rechtsstaatlichkeit und Öffentlichkeit

Den zweiten Schwerpunkt der Diskussion um das Ziel des Ausschusses nahm die Frage der zu wahrenden Rechtsstaatlichkeit ein. Anfänglich wollte der Vorsitzende, Dr. Toeplitz, die »Überprüfung« ausschließlich auf eindeutig durch das Strafgesetzbuch der DDR definierte Gesetzesverstöße beschränken. Vor allem durften der Staatsanwaltschaft nur dann Ermittlungsverfahren gegen Personen empfohlen werden, wenn ein begründeter Verdacht von Gesetzesverstößen bestünde. Da hier nur der § 165 des Strafgesetzbuches der DDR »Vertrauensmißbrauch« herangezogen werden konnte, der einen »vorsätzlich« verursachten »bedeutenden wirtschaftlichen Schaden« voraussetzte, standen alle derartigen Beschuldigungen von vornherein auf schwachen rechtlichen Füßen. Auf die bekannte juristische Regel, daß eine Straftat durch Unterlassen verursacht sein kann (§ 7), auch wenn hier die notwendige Beweiskette ebenfalls sehr kompliziert ist, hat bedauerlicherweise keiner der damaligen juristischen Ratgeber aufmerksam gemacht.

Jede Art von Sondergerichtsbarkeit oder eines Tribunals lehnte der Vorsitzende für den Ausschuß entschieden ab. Es habe kompromißlos der Grundsatz des Artikels 4 des Strafgesetzbuches der DDR zu gelten, »daß eine Handlung ... strafrechtliche Verantwortlichkeit nur dann nach sich« zieht, »wenn dies zur Zeit ihrer Begehung durch Gesetz vorgesehen ist, der Täter schuldhaft gehandelt hat und die Schuld zweifelsfrei nachgewiesen ist«. Die Gesamtheit des Ausschusses unterstützte diese Ansicht, zumal der besagte Artikel 4 Ausnahmegerichte nachdrücklich verbot. Einige Abgeordnete plädierten jedoch dafür, bei den zu führenden Kontrollen und Anhörungen allgemeine moralische Aspekte wie z.B. die persönliche Verantwortung für eine verfehlte politische Maßnahme oder wie die Inanspruchnahme ungerechtfertigter ökonomischer und sozialer Privilegien einzubeziehen, auch wenn es sich dabei um juristisch nicht erfaßbare Vergehen handelte. Der Ausschuß sei kein Strafverfolgungsorgan und kein Gericht, sondern hätte vor allem eine politische Mission, was er mit seinen Anhörungen der Öffentlichkeit deutlich machen müßte.

Da die beiden kooptierten Rechtsberater diese Ansicht billigten, stimmte schließlich auch Toeplitz zu. Richterin Marlies Ewald entwarf für die Anhörung der früheren Volksbildungsministerin und der Ehefrau des Staatsratsvorsitzenden Margot Honecker einen Fragespiegel, der erstmals auch Fragen nach der Verantwortung für die von ihr initiierte umstrittene Bildungspolitik in der DDR stellte.

Von besonderer praktischer Wichtigkeit war dagegen das von Rechtsanwalt Grischa Worner initiierte Unternehmen. Da sich sofort herausgestellt hatte, daß das in der »Arbeitsordnung« nur durch eigenen Beschluß des Ausschusses verbriefte Recht, »Angeschuldigte, Zeugen und Sachverständige zu hören«, ernsthaften juristischen Kriterien nicht standhielt, regte er an, in der Volkskammer einen Antrag zu stellen, der den Ausschuß ermächtigte, »Betroffene, Zeugen, Sachverständige zur Anhörung zu laden«, und die »Genannten« verpflichtete, »der Ladung des Ausschusses Folge zu leisten«. Für die Aussagen von Zeugen und Sachverständigen sollten die »Vorschriften der Strafprozeßordnung« angewendet werden. Für »Betroffene« war »eine Aussagepflicht« und ein »Aussageverweigerungsrecht entsprechend dem eines Zeugen im Strafverfahren« vorgesehen. Auf der Tagung am 1.12.1989 bestätigte das Plenum des Parlaments einstimmig diesen Antrag, und eigentlich erst dieser Beschluß sicherte die Rechtsstaatlichkeit und Arbeitsfähigkeit des Ausschusses ab.

Der dritte Diskussionsschwerpunkt beschäftigte sich mit dem Problem, in welchem Umfange die Öffentlichkeit, speziell die Massenmedien über die Verhandlungen und Beschlüsse des Ausschusses informiert werden sollten. Die »Arbeitsordnung« sah vor, daß der Ausschuß »über die Teilnahme von Vertretern der Massenmedien an seinen Sitzungen und darüber, ob eine Information über Inhalt und Beschlüsse der Sitzungen veröffentlicht wird«, selbständig zu entscheiden hatte.

Anfänglich traten Vorstand und Mitglieder fast geschlossen für eine stärkere Vertraulichkeit ein. Von der seit Jahrzehnten anerzogenen Angst, über Gegenstände der zivilen und militärischen Sicherheit, auch wenn diese Angelegenheiten noch so belanglos waren, nicht öffentlich zu sprechen, konnten sich die Ausschußmitglieder nicht sofort frei machen. Dazu kam nach den ersten Pressekonferenzen und dem ersten publizierten Bericht, gefördert durch teilweise unseriöse und übertrieben auf Sensationen bedachte Zeitungsmeldungen, ein wachsender Druck von außen auf den Ausschuß. In Anrufen, Gesprächen und Briefen von Einzelpersonen, Gruppen aus Betrieben und Orten wurde unverhüllt gefordert, nicht lange nach Schuld oder Unschuld zu forschen, sondern mit den Verdächtigen kurzen Prozeß zu machen. Die große Sorge, daß bisherige Gesetzesverstöße nur durch neue Gesetzesbrüche korrigiert, daß die so lange entbehrte und notwendige Rechtsstaatlichkeit durch Selbst- oder Lynchjustiz verdrängt werden sollte, bestimmte alle zu diesem heute aus der Retrospektive nicht immer verständlichen Zögern.

Schließlich bedingte die bisherige Prominenz vieler Anzuhörenden eine gewisse Befangenheit, zumal einige von ihnen bzw. deren Verwandte oder Rechtsvertreter dem Ausschuß wiederholt Unsachlichkeit bzw. Inkompetenz vorwarfen. Als sich dann aber ab Mitte Januar 1990 immer deutlicher zeigte, daß die unmittelbare Gefahr, die so bewunderungswürdige Friedfertigkeit der revolutionären Prozesse könnte in unbeherrschbare Gewaltaktionen umschlagen, zurückging, gewannen schrittweise im Ausschuß, trotz Bedenken vor allem des Vorsitzenden, die Stimmen oberhand, zu den Anhörungen grundsätzlich Pressevertreter sowie eine Video-Dokumentationsgruppe zuzulassen. Und es waren dann im Februar 1990 vorrangig die Massenmedien, die dem Ausschuß weiterhin eine gewisse Popularität wahrten.

Informationsquellen

Briefe und Eingaben

Sofort nach dem Bekanntwerden vom Entstehen des Ausschusses ging eine wahre Flut von Briefen bei diesem ein. Sie ebbte erst Mitte Januar 1990 etwas ab. Insgesamt sind es etwa 3000 schriftliche Informationen, Eingaben und Beschwerden gewesen. Ihr Inhalt war vielfältig. An der Spitze standen Beschwerden über wirtschaftliche und soziale Privilegien von hohen Funktionären der SED und des Staates. Die Schreiber forderten oftmals, die Beschuldigten hart zu bestrafen. Allein vom 15. November 1989 bis zum 20. Dezember waren das fast 500 derartige Briefe. Es folgten Vorwürfe wegen Amtsmißbrauch, Forderungen nach Wiederaufnahme von Gerichtsverfahren und Rehabilitierung, Klagen wegen aus politischen Gründen erlittener Arbeitsplatzverluste oder Zurückversetzungen bei der beruflichen Karriere. Viele Bürger verlangten für Enteignungen persönlichen Besitzes, unschuldig erlittene Haftstrafen, entgangene Lohn- bzw. Gehaltszahlungen entschädigt zu werden. Heftige Angriffe richteten sich gegen die Aktivitäten der Staatssicherheit (Stasi) und das Geschäftsgebaren der von Staatssekretär Schalck-Golodkowski geleiteten Außenhandelsgruppe »Kommerzielle Koordinierung« (Koko).

Zweifellos war ein großer Teil der in den Briefen geäußerten Klagen berechtigt, aber zugleich muß eine beträchtliche Zahl von Schreiben recht eigennützig intriganten Motiven zugeordnet werden. Persönliche Streitereien, Ärger über betriebliche Entscheidungen eines Vorgesetzten, zivilrechtliche und wissenschaftliche Streitigkeiten wurden nun zu politischen Affären aufgebauscht, enthielten regelrechte Denunziationen. Nicht selten handelte es sich bei den Schreibern um Bürger, die bisher von keinerlei Skrupel geplagt waren, an den ökonomischen und sozialen Vorteilen des alten Regimes zu partizipieren und die plötzlich meinten, jahrzehntelang zu kurz gekommen zu sein. Typisch dafür, und für mich persönlich besonders peinlich, das Schreiben eines Kollegen, dessen Frau sich vor ein paar Jahren an mich gewandt hatte, ihrem Ehegatten anläßlich eines Geburtstagsjubiläums für seine Verdienste um die DDR einen hohen Orden zu verschaffen, und der jetzt in einem speziellen Brief an den Ausschuß sich besonders vehement dafür einsetzte, derartige Orden zurückzufordern. Wenig erbaulich auch die teilweise anonymen Schreiben von Ärzten und Wissenschaftlern, die dem Ausschuß empfahlen, die wissenschaftlichen Graduierungen von Kollegen zu überprüfen.

Trotz solcher negativen Aspekte stellten dennoch viele der schriftlichen Eingaben für uns eine wichtige Informationsquelle dar. Da es dem Ausschuß auf Grund der ihm nur in sehr kärglichem Maße zugeteilten organisatorischen und materiellen Mittel kaum möglich war, eigenmächtige Ermittlungen durchzuführen, waren wir einfach auf diese brieflichen Nachrichten angewiesen. Und wiederholt lieferten sie Motiv und Auftakt für Anhörungen, für Aufträge an die Expertengruppe oder die zuständigen staatlichen Behörden. Der zweite Effekt der Briefflut bestand darin, daß sie einen politisch-moralischen Druck auf die Tätigkeit des Ausschusses ausübte. Erst jetzt wurde den meisten Mitgliedern bewußt, daß viele Bürger von ihnen Aktivitäten erwarteten, die über die Absicht, welche die Initiatoren in der Volkskammer mit der Bildung des Gremiums verfolgt hatten, weit hinausreichten. Es wurde in zahlreichen Briefen und Telefonanrufen ungeschminkt verlangt, die Hauptverantwortlichen für das gescheiterte sozialistische Experiment, ohne dabei rechtsstaatliche Prinzipien zu beachten, unnachsichtig zu bestrafen.

Aus der Fülle der Briefe vier charakteristische Beispiele: Da forderten 53 Mitarbeiter des VEB Polygraph Leipzig am 29. November 1989 die »Enteignung sämtlichen unrechtmäßig erworbenen Vermögens und Zuführung an den Staatshaushalt«. Die Offiziere eines Truppenteils der Nationalen Volksarmee aus Zeithain verlangten von uns «als gewählte Volksvertreter« »die Aufklärung der Zusammenhänge sofort und ohne Ansehen der Person zu führen und hierzu endlich« die »Vollmachten zu nutzen«, die wir »als höchstes Machtorgan unseres Landes« besäßen. »... leiten Sie die Untersuchungen mit allem Nachdruck und lassen Sie eine wesenlich größere Flexibilität Ihrer Arbeit erkennen, die sich in schneller vorliegenden Ergebnissen niederschlagen muß.« Aus dem Institut für Festkörperphysik und Werkstoff-Forschung der Akademie für Wissenschaften traf mit Datum vom 4. Dezember 1989 ein Protestschreiben bei uns ein, das von uns die »Überprüfung der Funktionäre von Staat, Parteien und gesellschaftlichen Organisationen in allen Strukturebenen auf Straftaten gegen sozialistisches Eigentum ... und die Volkswirtschaft ... sowie gegen die staatliche Ordnung« forderte. Als Strafmaßnahmen »Im Schuldfall« sollten »Haft und Geldstrafen bis zur entschädigungslosen Einziehung des Vermögens«, die »Streichung und Rückerstattung aller materiellen Zuwendungen, die sich durch gegenseitig unverdiente Orden und Auszeichnungen ergeben haben«, ausgesprochen werden. Es wurde verlangt, die »Kontrolle der Gerichte durch überparteiliche, unabhängige Überprüfungsausschüsse« und eine »Unverzügliche und permanente Veröffentlichung der Untersuchungsergebnisse« zu organisieren. Und schließlich wünschte ein Bürger aus Schwerin »staatsanwaltliche Untersuchungen gegen alle Mitglieder des Staatsrates, des Ministeriums, der Volkskammer, der SED-Bezirks- und Kreisleitungen und des FDGB-Bundesvorstandes wegen Korruption, Amtsmißbrauch, persönlicher Bereicherung, Mitwisser- und Mittäterschaft«.»Diese Untersuchungen müssen mit Strafprozessen beschlossen werden, die neben der Strafe auch die Aberkennung der ehrenbürgerlichen und bürgerlichen Ehrenrechte für alle, die in dem o. g. Sinne straffällig geworden sind, beinhalten.« Es sei die »Einziehung aller Vermögen und Vermögenswerte sowie Ausreiseverbot für alle Expolitiker der o. g. Bereiche« anzuordnen.

Eine große Zahl von persönlichen Gesprächen der Ausschußmitglieder mit einzelnen Bürgern oder in ihren Betrieben vervollständigten und bestätigten diese Stimmungsberichte. Wiederholt wurde mit Streik gedroht und, nach den Ereignissen in Rumänien, speziell der Erschießung der Familie Ceauçescu, empfohlen, dem rumänischen Vorbild zu folgen. Es kann nicht verhehlt werden, daß es keinem Ausschußmitglied vollständig gelungen ist, sich von derartigen Impressionen völlig freizuhalten. So beruhen die anfängliche Hektik, fehlende Systematik, überhastet eingeleitete und unzureichend vorbereitete Aktionen neben der mangelhaften Erfahrung besonders auch auf diesem starken Druck von außen, dem der Ausschuß während der ersten fünf Wochen seines Wirkens in starkem Maße ausgesetzt war. Und es bedurfte erst einer gewissen Abgeklärtheit, die die Pause zum Jahresende bescherte, um sich besser auf das Machbare zu konzentrieren.

Expertenrunde

Die schon genannte Expertenrunde beeinflußte den Auftakt der Ausschußtätigkeit wesentlich, und eigentlich hat sich daran bis zum Ende der Existenz des Ausschusses in den Märztagen nichts verändert. Wer die Runde initiiert hat, läßt sich wie so vieles aus der Geschichte der Volkskammer während der letzten Monate ihrer 9. Sitzungsperiode bisher nicht exakt beweisen. Es steht zu vermuten, daß sie auf Vorschlag des Sekretariats und des Präsidiums der Kammer an die Regierung Modrow zustande gekommen ist und daß das Büro des Ministerpräsidenten ihre Zusammensetzung festlegte sowie die von ihm nominierten Vertreter zur Mitarbeit verpflichtete. Zum ersten Male kam die Expertenrunde eine Woche nach der Konstitution des Ausschusses am 25. November 1989 zusammen. Tagungsort war das Sitzungszimmer des Ausschusses im Gebäude der Volkskammer. Insgesamt fanden zwölf Zusammenkünfte statt, die letzte Aussprache fiel auf den 28. Februar 1990. An den Sitzungen der Runde nahmen regelmäßig der Vorstand und ab Januar auch diejenigen Mitglieder des Ausschusses teil, die sich zum jeweiligen Termin in der Volkskammer aufhielten. Zu den Beratungen war die Öffentlichkeit nicht zugelassen. Einmal filmte die Video-Dokumentargruppe einen Ausschnitt. Ein Protokoll über die Verhandlungen wurde nicht geführt.

Als Delegierte der Regierungsinstitutionen gehörten der Runde folgende Personen an: Der Stellvertreter des Generalstaatsanwaltes der DDR, Dr. Harry Harrland. Nachdem Dr. Harrland auf Grund des gegen ihn von der Volkskammer beantragten Disziplinarverfahrens Mitte Januar 1990 zurückgetreten war, nahm diese Aufgabe der neue stellvertretende Generalstaatsanwalt Hans Bauer wahr, der Harrland schon mehrmals vorher in der Runde vertreten hatte. Das Amt für Nationale Sicherheit, die Nachfolgeeinrichtung des früheren Ministeriums für Staatssicherheit in der Regierung Modrow wurde durch Generalleutnant Fister vertreten. Fister war unter Erich Mielke Leiter der wichtigen Hauptabteilung IX, der Untersuchungsabteilung. Nach dem Sturz Mielkes avancierte er unter dem neuen Chef des Amtes, Generalleutnant Dr. Wolfgang Schwanitz, zu einem der Stellvertreter des Chefs. Mit der von der Regierung Modrow angekündigten Auflösung des Amtes schied Fister aus der Runde aus. Für das Ministerium des Innern zeichnete der Stellvertreter des Ministers Generalleutnant Helmut Netwig, langjähriger Chef der Kriminalpolizei der DDR, verantwortlich. Die Interessen der Arbeiter- und Bauern-Inspektion (ABI), die bald in Volkskontrolle umbenannt wurde, nahm deren stellvertretender Vorsitzender Hubert Deutscher wahr. Die zum Ministerium für Finanzen gehörende »Staatliche Finanzkontrolle«, dem bundesdeutschen Bundesrechnungshof vergleichbar, entsandte ihren Leiter Gerd Henneberg, zeitweise auch dessen Stellvertreter Jürgen Niesen, und die zum Apparat des Ministerpräsidenten gehörende »Staatliche Bilanz-Inspektion« ihren Leiter Hilmar Kopp in die Runde. Bei einer solchen illustren Gesellschaft aus der damaligen Staatsführung – alle »Experten« waren Mitglieder der SED – verwunderte es nicht, daß einige Mitglieder des Ausschusses Bedenken gegenüber der Loyalität dieser »Hilfstruppe« hegten. Diese Zweifel verstärkten sich noch, weil die zugeordneten »Helfer« schnell merkten, in welchem Maße der Ausschuß auf ihre Zuarbeit angewiesen war. Glücklicherweise bestätigten sich jedoch diese Vorbehalte nicht. Alle »Experten« waren zumindestens bemüht, die »Suche nach der Wahrheit« durch umfassende und möglichst fundierte Informationen zu unterstützen. Selbst ein Mann wie Generalleutnant Fister, der durch seine bisherige Funktion besonders vorbelastet schien, und dem daher der ihm übertragene Auftrag sicher schwerfiel, zeigte sich kooperations- und kompromißbereit. Und wenn die Arbeit des Ausschusses trotz aller retardierenden Momente überhaupt einige nützliche Resultate zeitigte, dann ist das nicht zuletzt der Expertenrunde zu verdanken.

Natürlich war dieses kooperative Verhalten der »Experten« nicht durch ihren plötzlichen Wandel zu demokratischer Konsequenz motiviert. Mehr dürfte die Überlegung eine Rolle gespielt haben, daß verläßliches und entschlossenes Agieren an der Seite des Ausschusses eventuell ihre berufliche Position vorteilhaft beeinflussen könnte. Unmut, daß ihnen notwendige finanzielle und rechtliche Kontrollen in führenden Partei- und Staatsinstitutionen versagt worden waren, und wahrscheinlich sogar ehrliche Betroffenheit, wie gewissen- und prinzipienlos hohe Funktionäre sich selbst zugesprochene Privilegien für ihr persönliches Wohlergehen ausnutzten, stachelten zu zusätzlichem Eifer an. Und daher wurde die Expertenrunde zum entscheidenden Band zu den staatlichen Ermittlungsorganen bzw. zur staatlichen Exekutive. Natürlich gab es noch andere Wege, z. B. über direkte Kontakte zu den Ministern oder zum Ministerpräsidenten. Aber über die Experten liefen Anfragen und Anregungen relativ rasch und einfach, zumal schon die nächste Sitzung der Runde ohne bürokratische Umwege gestattete, die Resultate der Vorschläge zu überprüfen.

Als erstes sollten die Experten den Ausschuß regelmäßig über die Ergebnisse der von ihren Dienststellen eingeleiteten Verfahren wegen Korruption, Amtsmißbrauch und ähnlicher Vergehen unterrichten. Die sich anschließenden Diskussionen, aus Briefen und Gesprächen empfangene weitere Informationen bildeten die Grundlage für die Anhörungen von Zeugen und Betroffenen sowie Kontrollen des Ausschusses. Und deren Resultate führten dann wieder, worin die zweite entscheidene Mission der »Runde« bestand, zu neuen Aufträgen an die »Experten«.

Zu Beginn der Tagungen, zum ersten Male am 27. November, gaben der Vertreter des Generalstaatsanwaltes und Generalleutnant Netwig einen Überblick über Gegenstand und Umfang der geführten Ermittlungen. Bis zum 24. November 1989 lagen bei der Staatsanwaltschaft 189 Eingaben und Anzeigen wegen Amtsmißbrauch und Korruption vor. Sie bezogen sich auf 66 Personen, darunter 25 Spitzenpolitiker bis zum Range eines Staatssekretärs. Zum gleichen Termin meldete die Kriminalpolizei Ermittlungen gegen 17 Personen, darunter Hans Albrecht, 1. Sekretär der Bezirksleitung Suhl der SED. Gegen Ernst Timm und Gerhard Müller, welche die gleiche Funktion in den Bezirken Rostock und Erfurt bekleideten, liefen Anzeigen.

Zwei Wochen später war die Zahl der Fälle schon auf 83 und die Zahl der »Verdächtigen« auf 89 emporgeschnellt. 13 Haftbefehle hatte der Staatsanwalt beantragt und vollstreckt, unter anderem für die ehemaligen Mitglieder der obersten Führungsspitze der SED, des Politbüros, Werner Krolikowski und Günther Kleiber, gegen Erich Honecker, Willi Stoph, Horst Sindermann, Hermann Axen, den Vorsitzenden der CDU Gerald Götting liefen Ermittlungsverfahren. Ein Verfahren gegen Honecker wurde »wegen des Verdachts der

Untreue zum Nachteil sozialistischen Eigentums im schweren Fall und des Vertrauensbruches sowie des Hochverrats und des verfassungsfeindlichen Zusammenschlusses« eröffnet. Der Bericht der Kriminalpolizei von Ende Januar 1990 warf ihm vor, zusammen mit dem Sicherheitsminister Erich Mielke »verfassungsfeindliche Tätigkeit« ausgeübt zu haben. »Der konkrete Umfang des volkswirtschaftlichen Schadens konnte bisher nicht festgestellt werden.« Willi Stoph wurde beschuldigt, in dem ihm für 164,90 Mark Monatsmiete zur Verfügung gestellten Ferienobjekt Birkenheide/Speck (Krs. Waren) von 1986 bis 1989 für etwa 2,3 Millionen Mark bauliche Veränderungen vorgenommen zu haben.

Den letzten Bericht lieferte die Kriminalpolizei dem Ausschuß am 28. Februar 1990, datiert mit dem Vortage. Danach ermittelten die »Untersuchungsorgane des Ministeriums für Innere Angelegenheiten« zu »267 Personen bzw. Sachverhalten«. 49 Beschuldigte befanden sich in Untersuchungshaft. Verfahren liefen gegen 16 der 23 Mitglieder und Kandidaten des ehemaligen SED-Politbüros: Honecker, Stoph, Sindermann, Axen, Böhme, Keßler, Hager, Kleiber, Krolikowski, Mielke, Mückenberger, Tisch, Herrmann und die Kandidaten des Politbüros Gerhard Müller und Gerhard Schürer. Mit Ausnahme von Hager und Mückenberger waren alle Genannten zeitweise inhaftiert. Ab Ende Januar häufen sich dann in den Berichten Meldungen, daß Prominente aus dem Gewahrsam entlassen wurden. An der Spitze dieser Reihe stand Erich Honecker, der am 29. Januar 1990 nach Abschluß des Krankenhausaufenthaltes festgenommen und einen Tag darauf wieder freigelassen wurde. Bald darauf folgten Axen, Schürer und Sindermann, Ende Februar Keßler und der Bauminister Junker und am 9. März 1990 Mielke. Als vorrangiger Grund wurde die durch den komplizierten Gesundheitszustand bedingte Haftunfähigkeit angegeben. Ein Vortrag des leitenden Arztes für die Berliner Untersuchungshaftanstalten vor der Expertenrunde mündete in der Feststellung, daß die Inhaftierten wegen ihres labilen gesundheitlichen Zustandes und ihres hohen Alters meistens nur noch begrenzt belastbar und vernehmungsfähig seien.

Aufträge an die Experten

Aufträge des Ausschusses an die Experten regten weitere Untersuchungen an oder intensivierten schon begonnene. Auf Vorschlag des Ausschusses überprüften Mitarbeiter der Volkskontrolle, der früheren ABI, die Jagdgewohnheiten prominenter Politiker, die für illegale Sonderjagdgebiete verwendeten staatlichen Gelder. Das Interesse der Finanzkontrolle wurde vor allem auf das Finanzgebaren einiger Betriebe aus dem Sonder-Wirtschaftsimperium »Kommerzielle Koordinierung« (»Koko«) des Dr. Schalck-Golodkowski und des früheren Ministeriums für Staatssicherheit gelenkt. Mit den, aus dem Staatshaushalt finanzierten Einzelhäusern für Spitzen-Politiker, deren Verwandte und Freunde beschäftigte sich vor allem die Kriminalpolizei. Ein weiterer Untersuchungsgegenstand war der bevorzugte Verkauf von Personenkraftwagen an leitende Angestellte der verschiedensten staatlichen, politischen und wirtschaftlichen Institutionen – in der DDR ein heißes Eisen, weil der »Durchschnittsbürger« auf sein vorbestelltes Auto oftmals bis zu fünfzehn Jahren warten mußte. Dabei stellte sich heraus, daß ein Viertel aller in der DDR produzierten bzw. importierten Autos über diese »Sonderkontingente« bereitgestellt wurde. Ein Spitzenreiter auf dieser Liste war der ehemalige Landwirtschaftsminister Bruno Lietz, der innerhalb von drei Jahren elf PKW für Verwandte und Freunde beantragt hatte.

Außerdem besprachen die Ausschußmitglieder, gemäß der von ihnen bestätigten Arbeitsordnung, in der Expertenrunde staatsanwaltliche bzw. kriminalpolizeiliche Maßnahmen gegen verdächtige Personen. Auf Grund der Anhörung von Horst Sindermann und Joachim Herrmann empfahl zum Beispiel der Ausschuß der Generalstaatsanwaltschaft, gegen den ehemaligen Präsidenten der Volkskammer bzw. den für die Presse- und Öffentlichkeitsarbeit zuständigen Sekretär des ZK der SED wegen Verfassungsbruches zu ermitteln. Da befürchtet wurde, daß er Gesetzesverstöße verdunkeln und sich der Verantwortung durch Flucht entziehen wollte, schlug der Ausschuß vor, Hermann Axen, der sich überraschend zu einer Augenoperation in die Sowjetunion begeben hatte, durch die Botschaft der DDR in Moskau sofort den Reisepaß zu entziehen und ihn nach Rückkehr in Untersuchungshaft zu nehmen.

Erste Aktivitäten

Bereitschaft zur Mitarbeit

So wichtig die Informationen und Hilfe von seiten der Expertenrunde für die Arbeit auch waren, bedeutete dies nicht, daß sich die Aktivitäten des Ausschusses ausschließlich auf die Kooperation mit den Experten stützte. Wollte das Gremium den Ruf der Unabhängigkeit vom alten Regime wahren, mußte es Eigenständigkeit demonstrieren. Zudem zwangen aktuelle Ereignisse zu immer weiterreichenden Maßnahmen.

Bis Mitte Dezember hatte der Ausschuß sich weiter konsolidiert und die Ansichten über seine Ziele soweit geordnet, daß jetzt von einer größeren Systematik seiner Tätigkeit gesprochen werden konnte. Zwar überließ der Vorsitzende Dr. Toeplitz nach wie vor den organisatorischen Ablauf der Dinge vielfach einer Art Selbstlauf, aber in einer stillschweigenden Abmachung zwischen den Mitgliedern entstand eine lockere Aufgabenverteilung.

Dabei war die Bereitschaft zur Mitarbeit recht unterschiedlich ausgeprägt. Heinrich Toeplitz blieb in seinem Verhalten oftmals ein Einzelgänger und konzentrierte sich auf individuelle Aktionen, über deren Inhalt er den Gesamtausschuß manchmal kaum informierte. Vielfach hatte es den Anschein, daß er Einsätze bevorzugte, die Publikumswirksamkeit versprachen, wie Interviews für Zeitungen, öffentliche Berichte im Rundfunk und im Fernsehen. Wiederholt traf er interne Absprachen mit ihm bekannten Persönlichkeiten und stellte den Ausschuß vor vollendete Tatsachen. Solche Perioden fast fieberhafter Aktivität wechselten bei ihm mit Zeitabschnitten von Passivität, die mit seinem höheren Alter und seiner nachlassenden Spannkraft entschuldigt wurden.

Die für die Existenz des Ausschusses notwendige Vorbereitungs- und Organisationsarbeit übernahmen andere: Wilhelm Weißgärber, vorbildlich unterstützt von der juristischen Beraterin Marlies Ewald, die Verbindung zum Präsidium der Volkskammer und zu anderen Ausschüssen; Gustav Adolf Schur, Dieter Knöfler und Thomas Singer die Gespräche mit den Ausschuß aufsuchenden Bürgern und die in Behörden und Betrieben durchzuführenden Kontrollen; ich selbst die Leitungsorganisation und die Vorbereitung und nicht selten auch die Durchführung der Anhörungen; Wolfgang Lesser schließlich die Öffentlichkeitsarbeit. Fritz Krausch und Klaus Dieter Bormann fungierten vorrangig als operative Gruppe bei besonderen Aufgaben. Die restlichen Mitglieder wurden bei den wöchentlichen Zusammenkünften des Ausschusses tätig, die meistens im Anschluß an die Expertenrunde stattfanden, und bei den Anhörungen. Hauptaufgabe des Plenums war es, die Vorschläge des Vorstandes zu beraten und die sich daraus ableitenden Maßnahmen festzulegen.

Beantwortung von Briefen und Gespräche mit Bürgern

Eine der schwierigsten, nicht vollständig zu lösende Aufgabe war die schon geschilderte riesige Fülle von schriftlichen Eingaben, Anfragen und Informationen. Allein der Versuch, diese Flut nach sachlichen Gesichtspunkten zu ordnen, beanspruchte in den ersten acht Wochen fast jeden Tag mehrere Stunden. Unmöglich, alle Schreiben zu beantworten oder den darin enthaltenen Forderungen nachzugehen, ganz abgesehen davon, daß uns das Sekretariat der Volkskammer für die notwendigen Schreibarbeiten nur eine Sekretärin genehmigt hatte, die zeitweilig noch für den Präsidenten der Volkskammer schreiben mußte. Ein nach mehreren Wochen auf Initiative von Marlies Ewald begonnenes Experiment, den Inhalt der uns zugegangenen Briefe mit Hilfe eines Computerprogramms zu systematisieren, ist von der damit beauftragten Wissenschaftler- und Studentengruppe aus der Humboldt-Universität und der Akademie der Wissenschaften zwar erfolgreich abgeschlossen worden, aber das praktische Ergebnis blieb begrenzt. Wir konnten nun bei Nachfragen nach bestimmten Sachverhalten den Computer nutzen, ein Brief war damit jedoch nicht beantwortet, geschweige denn das vom Schreiber übermittelte Problem gelöst. Die von uns aus dieser prekären Situation genutzten Auswege konnten diese Schwierigkeiten nur im geringen Umfange mindern. Etwa zehn Prozent der Schreiben wurden als für unseren Ausschuß besonders relevante Angelegenheiten aussortiert und versucht zu klären. Ob es sich wirklich um für die Allgemeinheit interessante Aspekte handelte, mußte dem subjektiven Entscheidungsvermögen des jeweiligen Lesers überlassen bleiben. Manche unserer Kollegen hatten hier, wie sich später herausstellte, keine sehr glückliche Hand. Themen von spezieller oder territorialer Bedeutung wurden an die zuständigen staatlichen Stellen oder an die inzwischen nicht zuletzt auf Grund unseres Vorbildes und unserer Appelle gebildeten territorialen Untersuchungsausschüsse abgegeben. Die Bürger bekamen dann einen Abgabebescheid. Da es uns aber nicht möglich war, dieses Verfahren zu kontrollieren bzw. die regionalen Institutionen mit gleichen Schwierigkeiten zu kämpfen hatten wie wir, darf das erreichte Resultat keinesfalls sehr optimistisch eingeschätzt werden. Bei der dritten Methode wurden die Briefe und deren Inhalt registriert, und das beauftragte Ausschußmitglied konnte sein Wissen in unsere Verhandlungen und Entscheidungen einbringen. Die Erklärungen des Ausschusses in der Presse, daß es ihm nicht möglich sei, alle an ihn gerichteten schriftlichen Mitteilungen zu beantworten, waren vorwiegend für diese dritte Gruppe bestimmt. Ein solches Resultat befriedigt wenig, weil sicher wichtige Fragen übersehen wurden, aber die Kürze der Zeit ließ kein besseres Verfahren zu.

Ähnlich breit gestreut wie in den Briefen waren die Forderungen, die Bürger in persönlichen Gesprächen mit Vertretern des Ausschusses vorbrachten. Insgesamt dürften sich von Ende November bis Anfang März etwa 300 Besucher beim Ausschuß in der Volkskammer eingefunden haben. Den Spitzenplatz nahmen Anträge nach Kassation von gerichtlichen Urteilen ein, die wegen angeblicher wirtschaftlicher und politischer Vergehen ausgesprochen worden waren. Immer wieder beschwerte man sich über Repressalien staatlicher Behörden und von Dienststellen der Staatssicherheit. Wiederholt baten Besucher, bei Nachforschungen ihren Namen zu verschweigen, weil sie weiterhin Racheakte befürchteten.

Einen zweiten Schwerpunkt bildeten Informationen über undurchsichtige Geschäfte einiger zum Bereich »Koko« des Dr. Schalck-Golodkowski gehörenden Firmen. Hierbei machte sich teilweise ein übertriebenes Vertrauen in die »Allmacht« des Untersuchungsausschusses bemerkbar, von dem man meinte, es bedürfe nur eines Winkes aus Berlin, um derartige Probleme zu lösen. Daß der Ausschuß für exekutive Entscheidungen gar nicht legitimiert war, konnten viele Besucher nur schwer begreifen. Charakteristisch dafür der bekannte Fall des von »Koko« für Waffengeschäfte mit dem Ausland eingerichteten Waffenlagers in Kabelsdorff bei Rostock. Die Empörung über das Unmoralische eines solchen Handelns und die Gefahr für Gesundheit und Leben der Bewohner in der Nähe eines solchen Lagers veranlaßten zwei Vertreter einer Bürgerinitiative, uns in Berlin aufzusuchen und schriftlich bzw. mündlich kategorisch zu fordern, wir sollten in einer Art revolutionärem Akt am Ort dafür sorgen, daß die inzwischen abtransportierten Waffen nie wieder im Ausland oder Inland zu militärischen Zwecken eingesetzt werden könnten. Es waren ein mehrstündiges Gespräch und ein zusätzlicher Besuch unseres Mitgliedes Fritz Krausch zusammen mit einem der Vertreter der Militäroberstaatsanwaltschaft in Kabelsdorff notwendig, um die erregten Wogen ein wenig zu glätten.

Eigenständige Ermittlungen

Überhaupt widmete der Ausschuß den Kontrollen und Gesprächen vor Ort besondere Aufmerksamkeit, weil diese Methode ihm gestattete, selbständig zu ermitteln. Den Anfang machte Heinrich Toeplitz mit seinen Fahrten in das Dorf Wolletz (Krs. Angermünde), wo sich ein Erholungsheim des ehemaligen Stasi-Ministers Erich Mielke befand und die dort postierten Wachkommandos die gesamte Dorfbevölkerung mit völlig unsinnigen bürokratischen Sicherheitsvorschriften drangsalierten, und an die pädagogische Hochschule Neubrandenburg, an der sich eine der üblichen Wissenschaftlerintrigen abspielte, die der eine Kontrahent zu einer politischen Affäre hochstilisiert hatte. Beides hat Toeplitz, begleitet von einem Journalistentroß, in Interviews und im ersten offiziellen Bericht des Ausschusses popularitätswirksam vermarktet. Die weiteren Kontrollen des Ausschusses vollzogen sich, obwohl zweckbezogener und daher effektiver, mehr in der Stille. Der Vorsitzende hat sich an keiner mehr beteiligt.

Aus der Reihe dieser Aktionen nun einige besonders instruktive Beispiele. Seit Mitte November verdichteten sich die Gerüchte, daß in der »Waldsiedlung Wandlitz«, dem Wohnort der Mitglieder des Politbüros der SED, ein großes Geschäft bestand, in dem eine kleine Gruppe ausgewählter hoher Funktionäre und ihre Familien gewünschte in- und ausländische Konsumprodukte zu stark verbilligten Preisen erwerben konnten. Als am 23. November eine Anzahl von Journalisten zum erstenmal die Waldsiedlung besuchte, spielten ihnen die dortigen zum Bereich der früheren Staatssicherheit gehörenden Angestellten eine Komödie vor, um zu beweisen, daß es derartige Vorrechte nicht gegeben habe. Der Ausschuß entsandte seine beiden Mitglieder Bormann und Härtel, um eigene Recherchen anzustellen. Ihr Bericht führte zu unserem Auftrag an die staatliche Finanzrevision, die Verhältnisse in Wandlitz nun gründlich zu überprüfen. Was uns der Vertreter der Revision in der Sitzung der Expertenrunde am 5. Dezember vortrug, übertraf noch alle vorher bestehenden Gerüchte.

Mitte Dezember fanden sich bei uns zwei Vertreter des Berliner Untersuchungsausschusses ein, der sich mit den polizeilichen Gewalttätigkeiten gegen die Demonstrationen vom 6. bis 8. Oktober in Ost-Berlin beschäftigt. Sie teilten mit, nach bisher unbestätigten Informationen wäre in der Militärhaftanstalt Schwedt eine Anzahl Bereitschaftspolizisten aus der Kaserne Basdorf eingeliefert worden, welche sich geweigert hätten, dem Einsatzbefehl gegen die Demonstranten zu gehorchen. Da das Berliner Gremium meinte, zu einer entsprechenden Kontrolle am Ort nicht befugt zu sein, erklärte sich Wolfgang Lesser sofort bereit, dieses Vorhaben zu unterstützen. Am folgenden Wochenende fuhr er zusammen mit den Berliner Kollegen im eigenen PKW unangemeldet nach Schwedt. Die Meldung entpuppte sich als eine »Ente«.

Als annähernd zur gleichen Zeit die Zahl der wegen vermuteter Gesetzesverstöße und Verdunkelungsgefahr in Untersuchungshaft überführten ehemaligen prominenten Politiker besonders in Berlin zunahm, verbreitete sich das Gerücht, die Betreffenden genössen besonders günstige Haftbedingungen. Auf Veranlassung des Ausschusses suchten die Mitglieder Dieter Knöfler und Thomas Singer mehrmals unangemeldet die zuständigen Haftanstalten auf und überzeugten sich, daß von derartigen Sonderkonditionen absolut keine Rede sein konnte.

Besonderen Druck durch die öffentliche Meinung war der Ausschuß hinsichtlich der Person von Erich Honecker ausgesetzt. Am 20. Dezember benachrichtigte uns die Generalstaatsanwaltschaft, daß gegen den ehemaligen Staatsratsvorsitzenden ein Ermittlungsverfahren laufe. Den ehemaligen Staatsratsvorsitzenden in Untersuchungshaft zu nehmen, sei jedoch unmöglich. Aus gesundheitlichen Gründen liege absolute Haftunfähigkeit vor. Da der Bescheid sich ausschließlich auf Atteste ihn früher behandelnder Ärzte aus dem Regierungskrankenhaus stützte, waren, bei der Brisanz dieses speziellen Gegenstandes, Zweifel allzu verständlich. Der Ausschuß empfahl, eine neue unabhängige medizinische Untersuchungskommission zu berufen. Aber auch dieses vom Gesundheitsminister nominierte Gremium machte kaum Anstalten, diesen heiklen Auftrag zügig abzuschließen. Erst nach energischem Drängen des Ausschusses, besonders der Abgeordneten Fritz Krausch und Dieter Knöfler, entstand nach entsprechenden Untersuchungen endlich ein aktuelles ärztliches Kommuniqué, und die notwendigen medizinischen Maßnahmen wurden eingeleitet.

Beträchtlichen Zeitaufwand beanspruchten Kontrollen, die Ausschußmitglieder in personengebundenen, mit niedrigen Vorzugsmieten genutzten, mit einem für DDR-Verhältnisse äußerst luxuriösen Wohnkomfort ausgestatteten Wohn- und Wochenendhäusern durchführten. Dabei ermittelte persönliche Eindrücke veranschaulichten die Fragen nach den speziellen Privilegien der von uns Angehörten. Zu den bevorzugten Besuchsobjekten zählten die »Jagdschlösser« in der Schorfheide, Urlaubsgrundstücke der Staatssicherheit und die vom Bereich »Koko« auf Initiative von Alexander Schalck-Golodkowski bzw. des FDGB-Bundesvorstandes errichteten Einfamilienhäuser. Um das Lösen dieser Aufgabe haben sich besonders die Abgeordneten Schur, Singer, Bormann und Knöfler verdient gemacht.

Öffentlichkeitsarbeit

Die öffentlichen Erklärungen, Gespräche und Anfragen des Ausschusses fanden teilweise auffallende Resonanz bei den DDR-Massenmedien und der Bevölkerung. Der Zahl nach den ersten Platz belegten die Pressekonferenzen, die meistens im Anschluß zu öffentlich durchgeführten Anhörungen anberaumt wurden. Hier wurde über die Resultate von Kontrollen und Anhörungen und über die nächsten Vorhaben des Ausschusses berichtet. An zweiter Stelle folgten Interviews einzelner Mitglieder und vor allem des Vorsitzenden für Zeitungen, Rundfunk und Fernsehen.

Den größten Publikumserfolg errang dagegen der erste Bericht, den der Vorsitzende im Auftrag des Ausschusses auf der am 1. Dezember stattfindenden 13. Tagung der Volkskammer vortrug. Unumwunden stellte ein durch die höchste parlamentarische Institution des Staates legitimiertes Gremium öffentlich fest, daß der ehemalige Vorsitzende des Ministerrats und seine beiden Stellvertreter, die Mitglieder des allmächtigen Politbüros der SED Stoph, Kleiber und Krolikowski, mit Mitteln der Regierung moderne Einfamilienhäuser für einige ihrer Kinder hatten einrichten lassen, die dafür nur eine lächerliche Miete bezahlten. Kritisch wurde vermerkt, daß für die Jagdleidenschaft hoher Funktionäre allein im Bezirk Neubrandenburg ein Fünftel der Waldfläche beschlagnahmt und für zwei Jagdreviere 1988 fast sechs Millionen Mark ausgegeben worden seien. Als Ehrenmitglieder der Bauakademie der DDR hatten Erich Honecker und sein »Wirtschaftssekretär« Günter Mittag seit 1978 je 240 000 Mark Ehrendotationen kassiert. Millionen an Valutamark seien jährlich verschwendet worden, um die extravaganten Kundenwünsche in der Waldsiedlung Wandlitz zu erfüllen oder die auf Kosten des Staates errichteten komfortablen Wohnhäuser der beiden Töchter von Günter Mittag mit den gewünschten Einrichtungsgegenständen aus westlichen Ländern auszurüsten. Solche bisher nie gehörten Fakten riefen heftige Proteste schockierter und empörter Abgeordneter hervor. Und es bedurfte eines beträchtlichen organisatorischen Geschicks von Präsident Maleuda, um die sich anschließende Fragestunde in parlamentarischen Grenzen zu halten.

Kaum beachtet von der Öffentlichkeit, obwohl im Inhalt nicht weniger brisant, verliefen der 2. und 3. Bericht des Ausschusses. Beide wurden nicht mehr vorgetragen, sondern auf der 14. Tagung am 12. Januar und am 7. März 1990, der 17. und letzten Tagung der 9. Wahlperiode der Volkskammer, den Abgeordneten schriftlich übergeben, worauf an anderer Stelle noch einmal eingegangen werden wird. (Siehe »Ruhmloser Ausklang«)

Der zweite Bericht präzisierte die Angaben über den Häuserbau für hohe Funktionäre, deren Verwandte oder Freunde. Vom Ausschuß wurde gefordert, Baukosten und Mieten genau zu überprüfen und im Falle des angekündigten Verkaufs der Häuser an die bisherigen Nutzer die vorgenommenen Schätzungen durch eine unabhängige Kommission kontrollieren zu lassen. Von den 18 Staatsjagdgebieten in der DDR sollten nur zwei weiter bestehen. Als ein besonderes Problem bezeichnete der Bericht die zusätzlichen riesigen Sonderjagdgebiete, für die es keinerlei Grundlage gab, so etwa im Fall des Jagdgebiets Schorfheide, nordöstlich von Berlin, mit mehr als 20 000 Hektar Fläche.

Schließlich wurde versucht, ein Resümee über die Privilegien der Führungsclique in Wandlitz und über die Inanspruchnahme von Sonderflugzeugen zu ziehen (siehe »Versorgungsprivilegien in Wandlitz« und »Jagdleidenschaften«).

Bei dem dritten Bericht handelt es sich um eine provisorische Abschlußanalyse. Die Statistik nannte 36 Anhörungen mit 44 Personen, Untersuchungen zu 27 Sachgebieten, 14 Plenartagungen des Ausschusses. Den Schwerpunkt der Bilanz bildete der Versuch, eine Antwort auf die Frage zu finden, wie es zu solchen schwerwiegenden politischen und wirtschaftlichen Fehlentscheidungen, zu einer solchen Anhäufung von Machtmißbrauch und Korruption kommen konnte. Natürlich konnte ein solcher Versuch bei den begrenzten Möglichkeiten des Ausschusses, dem viel zu geringen Zeitabstand von den Ereignissen und dem trotz der Fülle des Materials noch immer schmalen Faktenwissen nur unvollkommen ausfallen. Dennoch: »Der zeitweilige Ausschuß betrachtet seine Untersuchungen nicht nur als eine Aufarbeitung von Machtmißbrauch und Korruption in der Vergangenheit. Seine Erkenntnisse sollen auch für die Zukunft vorbeugend wirken, um vergleichbare Erscheinungen unmöglich zu machen.«

Zu einem Höhepunkt des öffentlichen Wirkens des Ausschusses gestaltete sich eine Anfrage auf der 14. Tagung der Volkskammer am 12. Januar 1990. Der letzte Punkt der Tagesordnung sah eine Stellungnahme des Präsidenten des Obersten Gerichts der DDR Dr. Sarge zur Rehabilitierung von aus politischen Gründen durch Gerichte der DDR Verurteilten vor. Anknüpfend an die Bitte von Dr. Sarge, die Abgeordneten sollten dafür eintreten, »daß die Gerichte ihren Verfassungsauftrag, dem Recht überall Achtung zu verschaffen, ungehindert nachkommen können«, stellte ich dem Generalstaatsanwalt und

Gerichtspräsidenten die Frage, welche Möglichkeiten beide sähen, gegen die »Hauptschuldigen der heutigen Krise«, »selbstverständlich unter Beachtung der gegenwärtigen Rechtsstaatlichkeit«, Anklage zu erheben und entsprechende Gerichtsverfahren einzuleiten. Die Antwort übernahm, da der durch die Volkskammer gerade bestätigte neue Generalstaatsanwalt erst einen Tag im Amt war, sein uns durch die Expertenrunde bekannter Stellvertreter Dr. Harrland.

Er erklärte, daß seit Ende November 1957 Ermittlungsverfahren »in diesem Zusammenhang wegen Untreue zum Nachteil sozialistischen Eigentums« eingeleitet worden seien und daß es vorgesehen sei, »ab Februar in einer Zahl von 6 bis 7 mit den ersten Anklagen zu beginnen. Weitere Anklagen sollten dann planmäßig im März und April« eingereicht werden. Es ginge jedoch mit den Vorbereitungen nur langsam voran, weil unbedingt die Rechtsstaatlichkeit gewahrt werden müßte und die Beschuldigten teilweise wenig auskunftsbereit seien bzw. wegen ihres hohen Alters stark unter Gedächtnisschwund litten. Bei der Anklage wegen Staatsverbrechen gebe es Schwierigkeiten mit der »Beschaffenheit unseres Strafrechtes«. Daher wäre erst einmal »eine Gruppe von Wissenschaftlern, Strafrechtlern, Staatsrechtlern, Wirtschaftsrechtlern« zusammengestellt worden, um dieses Problem »juristisch« zu klären.

In einer Situation, in der aus der Bevölkerung teilweise mit Streik gedroht und Sondergerichte gefordert wurden, wenn nicht bald Prozesse gegen die Schuldigen begännen, konnte eine solche Auskunft nicht einmal die in jahrelanger Übung zu Geduld erzogenen Abgeordneten beruhigen. Wilhelm Weißgärber vom Ausschuß forderte auf Grund der Ergebnisse von dessen Anhörungen, Verfahren wegen Verfassungsbruchs einzuleiten. Andere Abgeordnete warfen der Generalstaatsanwaltschaft Verzögerungstaktik vor. Mit großer Mehrheit beschloß die Volkskammer, den Staatsrat zu beauftragen, gegen Dr. Harrland und den Gerichtspräsidenten Dr. Sarge Disziplinarverfahren durchzuführen und entsprechende personelle Veränderungen vorzuschlagen. Der neue Generalstaatsanwalt sollte auf der nächsten Tagung der Volkskammer einen gründlichen Bericht über den Stand der Ermittlungen vorlegen. Wenige Tage später meldeten die Zeitungen den Rücktritt des Präsidenten des Obersten Gerichts und des stellvertretenden Generalstaatsanwaltes Dr. Harrland.

Zwei Versuche hoher Politik

Abschließend soll von zwei Aktionen gesprochen werden, mit denen der Ausschuß vergeblich versuchte, Personalentscheidungen in der Regierung Modrow zu beeinflussen. Im ersten Falle handelte es sich um die Person des Leiters der berüchtigten Außenhandelsabteilung »Koko«, den Staatssekretär Alexander Schalck-Golodkowski, im zweiten Falle um das Mitglied der Regierung Generalleutnant Wolfgang Schwanitz, den Leiter des Amtes für nationale Sicherheit, der Nachfolgeinstitution des Ministeriums für Staatssicherheit.

Ende November gerieten verstärkt, zusätzlich gefördert durch einen sensationell aufgemachten Artikel des Nachrichtenmagazins *Der Spiegel*, der geheimnisumwitterte Bereich »Kommerzielle Koordinierung« («Koko«) und dessen Chef, Dr. Schalck-Golodkowski, ins Gerede. Vor allem »Koko« angeschlossene teilweise recht dubiose Außenhandelsfirmen hätten die für die Sonderwünsche der privilegierten Führungsgruppe und das ausgeklügelte terroristische Überwachungs- und Spionagesystem der Staatssicherheit benötigten westlichen Devisenmittel beschafft. Unter der Ägide Schalcks seien in der Schweiz auf Nummernkonten große Geldmittel gehortet worden, über die ehemalige Parteigrößen nach Gutdünken schalten und walten konnten. In mehreren Presseerklärungen bestritt der Verdächtigte eine Sonderrolle von »Koko« und bezeichnete seine Geschäfte als einen normalen Bestandteil des Außenhandels der DDR.

Auch beim Ausschuß mehrten sich entsprechende mündliche und schriftliche Anzeigen aus der Bevölkerung, und so mancher der Vorwürfe schien uns, bei aller berechtigten Skepsis gegen in der damaligen Situation übliche Übertreibungen, nicht aus der Luft gegriffen. Der Vorstand beschloß daher, Schalck-Golodkowski vorzuladen. Noch am gleichen Tage, dem 27. November, wurde ein von Toeplitz entworfenes Schreiben an Modrow abgesandt, in dem wir dem Ministerpräsidenten empfahlen, Dr. Schalck öffentliche Erklärungen zu untersagen und ihn unverzüglich von seinem Amt zu entbinden.

Modrow scheint sofort reagiert zu haben. Bei einem Treffen zwischen Modrow, Schalck und ihm soll, wie uns Toeplitz zwei Tage später versicherte, der Regierungschef gebeten haben, von unserer

Seite im Augenblick auf Maßnahmen gegen den Leiter von »Koko« zu verzichten. Er benötige Wissen und Verhandlungsgeschick von Schalck dringend für die unmittelbar bevorstehenden Gespräche mit Bundeskanzler Helmut Kohl. Für die Loyalität seines Staatssekretärs könne er sich verbürgen. Schalck versprach, dem Ausschuß umgehend eine Liste der von »Koko« finanzierten und gebauten Einzelhäuser mit den Namen ihrer Nutzer zu übergeben. Ohne die Bedenken einiger anderer Ausschußmitglieder zu beachten, gab Toeplitz nach. Er hat allerdings in einem späteren Gespräch dieses Treffen mit Modrow nicht mehr erwähnt. Dennoch dürfte es stattgefunden haben, ob allerdings direkt oder telefonisch, ist unsicher, denn schon am nächsten Tag befand sich die versprochene Häuserliste in der bei uns eingehenden Post, und in einer Erklärung des Ministerpräsidenten auf der 13. Tagung der Volkskammer am Nachmittag des 1. Dezember wurde Toeplitz mehrfach wohlwollend erwähnt.

Um dennoch irgendwie an Schalck-Golodkowski heranzukommen, dessen Position im Verlaufe jener Woche immer unhaltbarer wurde und der das Ansehen der Regierung und der Volkskammer enorm belastete, nutzten einige Abgeordnete die erste Lesung des Reisegesetzes am Vormittag und die nachmittägliche Diskussion über den ersten Bericht des Ausschusses auf der 13. Tagung der Volkskammer am 1. Dezember, um Außenhandelsminister Beil und die Finanzministerin Nickel nachdrücklich zu den Valuta-Einkünften der DDR und deren Verwendung zu befragen. Mehrfach verlangten Abgeordnete, die Devisengeschäfte des Bereiches »Koko« und seines Leiters gründlich zu überprüfen. Da Minister Beil auf diese Fragen keine befriedigende Antwort gab, wurde der Ausschuß durch das Plenum beauftragt, »Herrn Staatssekretär Schalck-Golodkowski zur Berichterstattung« anzuhören und über das Ergebnis auf der nächsten Fragestunde in der Volkskammer zu berichten. Dazu ist es allerdings nicht mehr gekommen. Am 4. Dezember meldeten die Nachrichtenagenturen, daß Günter Mittag, der große Protektor von Schalck-Golodkowski, sich in Untersuchungshaft befinde und daß Schalck-Golodkowski, der augenblicklich begriffen hatte, was die Stunde geschlagen hatte, mit unbekanntem Ziel aus der DDR verschwunden sei.

Die darauffolgende Woche konfrontierte den Ausschuß mit dem zweiten hier zu schildernden Ereignis. Am 4. Dezember 1989 sprachen drei Offiziere der Staatssicherheit, ein Oberleutnant und zwei Leutnants, beim Ausschuß vor, die mitteilten, daß viele subalterne Mitarbeiter des jetztigen Amtes für Nationale Sicherheit mit der Führung des Amtes nicht mehr einverstanden seien. In ihrer Dienststelle, einer nicht genannten Abteilung des zentralen Amtes mit 2000 Angestellten, werde behauptet, daß der jetzige Minister, Generalleutnant Schwanitz, als Stellvertreter von Mielke den Einsatz der Stasi- und Polizeitruppe vom 7. bis 9. Oktober 1989 in Berlin persönlich aus der obersten Etage des Hauses des Lehrers am Alexanderplatz befehligt habe, übrigens eine Behauptung, die sich inzwischen vollauf bestätigt hat. Mit der »Neugründung des Amtes«, so erzählten die Offiziere, habe sich »in der Führungs- und Leitungsebene weder in der Herangehensweise noch in den alten Denkschablonen oder in der Profilierung etwas geändert«. Nach wie vor herrsche »die alte Leitungshierarchie von oben nach unten bis in die kleinsten Referate hinein. Dreh- und Angelpunkt sind die Generalsplanstellen«. Für den Einsatz vom 7. bis 9. Oktober im Stadtbezirk Prenzlauer Berg wäre die übliche Schußwaffengebrauchsbestimmung »heruntergesetzt« worden. »... bei Angriffen auf Fortschrittliche«, »eindeutig nach außen gekennzeichnete Parteimitglieder der SED«, durfte »die Schußwaffe eingesetzt werden ...«. »Dafür wurde aber keinerlei Belehrung unterschrieben. Wir wissen nicht, von wem der Befehl ausging. Er lag aber vor.«

Anfang der nächsten Woche flatterte uns ein mit dem 5. Dezember 1989 datierter Brief auf den Tisch, unterzeichnet von Angehörigen einer Einheit des Wachregiments des früheren Ministeriums für Staatssicherheit. Wahrscheinlich handelte es sich ebenfalls um Angehörige des niederen Offizierskorps. Die darin enthaltenen Angaben deckten sich vielfach mit den Angaben, die der Ausschuß ein paar Tage zuvor erhalten hatte, insbesondere, was die Taten des zur Regierung Modrow gehörenden Generalleutnants Schwanitz während des 7. bis 9. Oktober in Berlin betraf.

Die an der Postdurchsicht beteiligten Ausschußmitglieder – von den fünf Vorstandsmitgliedern waren vier bis auf den wieder einmal unerreichbaren Dr. Toeplitz anwesend – handelten sofort. Ich wurde beauftragt, mit Hans Modrow telefonisch Kontakt aufzunehmen, ihm die Sachlage zu schildern und die Ablösung von Schwanitz nahezulegen. Schon eine Stunde später saßen Marlies Ewald, Gustav

Adolf Schur und ich dem Ministerpräsidenten gegenüber. Noch auf dem Wege zum Hause des Ministerrates, unmittelbar vor der Tür sprachen uns zwei junge Männer in Zivilkleidung an, die »Täve« Schur erkannt hatten und sich nun als Offiziere der Staatssicherheit zu erkennen gaben. Sie baten uns, Modrow einen Brief zu übergeben, in dem ihre Truppe gegen das unaufrichtige, egoistische Verhalten des hohen Offizierskorps protestierte und der Regierung ihrer Loyalität versicherte. Für diese Blitzaktion des Ausschusses hatten sich die einzelnen Mitglieder aus unterschiedlichen Motiven entschlossen. Wenn ich von der eigenen Person ausgehe, so stand ich keinesfalls vorbehaltlos zur Regierung Modrow und wußte mich darin auch mit anderen Mitgliedern des Ausschusses einig. Ein Teil ihrer Minister war meiner Ansicht nach hastig und daher unüberlegt nominiert worden. Namen wie Beil, Fischer, Flegel, Heusinger, Reichelt, Lauck, Schürer, Schwanitz erschienen auf Grund ihrer früheren verantwortlichen Positionen politisch absolut ungeeignet für ihre neuen Ämter. Außerdem war es dem Ansehen der Koalitionsregierung wenig zuträglich, daß in ihr die SED weiterhin eine klare absolute Mehrheit besaß. Auch wie mit den gegebenen Mehrheitsverhältnissen in der Volkskammer wiederholt zugunsten von zweifelhaften Regierungs- oder Präsidiumsvorlagen umgegangen wurde, reizte zu Widerspruch.

Dennoch war sich der Ausschuß einig im Vertrauen zum Chef der Regierung. Ich glaube, nicht einer zweifelte an der persönlichen politischen Integrität des Ministerpräsidenten. Und wenn es zum damaligen Zeitpunkt überhaupt eine Persönlichkeit in der DDR gab, der wir zutrauten, das drohende Chaos im Lande zu verhindern, dann war das Hans Modrow. Daher wollte keiner von uns in diesem Augenblick seine Position schwächen, zumal Gerüchte über einen drohenden konservativen Putsch einer dogmatischen Gruppe aus den Reihen der SED gerade damals neue Nahrung erhielten. In dem etwa einstündigen Gespräch teilte der Ministerpräsident unsere Bedenken gegen Schwanitz. Viele Mitarbeiter des Amtes für Nationale Sicherheit wären auf Grund der gegen die frühere Staatssicherheit begonnenen restriktiven Maßnahmen in eine fast panikartige Hektik verfallen. Überhaupt mache das Amt der Regierung große Schwierigkeiten, so daß es in der nächsten Zeit endgültig aufgelöst und damit auch Schwanitz aus der Regierung entfernt würde.

Solche Argumente überzeugten den Ausschuß und hielten ihn vorerst vor weiteren Aktionen gegen Schwanitz und seine Institution zurück. Die bald folgende Entlassung des Generalleutnants und früheren Mielke-Stellvertreters schien das sogar nachträglich zu bestätigen. Heute weiß ich, daß dieser diplomatische Kompromiß nicht richtig war, weil er dazu beitrug, die Autorität des Ausschusses zu schwächen. Nicht einmal die späteren aufwendigen Anhörungen der führenden Vertreter des Sicherheitsapparates konnten diesen Fehler korrigieren.

Anhörungen

Natürlich müssen die Anhörungen ebenfalls zu den eben geschilderten Aktivitäten des Ausschusses gezählt werden. Sie weisen jedoch einige wesentliche Besonderheiten auf: das Bemühen um eine gezielte Vorbereitung; die besondere Weise der Durchführung; die Chance zum Gewinn komplexer Informationen; der Versuch, erhaltenes Wissen unmittelbar in Empfehlungen umzusetzen. Mit anderen Worten: Die Anhörungen beanspruchten einen relativ großen Teil der Ausschußtätigkeit und dokumentierten gleichzeitig am deutlichsten und konzentriertesten deren Resultate. Daher wird ihnen hier ein eigener Abschnitt eingeräumt.

Die ersten beiden Gruppen

Der Beschluß der Volkskammer vom 29. November 1989 berechtigte den Ausschuß »Betroffene, Zeugen und Sachverständige zur Anhörung zu laden«. Die Geladenen waren verpflichtet, zu erscheinen und auf die gestellten Fragen zu antworten. Nur einmal gab es Schwierigkeiten. Die ehemalige Volksbildungsministerin Margot Honecker teilte mit, sie würde nicht kommen, weil der kritische Gesundheitszustand ihres Gatten es nicht gestatte, ihn längere Zeit allein zu lassen. Nachdem die vom Ausschuß beantragte unabhängige Ärztekommission entschieden hatte, diese Aufsicht könnte für einige Stunden ohne weiteres eine Pflegekraft übernehmen, gab die Exministerin nach, erklärte aber, als sie nach ihrer politischen Verantwortung für die immer schlechter werdenden Resultate des Schulwesens in der DDR befragt wurde, daß derartige Fragen dem Ausschuß nicht zuständen. Nur der nachdrückliche Hinweis, daß Amtsmißbrauch sich sehr wohl auch auf ihren früheren Arbeitsbereich erstrecken könnte, veranlaßte sie, manchmal allerdings recht arrogant, zu antworten.

Zum Anfang wurden Zeugen und Betroffene angehört, die mit dem Bau, der Finanzierung und Nutzung relativ großzügig ausgestatteter staatlicher Einfamilien- und Wochenendhäuser zu tun hatten. Großes Aufsehen erregten, wie aus Zuschriften von Bürgern zu entnehmen war, die Bauten für hohe Offiziere der Armee, leitende Funktionäre des Staates, Partei- und Gewerkschaftsapparates bzw. für deren Verwandte und Freunde.

Den Zeugenaussagen der für das militärische, regierungsamtliche und gewerkschaftliche Bauwesen zuständigen Offiziere und Angestellten folgten die Befragungen der verantwortlichen Auftraggeber und Nutzer. Zu ihnen gehörten unter anderem der einige Wochen zuvor in den Ruhestand versetzte Verteidigungsminister, Armeegeneral Heinz Keßler, und sein Stellvertreter, der Chef Luftstreitkräfte/Luftverteidigung, Generaloberst Wolfgang Reinhold. Keßler war vor allem deswegen ins Gerede gekommen, weil die Kosten für sein von der Armee errichtetes Eigenheim den vorgesehenen Betrag um das Doppelte überschritten hatten, was die ausführende Armeefirma in erster Linie durch die anspruchsvollen Sonderwünsche des Oberbefehlshabers und seiner Gattin begründete. Der langjährige Bauminister in der Regierung Stoph Wolfgang Junker und sein Staatssekretär Karl Heinz Martini mußten vor dem Ausschuß erscheinen, weil sie durch ihre Unterschriften legitimiert hatten, daß die oftmals stark überhöhten finanziellen Aufwendungen für solche Prominentenaufträge aus dem Haushalt ihres Ministeriums gedeckt wurden. Während Junker offen zugab, die Angst um seine Karriere habe ihn zu solchen unrechtmäßigen Schritten getrieben, zog Martini wahrscheinlich beträchtliche persönliche Vorteile aus seinem Verhalten, indem ihm in Art eines Schweigezinses eine dem Ministerrat gehörende, früher von Alexander Schalck-Golodkowski genutzte, luxuriös eingerichtete Villa als Wohnsitz zugewiesen wurde. Dr. Wolfgang Kleinert fungierte seit 1973 als Leiter des Sekretariats des Ministerrates im Range eines Staatssekretärs. Er trug mit seinem Signum, dazu vermutlich durch Stoph selbst und dessen zeitweilige einflußreiche Stellvertreter Werner Krolikowski und Günter Kleiber animiert, maßgeblich dazu bei, daß laut Beschluß des Ministerrates nur an sogenannte »Nomenklaturkader« (d. h. an Minister und

Staatssekretäre) zu vergebende neu errichtete Einzelhäuser einigen Söhnen seiner hohen Chefs vermietet wurden.

Zum zweiten Komplex seiner Anhörungen wählte der Ausschuß die nur früheren feudalen Fürstensitten vergleichbaren maßlosen Jagdambitionen von hohen SED- und Staatsfunktionären. Grundlage für diese Befragungen bildete das reichhaltige Informationsmaterial, welches uns Mitarbeiter der Volkskontrolle geliefert hatten. Als wichtigste Zeugen in dieser Sache sagten vor dem Ausschuß der Minister für Land-, Forst- und Nahrungsgüterwirtschaft Bruno Lietz und sein Stellvertreter Generalforstmeister Rudolph Rüthnick, Leiter der Hauptabteilung Forstwirtschaft aus, staatlicherseits die eigentlichen Verantwortlichen und Kompetenten für das Jagdwesen in der DDR.

Im wesentlichen bestätigten sie, was der Ausschuß aus anderen Quellen über das enorme Ausmaß der Jagdgebiete und der Kosten für die Pflege und das Füttern des überdimensionierten Wildbestandes schon wußte. Besonders empörend war, mit welcher Gleichgültigkeit und Arroganz sich eine größere Anzahl mit hohen Partei- und Staatsämtern betrauter Hobbyjäger kurzerhand ungestraft über gesetzliche Regelungen hinwegsetzten bzw. wie unverfroren zuständige staatliche Stellen derartige Verstöße, falls es sich um prominente Persönlichkeiten handelte, übersahen. Generalforstmeister Rüthnick versicherte jedenfalls dem Ausschuß, Umfang und Zahl der von der Forstverwaltung nicht genehmigten Sonderjagdgebiete wären nicht einmal ihnen bekannt gewesen. Eine für den »normal Sterblichen« nur mit großen Schwierigkeiten zu erlangende Einzeljagdberechtigung war für den prominenten Jäger eine reine Formsache; auf die gesetzlich vorgeschriebene Prüfung wurde großzügig verzichtet.

Fragen nach politischer Verantwortlichkeit

Die dritte Gruppe der Angehörten markierte einen Wandel der Fragestellung. Hatte sich der Ausschuß bei den beiden ersten Gruppen vor allem auf die Form und den Mißbrauch persönlicher Vorrechte konzentriert, traten nun Fragen nach der subjektiven Verantwortlichkeit für fehlerhafte und ungesetzliche politische Entscheidungen stärker in den Vordergrund. Dieser Wechsel bei der Anhörungstaktik begründete sich aus zwei Motiven: Zum ersten zeigte sich, daß es mit Hilfe der uns zugebilligten Mittel nur sehr schwer war, einen gesetzlich fundierten Nachweis für Korruption oder Amtsmißbrauch zu führen. Kein Zweifel bestand allerdings am moralisch Verwerflichen des Handelns von vielen Angehörten. Und zum zweiten drängte uns die von Tag zu Tag stärker in der Öffentlichkeit ausgetragene Diskussion über die persönliche Schuld der Polit-Prominenz an der politischen und ökonomischen Misere des Landes in eine derartige Richtung. Das war zwar ebenfalls ein rechtlich nicht exakt faßbares Phänomen. Der Ausschuß mußte jedoch beträchtlich an Glaubwürdigkeit einbüßen, wenn er Antworten auf solche brisanten Fragen grundsätzlich auswich. Zum ersten Male wandte der Ausschuß das erweiterte Verfahren bei der Anhörung von Margot Honecker am 20. Dezember an. Grund für ihre Vorladung waren hauptsächlich die zahlreichen Briefe von Eltern und Lehrern, welche die vergangene Schulpolitik scharf kritisierten. Der von Richterin Marlies Ewald entworfene Fragespiegel begann mit der Frage: »Welche Position beziehen Sie heute zum Verhalten der jungen Generation insbesondere im Zeitraum vom Juli bis September 1989?«

Die ehemalige Ministerin bestritt erst einmal jegliche prinzipielle Schuld des von ihr dirigierten Schulsystems an der Massenflucht vor allem Jugendlicher aus der DDR: »... weder den Lehrern noch den vielen fleißigen Mitarbeitern der Volksbildung in dem ehemals von mir geleiteten Ministerium« sei es »anzulasten, was aus heutiger Sicht der Umbewertung und Neubewertung der Gesellschaftskonzeption hätte anders gemacht werden müssen oder anders gemacht werden muß«. Und da uns diese Antwort zu allgemein war, fuhr sie fort: »Wenn in unserer Erziehungsarbeit eines im Zentrum stand, dann die Erziehung der Jugend zur Treue zur Deutschen Demokratischen Republik ... Und diesen Erziehungsauftrag haben wir ernst genommen. Wenn er nicht realisiert werden konnte, nicht realisiert wurde, wie Sie meinen, so muß man, glaube ich, doch die gesamte Gesellschaft ... einschließlich der Eltern in die Pflicht nehmen.« Obwohl die Verfassung der DDR die Volkskammer als das »oberste staatliche Machtorgan der Deutschen Demokratischen Republik« auswies, meinte Frau Honecker, »daß die Frage der politischen Verantwortung nicht Hauptgegenstand des Untersuchungsausschusses ... ist. Meine politische Verantwortung habe ich zu verantworten vor meiner Partei. Ich möchte hier auch sagen, daß ich Amtsmißbrauch eindeutig ablehne«.

Eine größere Anzahl Lehrer hatte sich beim Ausschuß beklagt, daß sie auf Grund ihrer politischen Ansichten oder auf Grund ihres christlichen Bekenntnisses aus dem Schuldienst entlassen worden seien. Frau Honecker verkündete kühn: »Kein Geschichtslehrer ist auf Veranlassung des Ministeriums, wenn er eine andere Auffassung zur Geschichte hatte, aus seiner Tätigkeit entfernt worden ... Und auch kein christlicher Lehrer ... ist entfernt worden.« Auf den abschließenden Fragenkomplex nach den Einkaufsbedingungen und den sonstigen Vergünstigungen für die Bewohner der »Waldsiedlung« Wandlitz behauptete die frühere erste Dame des Staates keck: »Was heißt Sondersituation? Wissen Sie, ich habe am wenigsten dort eingekauft. Ich habe, was ich für den täglichen Bedarf brauchte, wir sind keine anspruchsvolle Familie, eingekauft; im übrigen habe ich auch in Berlin eingekauft, in der Hauptsache in Berlin. 17.00 Uhr war der Laden dort [in Wandlitz] zu, und da war für mich gar kein Einkauf möglich, das heißt nicht, daß ich dort nicht eingekauft habe.«

Einige Tage danach konnte der Ausschuß aus der Einkaufsliste für 1988 des Sondergeschäftes in der Politbüro-Siedlung Wandlitz entnehmen, daß die Familie Honecker keinesfalls zu den anspruchslosen Kunden des »Ladens« gehörte. In dem besagten Jahr waren es immerhin Waren für 130 000 Mark nach den dortigen Preisen, die für viele Produkte nur etwa einen Bruchteil des DDR-Preis-Niveaus betrugen. Ein Kommentar erübrigt sich.

Das Resultat des Auftrittes von Margot Honecker war aus unserer Sicht wenig befriedigend und erteilte uns daher eine mehrfache Lehre. Offensichtlich hatte der Ausschuß trotz der neuen Form des Fragespiegels die Anhörung nicht sorgfältig genug vorbereitet. Die präparierten Fragen orientierten sich zu stark an allgemeinen Prinzipien und hätten unbedingt vorher mit erfahrenen Schulmännern beraten werden müssen. Nachteilig wirkte sich besonders auch aus, daß Dr. Toeplitz völlig unerwartet auf den Vorsitz bei der Verhandlung verzichtete. Warum er so verfuhr, läßt sich nur ahnen. Es steht zu vermuten, daß ihn seine Bekanntschaft mit der Familie Honecker zu diesem Schritt bewog. Um nicht wieder in eine solche unangenehme Situation zu geraten, wurde vereinbart, daß das Ausschußmitglied, welches den Fragespiegel entworfen hatte, auch die betreffende Anhörung leiten sollte.

Dem ersten Versuch des Ausschusses, ehemalige prominente Mitglieder des DDR-Partei- und Regierungsapparates nach ihrer Verantwortlichkeit für wichtige politische Entscheidungen zu befragen, folgten bald weitere. Als Kriterium für die Vorladung diente der Verdacht auf Korruption oder Amtsmißbrauch. Lief schon ein polizeiliches oder staatsanwaltliches Ermittlungsverfahren, fand keine Anhörung mehr statt. Aus dem von Erich Honecker geleiteten Politbüro der SED mußten die Sekretäre Kurt Hager und Joachim Herrmann, der Präsident der Volkskammer Horst Sindermann, die ersten Sekretäre der Bezirksleitungen der SED Werner Eberlein und Günter Schabowski, dessen Vorgänger Konrad Naumann und der Vorsitzende der zentralen Kontrollkommission der Partei Erich Mückenberger erscheinen. Ferner gehörten zu dieser Gruppe der Angehörten der Stellvertreter des Vorsitzenden der Demokratischen Bauernpartei und langjährige Minister für Umweltschutz und Wasserwirtschaft Hans Reichelt, der Staatssekretär für Körperkultur und Sport sowie dessen Stellvertreter, die Professoren Günther Erbach und Ehrenfried Buggel und schließlich der frühere Landwirtschaftsminister und jetzige Generalsekretär der Gesellschaft für Deutsch-Sowjetische Freundschaft Heinz Kuhrig.

Hier fehlt der Platz, um auf die Antworten jedes einzelnen Angehörten näher einzugehen (siehe dazu die im Anhang enthaltenen Auszüge der stenographischen Protokolle). Die Aussagen der Vorgeladenen können nach drei charakteristischen Merkmalen zusammengefaßt werden: Ein Teil von ihnen meinte, die gesellschaftlichen Verhältnisse in der DDR wären zwar reformbedürftig gewesen, dadurch würde jedoch die grundsätzliche Überlegenheit des »realen« Sozialismus über den Kapitalismus nicht aufgehoben. Am stärksten vertraten diese Position Margot Honecker und Joachim Herrmann, zum Teil traf sie auch auf Kurt Hager zu. Margot Honecker meinte: »Die Auffassung über die bisherige Gesellschaftskonzeption wird neu bewertet«, schränkte aber sogleich wieder ein, »wobei ich davon ausgehe, daß der Sozialismus nicht in Frage gestellt ist, daß er erneuert wird«. Joachim Herrmann wurde nach seinem Anteil an der vom ZK der SED dirigierten verlogenen Informationspolitik in Presse, Rundfunk und Fernsehen gefragt. Günter Schabowski, der Politbürogenosse von Herrmann, hatte über diesen geurteilt, er sei nicht der »Mephisto dieser Politik«, sondern nur »ein straffer, nicht produktiver Ausführer« gewesen. Herrmann äußerte zwar: »Ich fühle mich persönlich nicht nur voll verantwortlich für die Fehler in der Medienpolitik, sondern ich fühle mich auch mitverantwortlich für die entstandene Lage mit all ihren Folgen für unsere Republik«, um wenige Minuten später jedoch selbstbewußt zu verkünden: »Die dreimillionste (Neubau)Wohnung hat mich mit Genugtuung erfüllt, weil ich z. B. nach wie vor zu dem stehe, was in den 40 Jahren in der DDR geschaffen worden ist und nicht bereit bin, das beschmutzen und zertreten zu lassen.«

Das zweite charakteristische Merkmal ist durch die relativ klare Einsicht eines Teils der Angehörten gekennzeichnet, daß das Experiment des »realen Sozialismus« in der DDR gescheitert sei und daß man nun die Ursachen dafür reflektieren müßte. Typische Vertreter dieser Gruppe waren unter anderem Günter Schabowski, Werner Eberlein, Erich Mückenberger und Hans Reichelt. Auf den Vorsitz bei der Anhörung von Günter Schabowski verzichtete Heinrich Toeplitz erneut, wozu der frühere Berliner SED-Sekretär dann nachträglich spöttisch bemerkte: »Hätte ich denn beim Reinkommen sagen sollen: ›Mensch Heinrich, als ich dich beim letzten Ball der SV Dynamo sprechen wollte, da warst du doch viel zu beschäftigt, dem Mielke in den Hintern zu kriechen.‹« Überhaupt präsentierte sich Schabowski als einer der Gesprächigsten in der Liste der von uns Angehörten. Man hatte ähnlich wie bei Eberlein, Mückenberger, Reichelt und Naumann den Eindruck, daß er regelrecht froh war, seine Gedanken, Überlegungen, Enttäuschungen, Schuldgefühle öffentlich vortragen zu können.

Die Ursachen für das Scheitern der DDR sah Günter Schabowski nicht im Versagen einzelner, sondern sie waren für ihn system-, strukturbedingt. Gefragt nach den Motiven für die unaufrichtige Propagandapolitik, antwortete er: »Wir haben ja immer noch in der Vorstellung gelebt, daß wir das bessere System seien. Wir haben in verschiedenen Erscheinungen der anderen Seite Rechtfertigung auch für unser System, für die Ungerechtigkeiten, für die Strukturen und die undemokratischen Strukturen gesehen. Es gab ja die These, daß die Demokratie nur eine Verfahrensweise der Diktatur ist ... Heute begreifen wir alle etwas besser, daß die Demokratie eben nicht nur eine Verfahrensweise von Diktatur ist, sondern daß Demokratie einen Selbstwert darstellt...« Über die letzten Jahre der Mittagschen Wirtschaftspolitik reflektierte er: »... diese Wirtschaftspolitik war für die, die Einblicke hatten – und einige hatten sehr tiefe Einblicke –, im Grunde genommen schon eine Fiktion. Sie war ein Potjomkinsches Dorf, das mit allen möglichen Mitteln, mit Krampf und mit der Lochstopfmethode usw. aufrechterhalten wurde.« Und Werner Eberlein, Mitglied des Politbüros und erster Bezirkssekretär der SED in Magdeburg, resümierte auf die Frage, warum er nicht versucht habe, die von ihm erkannten Fehler des Systems zu korrigieren: »Wenn wir davon sprechen, daß es einen Unterschied gibt zwischen Erscheinung und dem Wesen, dann liegt eine Hauptursache der Krisensituation, in der wir sind, darin, daß es die politische Führung nicht vermocht hat, über das Wesen, d. h. über Probleme zu diskutieren. Es wurden [im Politbüro] Berge von Beschlüssen vorbereitet und durchgelesen, aber keine Problemdiskussionen zu diesen Dingen durchgeführt.«

Den langjährigen Minister für Wasserwirtschaft und Umweltschutz in der Regierung Stoph, Hans Reichelt, der Mitglied der Demokratischen Bauernpartei war, befragte der Ausschuß nach seinem Einfluß auf die gescheiterte Umweltpolitik der DDR. Der Minister versicherte, »... daß die Sozialistische Einheitspartei Deutschlands seinerzeit keinerlei Strategie für den Umweltschutz in diesem Lande hatte... Es gibt einige Äußerungen, aber keinerlei Strategie«. Für Günter Mittag, der im Zentralkomitee der SED auch für die Umweltpolitik zuständig gewesen sei, wäre »Ökologie ein absolutes Fremdwort gewesen... Im ehemaligen Politbüro, das sich ja bekanntlich zur Partei- und Staatsführung emporgeschwungen hatte, war keinerlei Sachkompetenz zu umweltpolitischen Fragen vorhanden«. Ihm selbst wäre eine Entscheidungsbefugnis weitestgehend vorenthalten worden. »Beschlüsse der Regierung, die sich mit kritischen Problemen auseinandersetzten, wurden eigentlich [im Ministerrat] grundsätzlich nicht behandelt. Ich möchte hier erst einmal betonen, daß ich niemals aufgehalten worden bin, im Ministerrat meine Fragen zu stellen. Aber ob sie dann bestätigt worden sind, entschied ja letztlich das Politbüro«, dem ja nach den Worten Reichelts jegliche Kompetenz für derartige Gegenstände abging.

Keine Kontrolle der Stasi

Über die vierte und letzte Gruppe der Anhörungen wollte der Ausschuß vor allem ermitteln, inwieweit Organisation, Finanzen, Aktivitäten des Ministeriums für Staatssicherheit noch von einer außenstehenden unabhängigen Institution kontrolliert worden sind. Veranlaßt hatte diesen Entschluß, den der gesamte Vorstand einhellig unterstützte, die Aussage mehrerer von uns befragter ehemaliger Mitglieder des Politbüros der SED, daß sie die Sicherheitsproblematik in den Zusammenkünften des obersten Leitungsgremiums der Partei nie ernsthaft beraten hätten.

Erich Mückenberger, immerhin fast zwei Jahrzehnte Vorsitzender der Zentralen Parteikontrollkommission, antwortete auf die Frage nach der erschreckenden Zahl von 85 000 hauptamtlichen Mitarbeitern der Staatssicherheit: »Ich höre sie auch das erste Mal.« Die Parteikontrollkommission sei niemals mit den Angelegenheiten der Staatssicherheit konfrontiert worden. »Das war Sache des Vorsitzenden des Nationalen Verteidigungsrates [E. Honecker] und des Verteidigungsrates insgesamt.« Auf die Frage: »Wie standen Sie zur ... Staatssicherheit?« entgegnete Joachim Herrmann, der Partei-Beauftragte für die Medienpolitik in der DDR und ein besonderer Vertrauter von Honecker: »Über die Frage der Staatssicherheit ist im Politbüro überhaupt nicht gesprochen worden ... Das war eine direkte Zusammenarbeit zwischen dem für die Staatssicherheit zuständigen Minister und Politbüromitglied Erich Mielke in Abstimmung mit dem Generalsekretär.« Und Günter Schabowski sagte: »Fragen der Arbeit des Ministeriums für Staatssicherheit in dem Sinne, daß dort [in den Sitzungen des Politbüros] Aufträge erteilt wurden, Beschlüsse zur Arbeit gefaßt wurden, die die konkrete Situation betrafen, in dieser ausgeprägten Manier, spielten keine Rolle ... Bei Politbürositzungen war es gewöhnlich so: Der erste, der drin war beim Genossen Honecker, war der Minister für Staatssicherheit.« Die noch einmal konkretisierte Frage: »Also über die Ausdehnung des Personals, der Kosten, der Bewaffnung, seit 1985 der flächendeckenden Überwachung ist nie diskutiert worden?«, beantwortete der Chef des Berliner Partei-Bezirks: »Daran hat auch kein Mensch gerührt. Das hatte eine solche Sensibilität – ich bitte das nicht so zu verstehen, daß ich die Sache verteidige –, aber die Lage zu der Zeit war so, daß es von heikler Natur war. Wer anfängt, da mit den Fingern herumzubohren, der hat offensichtlich irgendwelche merkwürdigen Interessen, was geht denn den das an. Du hast doch Deinen Arbeitsbereich.«

Wollten wir also in diesem für unseren Bericht an die Volkskammer besonders prekären Untersuchungskomplex weiterkommen, dann mußten einige der mit Sicherheitsaufgaben betrauten leitenden »Spezialisten« befragt werden. Die Reihe eröffnete der Generalleutnant im Ministerium für Staatssicherheit Günther Wolff, als »Kommandeur« des Personenschutzes zuständig für die persönliche Sicherheit der Politbüromitglieder. Außerdem lagen in seinen Händen die gesamte Versorgung und Verwaltung von Wandlitz und der mit der »Waldsiedlung« verbundenen Wochenend- bzw. Ferienobjekte sowie Vorbereitung und Kontrolle von dienstlichen und privaten Reisen der hohen Herren mit ihren Familien.

Die Anhörung von Wolff, die schon am 15. Dezember stattfand, bildete innerhalb dieser Gruppe noch eine Ausnahme. Ihr vorrangiges Anliegen bestand erst einmal darin, detailliertere Auskünfte über die Situation in Wandlitz und den Einsatz von Flugzeugen des Regierungsgeschwaders, des Transportgeschwaders TG 44 zu Privatflügen zu erhalten. Wolff präsentierte sich als ein sehr vorsichtiger und zurückhaltender Gesprächspartner. Er hat uns im eigentlichen Sinne nichts Unwahres erzählt, hütete sich aber peinlichst, irgendetwas auszuplaudern, was sich nicht eindeutig beweisen ließ oder was seine früheren Befehlsgeber belastet hätte. Wie gut gefiltert seine Aussagen waren, wurde wenige Tage nach seinem Auftritt klar, als die staatliche Finanzrevision über die wirklichen Zustände im Wohndomizil des Politbüros, in Wandlitz, informierte, worüber noch zu berichten sein wird (siehe »Versorgungsprivilegien in Wandlitz«).

Gewichtigere Fakten zum Problem Kontrolle der Staatssicherheit gewannen wir erst durch die gut einen Monat später, am 18. Januar 1990 stattfindenden Anhörungen von Wolfgang Herger und Fritz Streletz, der eine Abteilungsleiter für Sicherheitsfragen im ZK der SED seit 1985, und damit der eigentlich Zuständige im Parteiapparat für die Aufsicht über die Staatssicherheit, der andere Generaloberst, Stellvertreter des Ministers für Verteidigung, Chef des Hauptstabes der Nationalen Volksarmee (NVA) und zugleich, was ihn für den Ausschuß besonders interessant machte, Sekretär des ominösen, geheimnisvollen Verteidigungsrates, dessen Vorsitzender bis zu seinem Rücktritt als Generalsekretär der SED ebenfalls Erich Honecker war. Da der Ausschuß befürchtete, Herger und Streletz könnten sich auf die ihnen einst auferlegte Schweigepflicht berufen, die bisher nicht offiziell aufgehoben worden war, wandten wir uns mit einem entsprechenden Schreiben an den amtierenden Vorsitzenden des Staatsrates der DDR. Gerlach reagierte diplomatisch, betonte, daß er zu einer solchen Zusage amtlich nicht berechtigt sei, brachte aber zugleich zum Ausdruck, daß er keine Einwände gegen eine Befragung der Herren Herger und Streletz durch den Ausschuß habe. Diese indirekte Hilfe von Gerlach erwies sich bald als überflüssig, denn beide Sachzeugen zeigten sich recht auskunftsbereit; ein Verhalten, das wahrscheinlich durch die Sorge bestimmt war, der Ausschuß könnte bei der Generalstaatsanwaltschaft gegen sie ein Ermittlungsverfahren oder wegen Verdunkelungsgefahr eine Untersuchungshaft vorschlagen. Generaloberst Streletz schilderte den Nationalen Verteidigungsrat – und die inzwischen bekanntgewordenen Tatsachen bestätigen seine Aussagen im großen und ganzen – als eine auf hoher Ebene postierte, scheindemokratische Institution der DDR, die durch einige Einzelpersonen – genannt werden die Namen von Honecker, Mielke und Mittag – entworfene Vorlagen und zuvor unter diesen Personen getroffene Absprachen nur noch zur Kenntnis genommen hätte. Nach Streletz gehörten dem 1986 berufenen Verteidigungsrat zwölf Personen an. Neben dem von der Volkskammer gewählten Honecker die Mitglieder des Politbüros Werner Eberlein, Werner Felfe (nach dessen Tod 1988 Günther Kleiber), Kurt Hager, Heinz Keßler, Egon Krenz, Werner Krolikowski, Erich Mielke, Günter Mittag, Alfred Neumann, Horst Sindermann, Willi Stoph, außerdem die Mitglieder des Zentralkomitees der SED Hans Albrecht, Horst Brünner, Friedrich Dickel, Wolfgang Herger und als Sekretär Fritz Streletz. Die Mitgliedschaft war nach den Worten von Wolfgang Herger »geheime Kommandosache«. Vorrangige Aufgaben des Rates waren: »Entwicklungskonzeptionen der bewaffneten Organe, Fragen der gesamten Landesverteidigung, Berichterstattung staatlicher Leiter und Vorsitzender der Bezirkseinsatzleitungen, Kaderfragen zur Veränderung von Nomenklaturernennungen und Beförderungen von Generalen sowie Verleihung staatlicher Auszeichnungen«.

Streletz bestritt energisch, daß der Verteidigungsrat sich außer der Ernennung von Generälen, deren Funktion allerdings verschwiegen worden wäre, mit Angelegenheiten der Staatssicherheit befaßt hätte. »Über die Stärke, die Bewaffnung, die Aufgaben sowie die finanziellen Ausgaben des Ministeriums für Staatssicherheit wurde im Nationalen Verteidigungsrat nie gesprochen... Es [das Ministerium] hat keine eigenen Vorlagen eingereicht. Diese Problematik Staatssicherheit wurde durch den Minister für Staatssicherheit individuell mit den Vorsitzenden des Nationalen Verteidigungsrates gelöst. Und wenn Sie mich heute fragen als Chef des früheren Hauptstabes und als Sekretär des Nationalen Verteidigungsrates nach der Stärke des Ministeriums für Staatssicherheit, dann muß ich Ihnen ehrlich sagen, daß ich Ihnen das nur antworten kann, was ich jetzt durch Veröffentlichungen gehört habe. Die Stärke war für jeden tabu.«

Die Aktivitäten und Angelegenheiten der Staatssicherheit wurden scheinbar als so hochgradig geheim angesehen, daß nicht einmal der verantwortliche Abteilungsleiter für Sicherheitsfragen im Zentralkomitee der SED Wolfgang Herger genauere Einblicke in das Gefüge und die Geschäfte dieser Einrichtung erhielt, geschweige denn irgendwelche Kontrollrechte besaß. Gleich beim Amtsantritt als Abteilungsleiter (1985) war der fünfzigjährige Wolfgang Herger durch den achtundzwanzig Jahre älteren Erich Mielke, bei dem er sich vorstellen wollte und »über einige Dinge« um Auskunft gebeten hatte, unmißverständlich telefonisch belehrt worden: »Du bist verantwortlich für die politische Arbeit, für die Parteiarbeit, um die operativen Dinge im Ministerium für Staatssicherheit hast du dich nicht zu kümmern.«

Und so blieb es dann auch. Der Abteilungsleiter und die vier Mitarbeiter seiner Abteilung, die mit der »politischen und Parteiarbeit« im Ministerium für Staatssicherheit beauftragt waren, besaßen »keinerlei Weisungsrechte«, »hatten keinen Einfluß auf die Ausarbeitung operativer Dinge«, »obwohl sie selbst Offiziere der Staatssicherheit waren«. Nicht einmal in die Berichte der Staatssicherheit für Erich Honecker und Egon Krenz bekam der zuständige Leiter regelmäßig Einsicht. Erst »in der letzten Zeit, vor allem im Zusammenhang mit dem Zeitpunkt, wo ich mit anderen Genossen bereits daran gedacht habe, daß wir einen Führungswechsel brauchen und wußte, daß das Ministerium für Staatssicherheit genauere Informationen über oppositionelle Bewegungen usw. hat«, habe er »direkt verlangt ..., das zu bekommen, und danach bekam ich einige solcher Informationen«. Warum diese so dringend notwendige Kontrolle unterblieben wäre, begründet Wolfgang Herger damit, »daß die Hauptverbindung auf dem Gebiet des Ministeriums für Staatssicherheit zwischen Erich Honecker und Erich Mielke lag. Das war von Anfang an so«, ein Zustand, den er »einfach als gegeben hingenommen« hätte. Die resümierende Frage des Ausschusses: »Das heißt also, weder das Politbüro noch sonstige Einrichtungen des ZK oder der Regierung hatten irgendwelche Kontrollrechte gegenüber der Staatssicherheit?« beantwortete Herger dann mit einem eindeutigen, lakonischen »Nein!«. Und er fuhr fort: »... so unglaublich das klingt, aber auch der Leiter für Sicherheitsfragen im Zentralkomitee der SED hat aus dem Bericht ... vor dem Runden Tisch das meiste über die inneren Strukturen und über die Zusammensetzung, was die Zahlen betrifft, überhaupt das erste Mal erfahren ... Ich kannte die Zahl von 40 000 bis 41 000 Parteimitgliedern im Ministerium für Staatssicherheit, aber als die Zahl 85 000 veröffentlicht worden ist, war das für mich eine neue Erkenntnis.«

Daß den Abgeordneten der Volkskammer keinerlei Kontrollfunktion gegenüber der Stasi eingeräumt wurde, braucht da wohl kaum noch erwähnt zu werden. Eigentlich hätte diese Aufgabe zum Bereich des Ausschusses für Nationale Verteidigung der Volkskammer gehört, dem seit 1986 ebenfalls Wolfgang Herger vorstand und zu dessen Mitgliedern die Fraktionen nur peinlichst handverlesene Abgeordnete vorgeschlagen hatten. Dennoch sind Gegenstände der Staatssicherheit dort nie diskutiert oder gar überprüft worden. Ja, Wolfgang Herger betonte geradezu in seiner Anhörung vor unserem Ausschuß: »... da die Tätigkeit des Nationalen Verteidigungsrates und meine Mitgliedschaft ›Geheime Kommandosache‹ war, habe ich im Ausschuß für Nationale Verteidigung der Volkskammer nie direkt über Sitzungen des Nationalen Verteidigungsrates informiert.«

Den letzten Beweis, daß es sich bei der Staatssicherheit um einen Staat im Staate handelte, lieferten die Anhörungen der beiden stellvertretenden Minister im Ministerium für Staatssicherheit Generaloberst Rudi Mittig und Generalleutnant Wolfgang Schwanitz; der erste bis zu seiner Berentung am 6. Dezember 1989 erster Stellvertreter von Mielke und damit in den letzten Jahren weitestgehend der zentrale Organisator der Staatssicherheit, der zweite bis November 1989 ebenfalls Stellvertreter von Mielke und anschließend Chef der Nachfolgeinstitution des Ministeriums, des Amtes für Nationale Sicherheit in der Regierung Modrow.

Beide bestätigten aus der Sicht der ehemaligen Staatssicherheit die Aussagen der zuvor Angehörten. Die Tendenz, daß sich die Staatssicherheit immer mehr einer Kontrolle von außen entzog, habe sich »vor allem mit der Wahl des ehemaligen Ministers zum Kandidaten des Politbüros (1971) ... und mit der Wahl des Herrn Honecker als Generalsekretär« wesentlich forciert. »Das Ministerium«, so Mittig, »wurde nach dem Prinzip der militärischen Einzelleitung geführt. Der ehemalige Minister hatte uneingeschränktes Weisungsrecht gegenüber allen Angehörigen, unabhängig von der Dienststelle.« Auf die Frage, ob im Kollegium des Ministeriums über »tiefgreifende« Probleme beraten wurde, antwortete der ehemalige erste Stellvertreter von Mielke: »Innerhalb des Ministeriums war die Kollektivität nicht ausgeprägt. Man kann sagen, sie fehlte ... Problemberatungen in dem Sinne, das Für und Wider abzuwägen, auf Grund der konkreten Lage zu analysieren, inwieweit gibt es Konfliktherde, bestimmte Tendenzen, die gesellschaftlich hätten Berücksichtigung finden müssen, gab es nicht.« Wolfgang Schwanitz ergänzte: »Ich habe zwei Stockwerke über dem ehemaligen Minister gesessen, aber zu individuellen Beratungen bin ich vielleicht in den drei Jahren (1986–1989) dreimal und da auch nur zu Einzelproblemen zu ihm gerufen worden ... Das andere spielte sich in kurzen Telefonaten morgens ab und auf schriftlichem Wege.«

Das Politbüro der SED in seiner Gesamtheit, auch dies bestätigten Mittig und Schwanitz, war von einer Entscheidung über Sicherheitsfragen weitestgehend ausgeschaltet. Rudi Mittig fährt fort: »Es ist ja bereits bekannt, daß sicherheitspolitische Probleme vordergründig und in erster Linie zur Behandlung standen zwischen dem ehemaligen Generalsekretär und dem ehemaligen Minister für Staatssicherheit. Dadurch waren weitere Mitglieder der Parteiführung – zumindest was die Probleme der Sicherheitspolitik betrifft – ausgeschlossen.« Es habe zwar in einigen Sachfragen »individuelle Gespräche« gegeben, so zu Kirchenangelegenheiten mit Jarowinsky und zu Wirtschaftsgegenständen mit Mittag, jedoch »zumeist Telefonate«. Erst »... in der Zeit vor dem Oktober (1989)«, so zusätzlich Wolfgang Schwanitz,

»hat sich der ehemalige Minister entschlossen, manche wichtige Informationen allen Mitgliedern des Politbüros zu übergeben, weil er eben davon ausgehen mußte, daß sie sonst beim ehemaligen Generalsekretär nicht die erforderliche Beachtung finden.« Unter den Empfängern solcher Lageberichte des Ministeriums für Staatssicherheit tauchen jetzt häufiger neben Honecker die Namen Herrmann, Krenz, Jarowinsky, Schabowski, Mittag, Dohlus auf; der von Wolfgang Herger, was sich mit seinen Angaben vor dem Ausschuß deckt, zum ersten Male im Juni 1989 und dann mehrmals ab September 1989.

Bliebe als letztes die Frage nach der Finanzierung und vor allem nach der Kontrolle über die Geldausgaben der Staatssicherheit. Um uns hierüber für unseren Bericht an die Volkskammer ein Bild zu verschaffen, hatten wir ebenfalls am 6. Februar 1990 als sachverständige Zeugen vor den Ausschuß Generalmajor Werner Henning und Oberst Willi Kreisel geladen. Henning war Leiter der Abteilung Finanzen, und Kreisel war verantwortlicher Mitarbeiter für die Finanzkontrolle im Ministerium für Staatssicherheit. Es konnte nun kaum noch überraschen, daß die Staatssicherheit von jeglicher Finanzkontrolle von außerhalb ihres Ministeriums befreit war. Die zentrale staatliche Finanzkontrolle durfte zum ersten Male im Dezember/Januar 1989/1990 eine Finanzprüfung im Bereich der Staatssicherheit vornehmen. Die 4,2 Milliarden Mark, über die das Ministerium in den letzten Jahren jährlich verfügte – davon 3,6 Mrd. aus dem Staatshaushalt und 0,6 Mrd. aus eigenen »Einnahmen« – setzte die Staatssicherheit völlig nach ihrem eigenen Gutdünken ein. Das waren zum Beispiel um fast 50 Prozent mehr, als in der DDR für Wissenschaft und Technik bzw. für den gesamten Hoch- und Fachschulbereich im Staatshaushalt bereitstanden. Wie großzügig der Minister mit den ihm zur Verfügung stehenden Geldmitteln verfuhr, zeigen folgende Beispiele: Ihm selbst stand ein persönlicher Geldfonds in Höhe von zehn Millionen Mark und 1 bis 3 Millionen Deutsche Mark pro Jahr für »Sondermaßnahmen« zur Verfügung; der Fonds war so »streng geheim«, daß ihn nicht einmal die eigene Finanzkontrolle des MfS überprüfen konnte. Dieselbe Regel galt für die Mittel der Hauptverwaltung Aufklärung, d. h. für die Truppe, der vor allem die Spionage in der BRD oblag. Völlig außerhalb jeglicher finanzieller Kontrolle standen auch die Geldaufwendungen für den sogenannten »Innenring« und die damit verbundenen »Außenobjekte« in der Waldsiedlung Wandlitz. Die benötigten Gesamtsummen waren nur im Haushalt des Ministeriums ausgewiesen. Wie sie aufgeteilt wurden, wußten nur die unmittelbar Nutznießenden. Selbst die beiden bestimmt nicht voreingenommenen Finanzoffiziere bemerkten kritisch, daß es eine Finanzkontrolle im MfS überhaupt erst seit 1971/72 gegeben habe und daß es danach immer wieder Ausnahmen gegeben habe. Fast schon selbstverständlich, daß Erich Mielke auch die Besoldungsordnung für seine Gefolgsleute selbst festgelegt hatte, mit dem Ergebnis, daß für die etwa 90 000 hauptamtlichen Beschäftigten des MfS monatlich pro Kopf eine Summe von 2650,- Mark Gehalt gezahlt wurde, wobei das Nettogehalt mit diesem Betrag fast identisch war. Das durchschnittliche Bruttoeinkommen eines Arbeiters und Angestellten in der »Sozialistischen Wirtschaft« der DDR, unberücksichtigt die beträchtlichen Abzüge, betrug 1988 1269,- Mark, d. h. nicht einmal die Hälfte der Summe, welche die Staatssicherheit ihren Mitarbeitern zahlte.

Die Anhörung von Henning und Kreisel verlieh dem bisherigen Stasi-Bild nur noch einige neue, eigentlich erwartete Konturen. Es handelte sich um eine nach Art des faschistischen Führungsprinzips geleitete Insitution, die fast ausschließlich für sich selbst verantwortete und eine entsprechende eigene Gesetzlichkeit entwickelt hatte. Außenstehende gesellschaftliche Institutionen verzichteten auf jegliche echte Kontrolle. Das Ministerium für Staatssicherheit mit all seinen Einrichtungen – das bestätigten unsere Untersuchungen – war eindeutig ein Staat im Staate, ein Prozeß, den die gesellschaftlichen Strukturen der DDR nachhaltig gefördert hatten.

Vorbereitungen und Antworten

Insgesamt wurden vor dem Ausschuß innerhalb von zwei Monaten, vom 5. Dezember bis 6. Februar, 44 geladene Personen gehört. Dazu kam noch eine größere Anzahl Bürger, die aus eigenen Stücken das zeitweilige Büro des Ausschusses im Volkskammergebäude aufgesucht hatte, um zu den untersuchten Fällen zusätzliche Auskünfte zu geben.

Einzelne Mitglieder des Ausschusses wurden beauftragt, das bei uns vorhandene Material für die Befragung zu sammeln, aufzubereiten und gegebenenfalls, so z. B. bei den anzuhörenden ehemaligen Mitgliedern des Politbüros der SED, im Parteivorstand der SED-PDS existierende Unterlagen einzusehen.

Natürlich befanden wir uns nach wie vor von wünschenswerter Vollkommenheit weit entfernt und sind auch niemals in die Nähe dieses Idealzieles gelangt. Manchmal blieben nur wenige Stunden, um die Verhandlungen zu präparieren, unbesehen die Lückenhaftigkeit des in Eile zusammengetragenen Materials. Nacharbeiten bei offengebliebenen Fragen waren auf Grund des Zeitdruckes nur ausnahmsweise möglich. Behauptungen, Verdachtsmomente, sich allmählich einstellende Routine mußten oftmals gründliche Recherchen ersetzen, denn jede Anhörung sollte ja möglichst mit einer Empfehlung des Ausschusses abgeschlossen werden.

Der Fragespiegel begann grundsätzlich mit Auskünften zu dem beruflichen Entwicklungsweg, der gegenwärtigen Tätigkeit und dem Wohnort des Anzuhörenden. Es folgte der Fragenkomplex nach der persönlichen Verantwortung für bestimmte politische Aktionen. Und den Abschluß des Spiegels bildete der Bereich der persönlichen Vorrechte.

Keiner der befragten ehemaligen prominenten Politiker der DDR weigerte sich, Verantwortung für die schwerwiegende Krise des Landes zu übernehmen. Allerdings war das Ausmaß des Schuldgefühls sehr unterschiedlich gestaffelt. Margot Honecker räumte ein: »Fehler, die wir gemacht haben, betrachte ich aus der Sicht eines Leiters auch immer als persönliche Verantwortung und nehme das, was aus Fehlern gemacht wurde, in meine Verantwortung.« Um sich dann aber sofort wieder zu distanzieren: »Im Vertrauen auf die neue Regierung spreche ich hier vor allem die Hoffnung aus, daß auf der Grundlage dessen, was an Gutem geschaffen wurde, weiter und besser gearbeitet werden kann.« Joachim Herrmann meinte: »Jeder in einer Kollektivität trägt die Mitverantwortung für die entstandene Lage ... Es bedeutet, daß niemand, auch ich nicht, von seiner persönlichen Verantwortung zu entbinden ist.« Und an anderer Stelle führte er aus: »Ich fühle mich persönlich nicht nur voll verantwortlich für die Fehler in der Medienpolitik, sondern ich fühle mich auch mitverantwortlich für die entstandene Lage mit all ihren Folgen für unsere Republik.« Kurt Hager hält sich »... mitverantwortlich für alles, was geschehen ist, ob ich es im einzelnen beschlossen oder nicht beschlossen habe ... Ich gehörte der politischen Führung unseres Landes an und trage die Mitverantwortung für alle Entscheidungen, die getroffen worden sind«. Aber er mildert wie Margot Honecker ab: »Dabei sind aber nicht alle Entscheidungen, die getroffen wurden – und das muß man mir zubilligen – schlechte Entscheidungen gewesen. Es gab auch Entscheidungen, die den Interessen der Bürger gedient haben, die dem Wohl der Bürger gedient haben, die uns auch international einen guten Namen gebracht haben.« Auf den Vorwurf, ob es ihm nicht bewußt gewesen sei, daß er durch sein Versäumnis, die Volkskammer einzuberufen, der »Verdunkelung von Straftaten ... Vorschub geleistet« und Verfassungsbruch begangen habe, entgegnet der ehemalige Präsident der Kammer Horst Sindermann vor dem Ausschuß: »Heute ist mir das bewußt, nach der großen Diskussion und nach der Arbeit dieses Ausschusses.« Sein letztes Interview, kurz vor seinem Tode dem Nachrichtenmagazin *Der Spiegel* am 14. April 1990 übergeben, enthält das Bekenntnis: »Und weil ich mir weit mehr Kritik hätte erlauben können als andere, empfinde ich wahrscheinlich auch mehr Schuld als andere.« Scham empfindet er jedoch nicht, denn »trotz vieler Fehler, zu denen ich mich bekenne, ist Scham nicht das Wort, daß mir bei der Rückschau in den Sinn kommt. Ich habe keine Taten begangen, deren ich mich schämen müßte«.

Andere Angehörte gingen mit ihrem Schuldgefühl wesentlich weiter, verdichteten die Einsicht in gemachte Fehler zu ersten Schlüssen auf zukünftiges Denken und Handeln. Von Werner Eberlein hörte der Ausschuß die Sätze: »Ich muß auch sagen, daß wir bestimmte Erscheinungen der Demokratie, die wir gesehen haben, Demonstrationen usw. als Erscheinungen gesehen haben, aber das tiefere Wesen der demokratischen Entwicklung, ihre Ursachen, habe ich nicht erkannt, und da bekenne ich mich absolut schuldig und mitverantwortlich.« Er wollte aus diesem tiefen »Widerspruch in mir selbst ... meine Erkenntnisse jetzt niederschreiben, weil das eventuell von Nutzen sein könnte, zumindestens für meine Familie. Ich tue das auch, um diese Dinge mit mir selbst ins reine zu bringen«. Noch immer leidenschaftlich erregt, daß seine umweltpolitischen Ziele bei der SED-Führung so wenig ernst genommen worden sind, erklärte Minister Hans Reichelt auf die von einem Ausschußmitglied gestellte Frage, warum er bei der ihm gut bekannten verzweifelten Situation seines ministeriellen Aufgabenbereiches nicht von seinem Amt zurückgetreten sei: »Ich glaube nicht, daß sich damit viel verändert hätte. Ich übernehme die Verantwortung für alles das, was ich auf meinem Gebiet zu tun hatte. Aber ich möchte deutlich machen, daß ich mich dabei niemals auf einen dritten Weg habe drängen lassen, nämlich zu resignieren.« Erich Mückenberger konstatiert: »Ich bin selbst daran interessiert, ... bei mir selber Klarheit darüber zu schaffen, und ich fühle mich mitverantwortlich und mitschuldig für all das, was unser Land in diese Krise geführt hat. Es ist unsere Pflicht, und ich sehe es auch als meine Pflicht an, hier Licht hineinzubringen in diese Schattenseiten.« Als langjähriger und erfahrener Journalist hat sich Günter Schabowski besonders breit und intensiv mit dem Schuldkomplex auseinandergesetzt. »Der Abstieg und der Verfall dieses politischen Systems in der letzten Phase, das, was ich als Selbstrechtfertigung bezeichnet habe, hat ein solch aberwitziges Ausmaß angenommen, und wir alle haben dieses Ausmaß in Gestalt der Medien mitgetragen. Wir müßten uns heute nachdrücklich schämen, und ich habe mich auch zwischendurch geschämt, wenn ich in Betrieben war, und mir wurden die Fragen gestellt und ich meine eigene Informationspolitik betrieb, an den Medien vorbei.«

Wenn diesen ehemals so einflußreichen Persönlichkeiten nun jedoch die Frage nach ihrem unmittelbar individuellen moralischen Schuldanteil an dem sich immer deutlicher abzeichnenden politischen, kulturellen und ökonomischen Niedergang der DDR gestellt wurde, oder warum sie trotz ihres Wissens um die Dinge kaum etwas getan hätten, um diese Situation zugunsten der Bevölkerung zu verändern, da zogen sie sich fast alle auf eine Art kollektiven Befehlsnotstand zurück, der einer falsch verstandenen Parteidisziplin oder der übermächtigen Position der Gruppe Honecker, Mittag, Mielke, Herrmann im Politbüro geschuldet gewesen sei. Ein Beispiel dafür bietet das Verhalten von Kurt Hager gegenüber Robert Havemann, von dem er sagt, daß sie »auch teilweise gute Freunde« gewesen seien. Warum habe er dann nicht seinen Einfluß geltend gemacht, um die schikanösen Repressalien der Staatssicherheit gegen den schwerkranken Havemann zu unterbinden? »Nein, so einflußreich war ich nicht ... Ich gehörte einem Kollektiv an, und in einem Kollektiv ist es gewöhnlich so, daß es in bestimmten Fragen Mehrheiten und Minderheiten gibt. Das heißt, wenn die Mehrheit anderer Auffassung ist, wird sich die Minderheit fügen.«

Ganz ähnlich argumentierten Joachim Herrmann, Werner Eberlein und Horst Sindermann. Das Ausschußmitglied Wolfgang Lesser hatte Herrmann gefragt, wie es zu der tiefen Kluft zwischen der von ihm gesteuerten Informationspolitik und der Wirklichkeit kommen konnte, und weswegen er sich gegen derartige Erscheinungen nicht gewehrt habe. Herrmann machte dafür die »damalige Sicht in der Führung der SED« verantwortlich, »wo jede Verletzung eines Beschlusses des Politbüros und einer Weisung des Generalsekretärs als eine Begünstigung der ... gegnerischen Kräfte angesehen wird«. Den ihm angekreideten Verfassungsbruch, weil er entgegen der Forderung der Mehrheit der Abgeordneten Mitte Oktober 1989 eine ordentliche Tagung der Volkskammer, auf der über die Lage der Nation diskutiert werden sollte, nicht einberufen hatte, begründete Horst Sindermann, daß er sich »immer an die Parteidisziplin gehalten« hätte, »ohne Beschluß des Politbüros nichts zu tun«. Und da der Generalsekretär der SED Egon Krenz »keinen Anlaß sah, eine Tagung einzuberufen«, sah der Präsident keine Notwendigkeit zu handeln.

Über seine fehlende Zivilcourage berichtete Werner Eberlein: »Ich habe nicht versucht, eine Opposition herauszubilden, sondern habe mich auch hier der Parteidisziplin untergeordnet und Stillschweigen gewahrt bei Dingen, mit denen ich im Grunde genommen nicht einverstanden war.« Und er schlußfolgerte: »Ich mußte erst 70 werden, um zu begreifen, daß Disziplin und Disziplin zwei verschiedene Dinge sind.« Ins Parlament sei er mit seinen Sorgen »zu einer offenen Darstellung der Lage« nicht gegangen, klagte Hans Reichelt, weil kein Ausschuß der Volkskammer bereit gewesen wäre, ohne Zustimmung »seine Fragen« zu behandeln. »Wenn ich die Frage in meiner Partei [der DBD] so offen gestellt hätte, hätte man höchstens Unverständnis für mein Unvermögen, die Probleme selber zu klären, gehabt.« Zum Handeln kann er sich nicht entschließen: »Man wartete auf das, was aus dem großen Hause [dem Haus der ZK der SED] kam oder nicht, was dort bestätigt war oder nicht.« Zwar monierte Erich Mückenberger: »Ich gehörte nur dem Politbüro an und wurde noch nicht einmal gerufen, wenn die Beschlüsse dann im Sekretariat bestätigt wurden.« Sich dagegen zu wehren, wagte er jedoch nicht. Resigniert konstatierte er: »Das Politbüro war geteilt... Es gab eine Gruppe,... die wußte über alles Bescheid, und die entschied auch über alles.« Auf eine Zwischenfrage nennt er: »Honecker, Mittag, Kleiber und vielleicht auch dieser oder jener andere. Mielke bestimmt und Stoph zum Teil, auch Joachim Herrmann gehörte mit zum Freundeskreis... Und es gab eine Gruppe, die brauchte man zur Zustimmung. Dazu gehörte ich.«

Geradezu ein Musterbeispiel an Unentschlossenheit und Opportunismus bot in diesem Zusammenhang trotz aller rhetorischen Fähigkeiten Günter Schabowski. Vor dem Ausschuß resümierte er während seiner Anhörung am 26. Januar 1990 über den »Führungsanspruch« seiner Partei: Dieser Anspruch, »... also der mit juristischen Konstruktionen verbundene Machtanspruch einer politischen Partei«, wäre »bei den meisten, die in dieser Funktion tätig waren, ... so tief ins Bewußtsein injiziert« gewesen, »daß man sich darüber keine prinzipiellen Gedanken gemacht hat«. Und auf die erneute Frage, warum er auf die von ihm selbst erkannten Schwächen und Mängel des »realen Sozialismus« erst so spät reagiert habe, fuhr er fort: »Wenn Sie die Geschichte und den Charakter dieser Partei kennen – ich bin fast vierzig Jahre Mitglied der Partei gewesen – dann werden Sie verstehen, daß sie zeitweise den Charakter eines Ordens hatte: Man muß zu bestimmten Sachen stehen, man muß an die größere Weisheit der Partei glauben, man muß nach Rechtfertigungen suchen, selbst dann, wenn die Dinge kompliziert erscheinen. Was sich heute als kompliziert darstellt, erweist sich morgen als richtig.« Bonapartist wollte der Berliner Parteichef in diesem »Orden« keinesfalls sein. »Es gibt den Ausdruck des Bonapartismus, daß man sich in einer politischen Organisation gegen diese Organisation erhebt. Das ist eine komplizierte Sache, und sie ist zudem moralisch belastet ... Wenn du so etwas versuchst, dann möglichst so, daß es klappt, und nicht so, daß du dich vorher woanders wiedersiehst.« Bei allen zeitweisen Vorbehalten gegen die Politik der Honecker-Gruppe hat sich Günter Schabowski an derartige Glaubensregeln, um seine politische Karriere nicht zu gefährden, bis in den Oktober 1989 stets gehalten. Zu offener Kritik am alten System, speziell der Führungsmethoden und -strukturen, entschloß er sich erst, als er sich relativ sicher glaubte, die eigene Machtposition in die Wende einbringen zu können.

Mangelndes Unrechtsbewußtsein

Besonders betroffen machte wohl alle Mitglieder des Ausschusses, daß mancher der Angehörten wenig Gefühl für das moralisch Anfechtbare der von ihnen genossenen materiellen und sozialen Privilegien aufbrachte. Da wurde diskutiert, wieviel man in dem Wandlitzer Sonderladen eingekauft habe, ob die äußerst aufwendigen Flüge mit der Regierungsstaffel TG 44 für private Urlaubsreisen legitim gewesen seien oder nicht, ob für Kinder und Verwandte mit staatlichen Mitteln errichtete Einfamilienhäuser rechtmäßig zugewiesen worden seien. Sicher handelte es sich bei den meisten Fällen nicht um kriminelle Delikte. Aber daß hier öffentlich Wasser gepredigt worden war, und heimlich Wein getrunken wurde, und welche berechtigte, empörte Reaktion es bei der Bevölkerung auslösen mußte, wenn sie die Wahrheit erfuhr und die jahrzehntelang um zukünftiger Ideale willen zu einem bescheidenen maßvollen Konsumverhalten nicht nur angehalten, sondern gezwungen worden war, scheint manchem dieser Herren und Damen kaum bewußt gewesen zu sein.

Da erklärte uns z. B. Margot Honecker unverblümt und arrogant, wie an anderer Stelle schon erwähnt, daß sie auf Grund ihrer übermäßigen Arbeitsintensität kaum Zeit gehabt hätte, in dem Wandlitzer Laden einzukaufen. Die Zahlen geben da eine ganz andere Auskunft. Die neurotischen Jagdleidenschaften ihres Gatten, die der Gesellschaft viele Millionen kosteten, »gönnte« sie ihm »für seine Erholung«. In dem für die Bevölkerung gesperrten Sonderjagdgebiet »Schorfheide« – »das gibt es schon seit 40 Jahren, das ist nicht gebaut worden mit dem sogenannten Wandlitzobjekt« – habe sie »auch Pilze gesucht und habe dort gekocht, wenn Sie das interessiert«.

Horst Sindermann meinte, nachdem sich der Ausschuß nach seinen Lebensverhältnissen und der Herkunft der beträchtlichen Summen für seine weit über dem üblichen Umfang liegenden Wandlitzeinkäufe erkundigt hatte, daß ein Parlamentspräsident in kapitalistischen Ländern meistens über weitaus größere materielle Mittel als er verfügen könnte. Und im schon genannten *Spiegel*-Bericht weist er zwar für seine Person ausdrücklich jeden »Amtsmißbrauch und Untreue, also Verstöße gegen Gesetz und Recht« energisch zurück. Das Eingeständnis eines gewissen Unrechtsgefühls über die riesigen materiellen und sozialen Vorteile für die führende Clique in der DDR erwartete man jedoch vergeblich. Und sein Sohn, Thomas Sindermann, der, wie aus Unterlagen des Ausschusses hervorging, besonders von der Machtposition des Vaters profitierte, brüstet sich in einem anderen *Spiegel*-Artikel ungeniert, daß er nur Möglichkeiten genutzt habe, die einer großen Zahl von Bürgern ebenfalls zugestanden hätten. Wenn auch Kurt Hager bei der Wahrnehmung persönlicher Privilegien bescheidener gewesen ist als die »Spitzenreiter« Honecker, Stoph, Sindermann, Mittag, Krolikowski, Kleiber, Tisch u. a., versteigt er sich in seiner Anhörung ähnlich wie Sindermann zu der Ansicht: »... in Wandlitz wohnte immerhin die Partei- und Staatsführung. Und soweit mir die Gepflogenheiten anderer Länder bekannt sind – ich will nicht als Paradebeispiel England nennen – gibt es für die Partei- und Staatsführung bestimmte Regelungen, ... ein Staatsoberhaupt oder Mitglieder einer Regierung haben in den anderen Ländern auch ihre besonderen Vorrechte.« Daß aber die Partei- und Staatsführung der DDR stets mit besonderem Nachdruck die soziale Rechtsgleichheit für alle Bürger öffentlich im Munde geführt hat und daher zur Wahrnehmung und Errichtung derartiger Sonderrechte moralisch nicht autorisiert war, hat Kurt Hager bezeichnenderweise übersehen.

Konfrontiert mit den Einkaufsbedingungen im Wandlitzer Sondergeschäft, räumt Günter Schabowski sofort ein: »Wir [Egon Krenz und G. Sch.] sind zum Teil entsetzt und betroffen gewesen über das, was sich dort abgespielt hat.« Und an anderer Stelle: »Ich kann nur sagen, daß ich es zutiefst bedaure, daß ich überhaupt an dieser Einrichtung teilhatte und parasitiert habe.« Die dort umgesetzten Geldsummen und seinen persönlichen Anteil an diesen Geschäften kommentiert er: »Die Summe, die herauskam, wenn ich später hörte, daß große Lagerbestände mit Tongeräten existierten, da muß ich mir heute sagen, das ist reine Spekulation, und dafür kann man mich juristisch belangen ...« Als ihm später die enormen Kosten für das von ihm genutzte Ferienobjekt an einem märkischen See genannt werden, behauptet er allerdings, daß er sich dort nur ganz selten aufgehalten habe, weil er bei seinen »relativ bescheidenen Vorstellungen von so etwas« es »als pompös empfunden« habe. Warum er es nicht zurückgegeben habe? »Wissen Sie, da hätte es dagestanden, das Ding, und es wäre niemand anderem gegeben worden. Deswegen hat man es mir ja angetragen.« Und der hohe Unterhaltungsaufwand? »Wissen Sie, darüber hat man sich keine Gedanken gemacht. Man hat gesagt, das Ding ist da, nun nutzt man es.«

Ähnlich reagieren die meisten anderen, wenn sie nach den riesigen Baukosten und Erhaltungssummen für die ihnen zu Minimalbeträgen vermieteten, vielfach nach individuellen Wünschen gestalteten Wohnhäusern und Ferienobjekten gefragt werden. Verteidigungsminister Heinz Keßler, dem die Armee in Strausberg die bereits mehrmals genannte Villa mit Grundstück für mehr als eine Million Mark hingestellt hatte, kann sich gar nicht erklären, wie das so teuer werden konnte. Der Staatssekretär in der früheren Staatlichen Plankommission Heinz Klopfer, dem auf Vermittlung des Bauministeriums durch einen volkseigenen Betrieb für über 100 000 Mark ein Ferienhaus an der Ostseeküste gebaut worden war und der es dann für die vorher vereinbarte Summe von 40 000 Mark kaufte, schien zum ersten Male von diesem Manko bei der Befragung zu hören. Die beträchtliche Gelddifferenz, welche das Bauministerium aus seinem Reservefonds deckte, war ihm völlig unverständlich. »Das kann es doch gar nicht gekostet haben.« Fast identisch die Vorgänge um den Hausbau für Werner Eberlein am Rahmer See in der Nähe von Wandlitz und das Wochenendheim für Erich Mückenberger bei Lindow/Mark. Kostenpunkt des Eberlein-Baues ca. 1 150 000 Mark, die Monatsmiete betrug 148,– Mark, die monatlichen Energiekosten für das Objekt, welche der staatliche Rechtsträger bezahlte, allein 556,00 Mark. Werner Eberlein dazu: »Wenn ich gewußt hätte, daß der Quadratmeter 10 000 Mark kostet, hätte ich meine Füße nicht darauf gesetzt. Wie sich solche Manipulationen vollziehen, ist mir unbegreiflich.« Erich Mückenberger, der das Objekt in Lindow erst 1987 übernommen hat, hörte die Baukostensumme zum ersten Male: fast zwei Millionen Mark. Das Ganze hielt er jetzt im Nachhinein für eine »Eselei, die ich im Alter von 77 Jahren begangen habe ... Daß das dieses Ausmaß angenommen hat, ist verrückt, ist unmoralisch, ist nicht vertretbar ... Ich hätte sagen müssen, daß ich so etwas nicht haben will. Ich habe das nicht gemacht, und dafür muß ich geradestehen.«

Es kann nicht ausgeschlossen werden, daß sich die beauftragten Baubetriebe bei solchen Gefälligkeitsunternehmen im hohen Maße gesundgestoßen haben, indem sie die Rechnungen beträchtlich überhöhten. Fast alle Befragten bestätigten, daß sie vorher kaum ein Projekt noch einen Kostenvoranschlag gesehen hätten. Der Bauvorgang wäre von ihnen nicht kontrolliert worden. Das moralisch Anfechtbare, die unbeschreibliche Leichtsinnigkeit im Denken und Handeln der Nutznießer dieser Bauten wird jedoch dadurch nicht gemindert.

Als letztes Beispiel in dieser Reihe, die sich noch beträchtlich erweitern ließe, folgt hier das Wochenendheim von Kurt Hager, das südlich von Berlin an einem See lag und das er seit 1964 genutzt hatte. Der Zeitwert des Objektes wurde 1988 auf 550 000 Mark geschätzt. Seit 1969 waren für Rekonstruktionskosten rund 550 000 Mark ausgegeben worden. Der Erhaltungsaufwand betrug in den letzten Jahren jährlich 54 000 Mark, die von Hager gezahlte Jahresmiete 3600 Mark. Er hätte, so Kurt Hager, »jederzeit auch mehr gezahlt, einfach, um meine Ruhe draußen zu haben«. Unsinnige Modernisierungen habe er mehrfach zu unterbinden versucht. Die hohen Energiekosten seien für ihn »neu«. »Es ist nicht mein Haus, es gehört mir nicht ... Es ist eine Dienstwohnung, die Einrichtung gehört mir nicht ... Ich besitze keinen PKW, kann nicht einmal Auto fahren. Ich bin einfach ein Mieter und habe einen ordnungsgemäßen Mietsvertrag.« Daß dieser Kontrakt ihm eindeutige Vorrechte gegenüber der riesigen Mehrheit aller anderen Bürger zugestand und daß er dessen besonders günstige ökonomischen Bedingungen nur seiner Machtposition im alten Partei- und Staatsapparat verdankte, wollte und konnte Kurt Hager, auch wenn er in seinen Schlußworten während der Anhörung noch einmal betonte, daß er eine »große Schuld und Verantwortung für das, was schiefgegangen ist« fühle, nicht begreifen.

Relativ lange Zeit wendete der Ausschuß auf, um zu überprüfen, inwieweit der großzügige Befehl des Ministers für Verteidigung zum Benutzen von Sonderflugzeugen mißbraucht worden war. Die letzte Fassung dieses Befehls vom Januar 1987 räumte ein Recht zu derartigen Sonderflügen den Mitgliedern des Politbüros, dem Minister für Nationale Verteidigung und seinen Stellvertretern, sowie auf besonderen Antrag auch den stellvertretenden Vorsitzenden des Staatsrates bzw. Mitgliedern des Ministerrats ein. Für diesen Zweck war auf dem Armeeflugplatz Marxwalde (Neuhardenberg) östlich von Berlin ein eigenes »Transportgeschwader« eingerichtet worden, das TG 44.

Allein die Kosten, welche von der Nationalen Volksarmee getragen wurden, für die etwa 300 Flüge pro Jahr an Lande-, Abfertigungs-, Überflug- und Fluggastgebühren betragen von 1987 bis 1989 1 530 400 Valuta-Mark, nicht berücksichtigt die hohen Summen für Treibstoffe und Erhaltung. Den Unwillen der Ausschußmitglieder erregte besonders, wie bedenkenlos einige ehemalige Mitglieder des Politbüros dieses Recht mit ihren Familien zu Urlaubsreisen ins Ausland genutzt hatten. Wohl keiner der prominenten Reisenden scheint sich jemals ernsthaft Gedanken über die riesigen Kosten für derartige Sonderflüge gemacht zu haben, deren Anzahl und Umfang selbst vom verantwortlichen Kommandeur für das TG 44 im Vergleich zu anderen Ländern als viel zu hoch bezeichnet wurden. Sogar während der Anhörung wollten uns einige der besonders häufigen Reisesünder, z. B. Horst Sindermann und Günter Schabowski, weiterhin wortreich weismachen, daß es sich bei einigen ihrer Reisen, an denen mehrere Familienangehörige teilgenommen hatten, eigentlich um vorrangige Dienstaufträge gehandelt habe.

Im Anschluß an jede Anhörung mußte der Ausschuß gemäß seiner Arbeitsordnung und des ihm von der Volkskammer übertragenen Auftrags entscheiden, ob die sich aus der Verhandlung ergebenden Verdachtsmomente es notwendig machten, dem Generalstaatsanwalt weiterführende Untersuchungen zu empfehlen. Dieser Auftrag war den Vorgeladenen aus den Publikationen über den Ausschuß bekannt. Mancher sah daher in dem Ausschuß fälschlicherweise eine Art Sondergericht. Ein typisches Beispiel für eine solche Empfehlung und ein derartiges Verhalten bildete die Anhörung von Günter Schabowski.

Vieles, was Schabowski ausführte, war wichtig für die von uns geforderten Berichte von der Volkskammer, in denen besonderes Material zusammengetragen werden sollte, aus dem sich Gründe für die schwerwiegende soziale und ökonomische Krise ableiten ließen. Obwohl eine Anzahl seiner Aussagen den ehemaligen ersten Sekretär der Berliner SED-Organisation mit einem deutlichen Maß an moralischer Schuld für den politischen Niedergang der DDR belasteten, eindeutige Verdachtsmomente für Gesetzesverletzungen von strafrechtlicher Relevanz ergaben sich nicht. Wie stark dennoch der »betroffene« Günter Schabowski, der während der gesamten Befragung sein gutes Reaktionsvermögen und sein rhetorisches Talent voll ausspielte, von der Atmosphäre des Verfahrens verunsichert und beeindruckt war, zeigte sich am Schluß; denn der so selbstsichere, routinierte Journalist fragte ängstlich: »Darf ich eine Frage stellen? Welchen Charakter haben die Festlegungen des Ausschusses? Womit habe ich jetzt zu tun oder zu rechnen?« Selbst die Antwort: »Wir sind kein Tribunal, wir können keine Urteile fällen ... Wir müssen sie (die Empfehlung an die Staatsanwaltschaft) erst einmal beraten«, beruhigte ihn nicht.

Nach kurzer Aussprache legte der Ausschuß fest, die Staatsanwaltschaft zu beauftragen, die Rolle Schabowskis bei den Ereignissen in Berlin vom 6. bis 10 Oktober 1989, seine Einkäufe im Sonderladen von Wandlitz und die Inanspruchnahme des TG 44 noch einmal gründlich zu überprüfen. Eine vorläufige Untersuchungshaft wegen Verdunkelungsgefahr wurde als nicht erforderlich angesehen.

Eine Art Sündenregister

Der Versuch, ein Sündenregister zusammenzustellen, muß unvollkommen bleiben. Fast alles, was hier zu nennen ist, gehört in den Bereich moralischer Schuld, des aus ethischen Prinzipien zu Verurteilenden. Strafrechtlich Relevantes ist kaum darunter, ließ sich in der Kürze und Hast der Zeit auch gar nicht exakt erfassen. Das meiste konnte nur flüchtig aufgegriffen und nicht zu Ende geführt werden, blieb weitestgehend im Dunkeln, wurde übersehen. Exakte Beweise bilden nicht die Regel, sondern die Ausnahme. Daß hier dennoch gewagt wird, trotz der vielen Unzulänglichkeiten und Lücken, eine solche Liste vorzulegen, ergibt sich aus dem Ziel des vorliegenden Berichts, auf der Suche nach den Ursachen für das gescheiterte Experiment DDR wenigstens ein Stück voranzukommen. Und letztendlich zwingt auch die Fülle des aus Anhörungen, Bürgergesprächen, schriftlichen Eingaben sowie der Expertenrunde dargebotenen Materials zu einer ordnenden Bilanz.

Versorgungsprivilegien in »Wandlitz«

Wohl kaum ein Ereignis hat bei der Bevölkerung der DDR Ende November/Anfang Dezember 1989 soviel Aufregung und Empörung ausgelöst, wie die Gerüchte über die bevorzugte Versorgung der in der »Waldsiedlung Wandlitz« wohnenden Mitglieder des Politbüros der SED und ihrer Verwandten mit Konsumprodukten. Während dem »DDR-Volk« die in den letzten Jahren ansteigenden Preise für hochwertige Waren und die zunehmenden »Versorgungslücken« vor allem damit erklärt wurden, daß der weitere Aufbau des Sozialismus Sparsamkeit und Opfer verlange, standen in dem »Sonderladen« des

Politbüro-Dorfes die heißbegehrten Waren nicht nur in wünschenswerter Menge, sondern auch noch zu stark verbilligten Preisen bereit.

An der Spitze dieses Unrechtkomplexes steht eine Liste von etwa 260 Personen, die im Sonderladen einkaufen durften. Die führende Position unter den berechtigten Familienclanen nahm Gerhard Schürer mit 17 Namen ein, es folgten die Familie Sindermann mit 15, darunter sogar die geschiedene Ehefrau eines Sohnes mit ihren Kindern, die Familien Stoph, Tisch und Eberlein mit 14 Mitgliedern. Zehn und mehr Kaufberechtigte kamen aus den Familien Kleiber, Herrmann, Krolikowski, Mielke. Den Laden aufzusuchen, war unter anderem auch einem Teil der stellvertretenden Minister für Staatssicherheit, darunter Markus Wolf und Gattin, Rudi Mittig und Gattin gestattet. Zu den Kunden zählten schließlich der Botschafter der UdSSR, der Oberkommandierende und der Chef der Politischen Verwaltung der sowjetischen Streitkräfte in der DDR und ihre Gäste. Es handelte sich fast ausnahmslos um Mitglieder der Führungsclique mit einem weit über dem durchschnittlichen Verdienst eines Bürgers der DDR liegenden Einkommen, die schon allein daher in keiner Weise auf derartige ökonomische Vorrechte angewiesen waren.

Insgesamt wurden für den Sonderladen Wandlitz 1988 für 7,0 und 1989 (bis zum 10. November) für 8,2 Mill. Valuta-Mark Waren aus kapitalistischen Ländern importiert. Die Kunden zahlten Preise in Mark der DDR, die folgendermaßen geregelt waren: Großhandelspreis der BRD plus 50 Prozent Aufschlag, plus eine Handelsspanne von 7,5 bis 25 Prozent. Werden diese Zahlen mit den Preisen der damals in der DDR existierenden Luxusgeschäfte »Delikat« für Lebens- und Genußmittel und »Exquisit« für Textilien verglichen, kann diese Grundsumme von sieben bzw. acht Millionen Valuta-Mark-Importe gut mit 5 bis 6 multipliziert werden. Gemessen an den in der DDR üblichen Konsumpreisen hat also die Gesamtsumme für die in Wandlitz und seinen kleineren vier Außenstellen umgesetzte Menge an westlichen Importgütern in DDR-Geld jährlich etwa 40 bis 50 Millionen Mark betragen.

Die gesamte Versorgung mit Produkten und Dienstleistungen in Wandlitz organisierte die Firma »Letex«. »Letex« gehörte zwar laut Handelsregistereintragung zum Ministerium für Handel und Versorgung, war aber in Wirklichkeit der Staatssicherheit unterstellt. Auch das gesamte Dienst- und Verkaufspersonal in der Politbüro-Siedlung stellten Mitglieder der Staatssicherheit. Die Warenimporte für Wandlitz wickelte »Letex« über Firmen des Bereiches »Kommerzielle Koordinierung« (»Koko«) des Dr. Schalck-Golodkowski ab. Eine exakte Finanzkontrolle über die zwischen »Letex« und den zuständigen »Koko«-Firmen vereinbarten Importgeschäfte scheint es nicht gegeben zu haben. Jedenfalls vermerkt der übermittelte Bericht der staatlichen Finanzrevision zu diesem Gegenstand vom 5. Dezember 1989: »Grobe Verstöße bei der Einhaltung von Ordnung und Sicherheit im Umgang mit finanziellen Mitteln und im Belegwesen.«

Bei den Valuta-Importen für das Sondergeschäft handelte es sich um Frischobst, Gemüse, Lebens- und Genußmittel, Textilien, Waren der Haushaltschemie, Kosmetikprodukte, Schmuck, Uhren, technische Konsumgüter. Nach Katalogen konnten die Kunden zahlreiche weitere Industriewaren bestellen, die umgehend beschafft wurden. Über die Einkäufe der prominenten Kunden lagen dem Ausschuß unter anderem folgende Angaben vor: Vom Jahresbeginn 1988 bis Anfang November 1989 kauften die Familien Honecker, Axen, Kleiber, Krolikowski, Mielke, Mittag, Sindermann, Stoph, Tisch Lebensmittel und Textilien in dem Wandlitzer Sondergeschäft für zwei Millionen Mark. Es hat den Anschein, daß ein Teil dieser Waren weitergegeben oder sogar weiterverkauft wurde, denn es ist kaum zu glauben, daß die Familie von Horst Sindermann in einem Jahr (1988) für fast 140 000 »Sonderladen«-Mark Lebensmittel oder Spirituosen verbrauchte, oder daß die Töchter Günter Mittags in einem Jahr 10 für Dollars oder DM importierte Farbfernsehgeräte benötigten. Als dann im November 1989 die Schließung des sagenumwobenen Wandlitzer Sondergeschäfts drohte, kam es zu großen Hamsterkäufen. Die Familie Sindermann beglich am 8. November eine Rechnung in Höhe von 23 149 Mark, davon fallen allein mehr als 7000 Mark auf Goldschmuck, der in Wandlitz besonders preiswert angeboten wurde. Die Familie von Günter Schabowski gab in diesen letzten Tagen allein 10 000 Mark für Textilien aus.

Insgesamt standen in der Waldsiedlung Wandlitz 650 Beschäftigte den hohen Herrschaften zu Diensten, Bäcker, Fleischer, Friseure, Schneider, Haushaltshilfen, Köche, Kellner, Verkäuferinnen, Kraftfahrer und eine große Zahl Wachpersonal. Alle waren Angestellte des Ministeriums für Staatssicherheit, denen eine absolute Schweigepflicht befohlen war. Geleitet wurde die gesamte Organisation durch den Personen-Schutz-Chef der Staatssicherheit, den schon im Zusammenhang mit den Anhörungen erwähnten Generalleutnant Günter Wolf, der gegenüber dem gesamten Dienstpersonal militärisches Weisungsrecht besaß. Im Zentrum der Siedlung, dem noch einmal besonders gesicherten »Innenring«, befanden sich die 23 Einzelhäuser für die Politbüro-Mitglieder. Außerdem gab es dort eine Schwimmhalle, einen Kinosaal, eine Klubgaststätte, medizinische Einrichtungen und das vielgenannte Geschäft. Vorrangige Aufgabe des Dienstpersonals war es, so in einer Anweisung von Wolf, »den Repräsentanten jeden Wunsch von den Augen abzulesen«. »Widerspruch« war »nicht gestattet«. Jedes Politbüro-Mitglied verfügte über einen personengebundenen Volvo-PKW mit Fahrer. Für die Familienangehörigen, Ehefrauen, Kinder, Gäste, Hausangestellte standen jederzeit weitere Volvos bereit. Im »Außenring« existierte eine Tankstelle, in der die Familienmitglieder kostenlos für ihre privaten Zwecke Benzin tanken konnten. Außerdem erhielten die Kinder der Mitglieder des Politbüros kostenlose Tankkreditscheine für andere Zapfstellen.

Begünstigter Bau und Verkauf von Einzelhäusern

Es gelang dem Ausschuß nicht, die Zahl, den Umfang und die dabei angewandten Methoden auch nur annähernd aufzudecken. Legalität und Korruption bzw. Begünstigung waren hier oftmals so eng miteinander verflochten, daß sie nicht deutlich voneinander abzugrenzen waren. Und es dürfte daher noch so manches Jahr ins Land gehen, bevor diese Vorgänge zufriedenstellend aufgeklärt sind; vieles dürfte sich gar nicht korrigieren lassen, zumal sich die damaligen undurchsichtigen Methoden in die Gegenwart vererbt zu haben scheinen. Charakteristisch für solche zweifelhaften Geschäfte waren vor allem drei Methoden:
– Bau von Einzelhäusern durch staatliche oder gesellschaftliche Institutionen, wobei die vorgegebenen Baukosten auf Grund der Sonderwünsche der späteren prominenten Bewohner beträchtlich überschritten wurden, anschließend Fixierung von Miethöhen, die in keinem Verhältnis zum Wohnkomfort und zu den Erhaltungskosten für das Gebäude standen.

- Widerrechtliche Vergabe solcher zweckgebundener gesellschaftlicher Objekte an Verwandte prominenter Politiker oder Freunde.
- Erwerb der Häuser durch privilegierte Käufer, wobei der zu zahlende Schätzpreis weit unter den tatsächlichen Baukosten bzw. dem Zeitwert des Gebäudes lag.

Dazu im folgenden noch ein paar besonders instruktive Beispiele: Im VE-Spezialbau Potsdam, der vorrangig mit diesen Sonderbauten beauftragt wurde, untersuchte die staatliche Finanzrevision 21 von 1977 bis 1989 erbaute Objekte. Es stellte sich heraus, daß entgegen den staatlichen Normen insgesamt 7,5 Millionen Mark für »übertriebenen Bauaufwand« zuviel eingesetzt worden sind, d.h. pro Objekt etwa 360 000 Mark. »Spitzenleistungen« darunter waren die Häuser für Dr. Schalck-Golodkowski, Prof. Kelm und Günter Ehrensperger. Kelm war Direktor des Instituts für Industrielle Formgestaltung und mit der Sekretärin von Erich Honecker verheiratet. Ehrensperger war Mitglied des ZK, Abteilungsleiter und besondere Vertrauensperson von Günter Mittag. Für das Haus von Schalck-Golodkowski in der Berliner Manetstraße, das Baukosten in Höhe von 924 000 Mark beansprucht hatte, zahlte der Auftraggeber, der Bereich »Koko«, 151 000 Mark, der »Rest« wurde aus dem Staatshaushalt erstattet. Für das Doppelhaus Kelm/Ehrensperger berappte der Ministerrat die Summe von 813 300 Mark, die wirklichen Kosten betragen 1 448 300 Mark. Die Differenz glich der Reservefonds des Bauministeriums aus. Das von der Nationalen Volksarmee in Strausberg für den Verteidigungsminister Heinz Keßler 1986/87 errichtete Einfamilienhaus sollte laut Projekt 575 000 Mark kosten, die wirklichen Aufwendungen für Haus und Grundstücksgestaltung beliefen sich auf 1 076 000 Mark, mindestens 278 500 Mark dieser Differenz, so der zuständige Offizier für das Bauwesen der Volksarmee, seien durch die Sonderwünsche der zukünftigen Bewohner verursacht worden.

Noch großzügiger als die Armee verfuhr offensichtlich das Ministerium für Staatssicherheit bei den Hausbauten für seine hohen Offiziere. Im Wohngebiet Berlin-Hohenschönhausen entstand in den achtziger Jahren für Generäle und Oberste eine Anzahl Einfamilienhäuser, die je Gebäude ungefähr 700 000 Mark kosteten, die Mieten je Monat wurden nach der Eigenheimverordnung aus dem Jahre 1978 geregelt und schwankten zwischen 183,- bis 286,- Mark. Zwei negative Höhepunkte bildeten die Häuser von Generalmajor Felber, seinerzeit 1. Sekretär der Kreisleitung der SED im Staatssicherheitsministerium und ein besonderer Vertrauter seines Chefs Erich Mielke, und ein 1975 in Hohenschönhausen gebautes Haus für den Minister selbst, das dafür bestimmt war, die Familie *Mielke* aufzunehmen, wenn sie die Siedlung in Wandlitz vielleicht einmal verlassen mußte. Das Felber-Haus verschlang fast 800 000 Mark, vorgesehen war ein Aufwand von 350 000 Mark. 136,86 Mark monatlich hatte der Generalmajor an Miete zu zahlen, für den großen Garten und die Garage war eine monatliche Pacht von 11,94 Mark berechnet worden. Das Haus Erich Mielkes, mit acht Wohnräumen, 200 m² Wohnfläche, vollständig »gediegen« möbliert, mit hochwertigen importierten Elektroinstallationen und Sanitärarmaturen ausgestattet, Bruttowert ohne Inneneinrichtung 700 000 Mark, hat seinen vorgesehenen Mieter nie gesehen und stand fast eineinhalb Jahrzehnte leer. Allein die Erhaltungskosten machten im Laufe der Jahre nach Schätzungen etwa eine halbe Million Mark aus.

Auf einen besonders schwerwiegenden Fall stießen die Untersuchenden bei der Abteilung »Koko« und ihrem Leiter Staatssekretär Alexander Schalck-Golodkowski. Eine eigene »Investbauleitung« sorgte dafür, daß die von »Koko« initiierten Bauten bei Kücheneinrichtungen, Herden, Spülautomaten, Einbaumöbeln, Heizungsanlagen, Haushaltsgeräten, Fenstern, Elektromaterial, Tapeten, Sanitärkeramik usw. weitestgehend mit Importen aus dem westlichen Ausland versorgt waren. In dem Bericht der Volkskontrolle vom 1.2.90 über diese merkwürdige »Bauleitung« hieß es wörtlich: »Die Investbauleitung arbeitete nicht nach dem Prinzip der wirtschaftlichen Rechnungsführung ... Es erfolgten keine Bilanzen bzw. Inventurprüfungen durch den Bereich [Koko].« »Gewertet« wurde ausschließlich nach direkten Weisungen von Schalck bzw. von seinen Stellvertretern Dr. Seidel und Neubert. Entsprechend großzügig verfuhr man, wenn es um Häuserbauten für den Chef, seine Freunde und leitende Angestellte ging. Für die 33 angeblich für Mitarbeiter von »Koko« errichteten Einzelhäuser war das Beste gerade gut genug. Schalck war gegenüber dem Ausschuß sogar noch so unverschämt, daß er in dem von ihm selbst unterschriebenen Bericht vom 29. November 1989 behauptete: »Importiert wurden als Beistellung zum Bau solche Materialien und Ausrüstungen, die nachweislich aus DDR-Aufkommen in entsprechender Qualität und zum vorgesehenen Einbautermin nicht beschaffbar waren«; je Objekt nach westdeutschen Großhandelspreisen für 60 bis 80 000 Valuta-Mark. Zum größten Skandal wurde die Verteilerliste dieser Häuser, über die »grundsätzlich« Schalck oder sein Stellvertreter Dr. Seidel selbst entschieden. Zu den Bewohnern der sich in Rechtsträgerschaft von »Koko« befindlichen Einzelhäuser zählten: die Familien der beiden in den Haushalten von Schalck und Seidel beschäftigten Wirtschafterinnen, die Schwiegereltern von Schalck, ein Sohn aus erster Ehe von Schalck, der behandelnde Arzt von Schalck im Regierungskrankenhaus, ein mit Schalck befreundeter Kombinatsdirektor und, als die absoluten Prachtstücke dieser Reihe, die beiden Töchter von Günter Mittag mit ihren Familien.

Es empfiehlt sich, bei den zwei letzten Objekten wegen ihrer Einmaligkeit als Mietshäuser in der DDR noch etwas zu verweilen. Der vom Untersuchungsausschuß bei der Volkskontrolle angeforderte Bericht beschreibt sie folgendermaßen:

- Das Kellergeschoß bestand aus Tiefgarage, Weinkeller, Hausarbeitsraum, Barraum, Sauna.
- Bei den Möbeln, Geräten, Teppichen des Wohngeschosses handelte es sich ausschließlich um West-Importe.
- Flure und das Obergeschoß sind holzgetäfelt. Jedes Haus verfügte über eine eigene Wasseraufbereitungsanlage.
- Alle Elektro-Installationen, Leuchten, Lampen, Gardinen, Jalousien, Fenster, Wasch- und Trockentechnik, die gesamten Sanitärarmaturen, Tapeten, Fliesen, Holzfurniere, die Heizungsanlage waren aus westlichen Ländern eingeführt.
- Nur für die Baukosten wurden bei den drei Häusern (eins davon war als Gästehaus für »Koko« gedacht) 4 047 000 Mark berechnet. Dazu sind noch einmal etwa 3 000 000 Valuta-Mark für die Innenausstattung und die anderen eingesetzten Importmaterialien zu addieren.

In das spezielle »Schuldkonto« privilegierter Hausbauten und -verkäufe reihen sich würdig zahlreiche von der ehemaligen Führungsschicht genutzte Freizeit- oder Feriengrundstücke ein. Ein vom Untersuchungsausschuß angeforderter Bericht der Volkskontrolle über den »Spezialhochbau Berlin« nennt 41 von dieser Firma gebaute, rekonstruierte bzw. erhaltene Objekte. Gesamtkosten: 91 Millionen Mark. Und weiter heißt es dort: »So waren dem Investitionsaufwand keine Grenzen gesetzt, und die Ausstattung entsprach in der Regel höchsten Anforderungen, d. h. Einsatz von westlichen Edelhölzern, Heizungsanlagen, Regeltechniken, Haushalts- und Küchengeräten, Kristallservicen und Markenporzellan.«

Das Ferienobjekt Speckhorst von Willi Stoph, in der Nähe des Müritzsees gelegen, hatte Baukosten von 4,5 Mill. Mark verursacht. Der ehemalige Ministerpräsident pflegte dort vor allem sein Hobby als Gärtner und Pflanzenzüchter, bei jährlichen Elektroenergiekosten für das Beheizen der Gewächshäuser und aller anderen auf dem Grundstück befindlichen Anlagen von mehr als 220 000 Mark. Allein in der Gärtnerei arbeiteten ständig 20 Personen. Zu zahlende monatliche Miete: 164,90 Mark. Noch höher lagen die Energiekosten für das vorrangig von Erich Honecker genutzte Gästehaus des Staatsrats in Drewitz, ebenfalls im Bezirk Neubrandenburg. Das knapp vier Hektar große Grundstück hatte eine Bausumme von 25 Millionen Mark verschlungen, allein die Elektroenergiekosten beliefen sich 1988 auf 355 000 Mark. Fast bescheiden dagegen das ein Hektar große Grundstück von Hermann Axen in Born/Darß, Baukosten nur 7 Millionen Mark, jährlicher Elektroenergieverbrauch etwa 40 000 Mark, Monatsmiete 271,00 Mark.

Ähnlich standesgemäß hausten auch Günther Kleiber und bis zu seiner Exmittierung aus dem Politbüro Konrad Naumann. Das Objekt Naumanns am Parsteiner See bei Eberswalde wurde mit einem Baukostenaufwand von 6,45 Millionen Mark notiert. Den Ausschußmitgliedern Täve Schur und Thomas Singer verschlug es fast die Sprache, als sie das bei dem Dorfe Serwest gelegene Grundstück persönlich in Augenschein nahmen; einmal wegen der besonders luxuriösen Ausstattung und zum zweiten, weil dieses von der Staatssicherheit verwaltete und bewachte Gebäude seit dem Auszug seines ehemaligen Herren im Jahre 1986 keinen Hauptmieter mehr gesehen hatte, dennoch ständig voll funktionsfähig gehalten wurde, sinnloser Aufwand pro Jahr mehrere hunderttausend Mark. Günther Kleiber erholte sich von seiner anstrengenden Tätigkeit auf einem 1,5 Hektar großen Grundstück am Samoter See im Kreis Waren – Baukosten etwa 2,3 Millionen Mark. Elektroenergieaufwand 1988 rund 80 000

Mark. Dafür mußte der letzte Erste Stellvertreter des Ministerpräsidenten Stoph die stolze Summe von 214,90 Mark als Monatsmiete hinblättern.

Im Januar/Februar 1990 häuften sich die Nachrichten, daß in Rechtsträgerschaft von Regierungsstellen befindliche Einzelhäuser und Grundstücke zu bevorzugten Bedingungen an die prominenten Mieter verkauft werden. Der Ausschuß reagierte augenblicklich und legte fest, alle derartigen Verkäufe durch einen zweiten unabhängigen Schätzer zu überprüfen. Leider konnte dieser Beschluß nie realisiert werden, weil es dem Ausschuß dafür einfach an der notwendigen Autorität und der juristischen Machtbefugnis fehlte. Da die amtlichen Rechtsträger derartige Geschäfte meistens mit großer Heimlichkeit, in jedem Fall der Öffentlichkeit verborgen, abwickelten, gingen diese Verkäufe an die bevorzugten Kunden fast ungehindert weiter. Proteste des Ausschusses in Einzelfällen, auch wenn sie von den territorialen Behörden unterstützt wurden, nutzten da wenig.

Jagdleidenschaften

Ein besonders dunkles Kapitel, das sich unmittelbar den Privilegien beim Hausbau und Hauskauf anfügt, bilden die längst überholt geglaubten, feudalen Sitten gleichenden Jagdleidenschaften eines Teils der ehemaligen Führungsmannschaft. Der Ausschuß konnte sich hier neben einer Befragung des für das Jagdwesen verantwortlichen Landwirtschaftsministers Bruno Lietz und dessen Generalforstmeisters Rudolph Rüthnick auf umfangreiche Detailzuarbeiten der Volkskontrolle stützen.

Insgesamt existierten in der DDR folgende mit besonderen Rechten ausgestatteten Jagdgebiete:
— 18 Staatsjagden von 100 000 ha Fläche,
— 10 Jagdgebiete der Armee, der Staatssicherheit und des Innenministeriums von 178 508 ha Fläche,
— Jagdgebiete der sowjetischen Armee von etwa 500 000 ha Fläche.

Hinzu kam eine größere Zahl der schon erwähnten Sonderjagdgebiete, die leitende Partei- und Staatsfunktionäre der Bezirke und Kreise aus eigenem Ermessen, ohne die staatlichen Forstbehörden überhaupt zu fragen, widerrechtlich eingerichtet hatten. Eine genauere Anzahl und Fläche konnte die Volkskontrolle nicht erfassen. Auch der Minister und sein Generalforstmeister waren außerstande, exakte Angaben zu machen. Berüchtigt war das «illegale« Sonderjagdgebiet des ersten Bezirksparteisekretärs Gerhard Müller von Erfurt in Kammerbach, Krs. Gotha. Er beschlagnahmte dort kurzerhand für persönliche Zwecke 1700 ha Wald. Etwa 2,5 Millionen Mark verbrauchte Müller zum Bau einer Jagdhütte und einer speziellen Forststraße. Drei ständige Arbeitskräfte, bezahlt von dem staatlichen Forstwirtschaftsbetrieb, erfüllten umgehend die Wünsche des hohen Jagdherren. Der vorläufige Bericht der Volkskontrolle von Mitte Dezember 1989 zählte 26 »illegale« Sonderjagdgebiete von 44 833 ha Fläche, für die 1989 5 032 000 Mark als »Mindestzuschußkosten« aufgebracht werden sollten. Als »Hauptsünder« werden genannt: die ersten Sekretäre der Bezirksleitungen der SED Gerhard Müller/Erfurt, Herbert Ziegenhahn/Gera, Hans Joachim Böhme/Halle, Günther Jahn/Potsdam, Johannes Chemnitzer/Neubrandenburg, Hans Albrecht/Suhl, die Vorsitzenden der Räte der Bezirke Fleck/Schwerin und Zimmermann/Suhl, Alexander Schalck-Golodkowski und eine Anzahl erster Kreissekretäre der SED.

Von den legalen, d. h. auf der Grundlage des Jagdgesetzes der DDR entstandenen Sonderjagdgebieten waren die »Nossentiner Heide« und die »Schorfheide« zwei besonders negative Beispiele. Das Staatsjagdgebiet »Nossentiner Heide« hatte eine Fläche von 21 022 ha und lag im Kreis Waren. Hauptnutzer des Jagdrechts waren Honecker, Mittag, Mielke, Kleiber und Leo Jánetz, der chilenische Schwiegersohn von Honecker. 23 Vollarbeitskräfte waren ausschließlich dafür eingesetzt, das Gebiet jagdlich zu bewirtschaften. Sie benötigten dafür knapp 3 Millionen Mark pro Jahr. Außerdem stand ihnen ein Fuhrpark von 20 PKW, 7 Geländewagen, 4 Traktoren und ein LKW zur Verfügung. Damit die Hobby-Jäger in ihrer knappen Freizeit möglichst schnell zu einer reichhaltigen Wildbeute kamen, wurde der Rotwildbestand über das Vierfache des normalen Bestandes erhöht. Die dadurch entstehenden Forst- und Flurschäden interessierten die privilegierte Jägerkaste nicht.

In der »Schorfheide«, einem großen Landschaftsschutzgebiet nördlich von Berlin, hatten schon seit vier Jahrhunderten die Hohenzollern der Jagdleidenschaft gefrönt. Der Jagdherr vor der Honecker-Ära war Hermann Göring. Jetzt bildete die 20 558 ha große Fläche ein Sonderjagdgebiet der Nationalen Volksarmee, für das nur Honecker, Mittag, Sindermann und vier engere Vertraute von Erich Honecker Einzeljagdrechte besaßen. Von Zeit zu Zeit fanden Jagdveranstaltungen für geladene Gäste statt. Der in der Schorfheide ebenfalls zu hoch gehaltene Wildbestand, nach Meinung eines Naturschützers das Zwanzigfache des »Normalen«, scheint zu regelrechten Massenschlächtereien durch die prominenten Jäger geführt zu haben. Pro Jahr sollen 800 Stück Rotwild, 800 Stück Schwarzwild, 400 Stück Damwild und 200 Mufflons abgeschossen worden sein. Selbst ein so hartgesottener Forstmann wie der vor dem Ausschuß berichtende Generalforstmeister Rüthnick schüttelte noch nachträglich mißbilligend den Kopf. Daß die »Meisterschützen« dafür noch Schützenanteile kassierten, stellt ihrer Jagdmoral ein besonders schlechtes Zeugnis aus. Der Bericht der Volkskontrolle vom 5. Januar 1990 nennt für die Schorfheide im Jahre 1988 einen Betrag von 44 800 und für den Januar bis September 1989 von 29 200 Mark, die auf das »Konto Honecker« gegangen wären. Einsamer Rekordhalter war der Reviergast Günther Kleiber, für den von 1983 bis 1986 71 965,55 Mark als Schützenanteile verzeichnet werden.

Demgegenüber stehen hohe staatliche Subventionen für das geliebte Hobby und hohe finanzielle Verluste für den die Schorfheide bewirtschaftenden Militärforstbetrieb zu Buche. Um das durch Jagd- und Wildschäden verursachte Defizit auszugleichen, erhält der Betrieb 1988 einen Zuschuß von 9 828 000 Mark. Als weitere große Unterstützungssummen zählt der Bericht der Volkskontrolle auf: 10 Millionen Mark für die Verlegung einer Revierförsterei und eines Technikstützpunktes, weil sie die für die Jägerei notwendige Ruhe störten; 12,9 Millionen Mark Investitionen für die Neugestaltung des Jagdhauses Döllensee, 750 000 Mark für den Neubau des Wohnhauses des Jagdleiters von Erich Honecker, 110 000 Mark für den Aufbau von zwei Jagdkammern zum Aufbewahren des von Horst Sindermann und Günter Mittag geschossenen Wildbrets. Der Militärforstwirtschaftsbetrieb sei »hauptsächlich als Dienstleistungseinrichtung für die ehemaligen Repräsentanten genutzt« worden. »Anweisungen waren ohne Widerspruch auszuführen.« Und schließlich beklagen sich mehrere LPG, daß sie zugunsten besserer Jagdmöglichkeiten zu hohen Investitionen gezwungen worden seien. 5,4 Millionen Mark hätte ihnen allein der Neubau eines Gülleauffangbeckens und die dadurch bedingten höheren Transportaufwendungen gekostet. 6,4 Millionen Mark habe man für das Bewässern von zahlreichen kleinen Wiesenflächen einsetzen müssen, nur damit die Rehe und Hirsche ertragreichere Weidegründe finden könnten.

Nicht einmal ihre so geheiligten Waffen scheinen viele der begeisterten Jäger aus der eigenen Tasche bezahlt zu haben. Mitte Dezember 1989 teilte die Staatliche Finanzrevision dem Ausschuß jedenfalls mit, von der Büchsenmachergenossenschaft Suhl sei 1987/88 für Gerhard Müller eine prunkvolle Kipplaufbüchse geliefert worden, für die der Rat des Bezirkes Erfurt 11 107,50 Mark bezahlt hätte. Zudem wäre das Gewehr noch stark preisvergünstigt gewesen, denn es hätte einen Mindesthandelswert von 20 000 Mark gehabt. Im Juli 1986 kaufte die SED-Bezirksleitung Erfurt eine Bockbüchsflinte in Suhl mit zwei Wechselläufen für 9800,60 Mark. Das Ministerium für Land- und Forstwirtschaft bezahlt 1988/89 53 Jagdwaffen in Suhl mit 117 000 Mark, der staatliche Forstwirtschaftsbetrieb Zerbst 1989 für eine Kipplaufbüchse 15 184,40 Mark. Zu verbilligten Preisen erwirbt das Ministerium für Staatssicherheit 1988/89 79 Jagdgewehre und Sportwaffen für 354 000 Mark. 1972 lassen sich Werner Krolikowski und Harry Tisch aus Suhl je eine Bockbüchsflinte auf einen Testvertrag für 200,- Mark liefern, deren Preis mindestens pro Stück 2500,- Mark betragen hätte.

Lüge vom Amateurstatus

Zu einem der gehätscheltsten Lieblingskinder der DDR-Politprominenz gehörte der »Spitzensport«, hoffte man doch im Glanze sportlicher Ruhmestaten relativ schnell und einfach im In- und Ausland Ausstrahlungskraft und Ansehen zu gewinnen, die sich wegen unzureichender Leistung auf ökonomischem und politischem Gebiet nur noch schwer einstellten. Finanzielle und materielle Mittel wurden den führenden Sportfunktionären und Trainern in überreichlichem Maße zuteil. So überraschte es kaum, daß mehrere an den Ausschuß gerichtete Briefe und Eingaben leitende und verantwortliche Organisatoren des DDR-Unternehmens »Spitzensport« beschuldigten, ihr Amt wenig sorgfältig ausgeübt und zu persönlichen Zwecken mißbraucht zu haben. Der Ausschuß schlug daher der staatlichen Finanzrevision vor, die Geschäftsführung des Deutschen Turn- und Sport-Bundes (DTSB) und des Staatssekretariats für Körperkultur und Sport zu überprüfen und lud außerdem den langjährigen Staatssekretär Professor Günter Erbach und seinen Stellvertreter Professor Edelfried Buggel zur Anhörung vor. Beides brachte überraschende Resultate zu Tage, die berechtigen, auch einige Organisationsformen des Spitzensports hier anzuführen. Den größten Stein des Anstoßes bildete dabei der »Sonderfonds zur Förderung des Sports«.

Aus dem besagten Sonderfonds, über den nach den gesetzlichen Festlegungen der Staatssekretär verfügen sollte, wurden die Zuschüsse für Lohn- und Verpflegungskosten, die Prämien und Auszeichnungen für Spitzensportler, Trainer und Sportfunktionäre finanziert. Professor Erbach behauptete allerdings, er habe auf die Verteilung dieser Mittel keinen Einfluß besessen. Im Endeffekt hätten sich Erich Honecker, der DTSB-Präsident Manfred Ewald und der Abteilungsleiter Sport im ZK der SED Rudi Hellmann die letzte Entscheidung vorbehalten. Die dabei angewandten Modalitäten wären stets als »streng vertraulich« behandelt worden. Von 1987 bis 1989 enthielt dieser Fonds im Jahr 30,5 Millionen Mark. In den der Volkskammer zur Bestätigung vorgelegten Haushalten wurde er nie genannt.

Für einen Olympiasieg bekam der Sportler nach einer Festlegung aus dem Jahre 1983 eine Prämie von 25 000 Mark, der Trainer von 15 000 Mark; 1988 wurden diese Summen auf 35 000 bzw. 20 000 Mark aufgestockt. Bei mehreren Plazierungen sollte ein Maximum von 50 000 bzw. 20 000 Mark nicht überschritten werden. Daran haben sich allerdings die Fondsverteiler 1988 nicht gehalten. Die mehrfachen Olympiasiegerinnen im Schwimmsport Kirstin Otto, Silke Hörner und Daniela Hunger kassierten Prämien in Höhe von 177 700, 67 500 und 68 400 Mark, ihre Trainer Hetzer und Henneberg 132 000 und 45 600 Mark. Auch die Sportfunktionäre gingen bei einem solchen Segen nicht leer aus. 1988 erhielt der Generalsekretär des Ruderverbandes Ahlgrimm eine Prämie in Höhe von 26 500, seine Kollegen vom Schwimm- und Radsportverband, Müller und Hülsberg, je 22 000 Mark. Außerdem wurde ein Zuschuß zum Jahresurlaub gezahlt. 1989 stand an der Spitze dieser Liste die Eislauftrainerin Jutta Müller mit 16 278 Mark und selbst ihr Choreograph Suchy wurde mit 3348 Mark Urlaubsgeld bedacht. Ein Teil dieser Prämiengelder empfingen die Ausgezeichneten in Valuta-Mark bzw. Forumschecks, für die sie in den Intershops bzw. bei der Importhandelsfirma Genex einkaufen konnten. Dieser Prämienanteil betrug hier für den 1. bis 3. Platz bei Olympischen Spielen, der Friedensfahrt oder Vierschanzentournee 6000 DM. Insgesamt sollte dabei allerdings ein Maximum von 10 000 DM pro Jahr bei Sportlern und von 5000 DM pro Jahr bei Trainern nicht überschritten werden. 1987 wurden für Siegerprämien 408 600 und 1988 743 300 DM aufgewendet.

Regelmäßig mehrmals im Jahr zeichnete der Staat erfolgreiche aktive Sportler mit hohen staatlichen Orden aus. Die Bekanntgabe der Namen in der Presse war stets mit dem Kommentar verbunden, daß der Sportler die an den Orden geknüpfte Geldsumme nicht bekäme, weil sonst der Amateurstatus verletzt würde. Die Realität sah völlig anders aus, denn selbstverständlich empfing auch der aktive Sportler nachträglich die z. B. für den Karl-Marx-Orden oder den Vaterländischen Verdienstorden in Gold vorgesehenen 20 000 bzw. 10 000 Mark. Ja, es gab sogar Geld für Orden, für die nach den staatlichen Regelungen nichts gezahlt werden durfte, so für den Großen Stern der Völkerfreundschaft und den Stern der Völkerfreundschaft in Gold 20 000 bzw. 10 000 Mark.

Gemessen an den heute im Profisport üblichen Summen waren das alles keine sensationellen Geldbeträge. Dennoch belastete dieses Verfahren die Sportorganisation und speziell den Spitzensport in der DDR mit schwerer moralischer Schuld. Jahrzehntelang hatten sich die oberste politische Führungsschicht der DDR und ihre Sportfunktionäre als makellose Gralshüter eines idealen Amateurstatus gebrüstet und lauthals nach innen und außen ein scheinbar ethisches Sportprinzip verteidigt, von dem die Eingeweihten schon lange wußten, daß es nur noch eine verlogene Fiktion war.

Ausschaltung von gesellschaftlicher Kontrolle – »Koko«

Die Ursachen für den nun zu analysierenden folgenschweren Schuldkomplex sind vor allem in den in viereinhalb Jahrzehnten geschaffenen Machtstrukturen der DDR zu suchen. Symptomatisch für diese sind strikte Einordnung in eine angeblich von den Interessen der

Allgemeinheit beherrschte Parteipolitik der SED und der immer mehr perfektionierte Ausbau des Überwachungs- und Terrorsystems der Staatssicherheit. Der Untersuchungsausschuß hat sich daher in der ausklingenden Phase seiner Aktivitäten verstärkt dem Inhalt und den Folgen dieser bedingungslosen unkritischen Parteidisziplin und dem Fehlen jeglicher gesellschaftlichen Kontrolle für die Staatssicherheit zugewandt. In seinem dritten, dem letzten, den Abgeordneten der Volkskammer am 7. März 1990 übergebenen Bericht stellte der Ausschuß fest: »Eine kleine Gruppe – das ehemalige Politbüro des ZK der SED – traf die Entscheidungen und verfügte über die materiellen Ressourcen, ohne Kontrollen zu unterliegen oder rechenschaftspflichtig zu sein ... Eine wichtige Stütze zur Aufrechterhaltung des zentralistisch-stalinistischen Kommandosystems in der DDR stellte das ehemalige Ministerium für Staatssicherheit dar. Es war zwar formal in den Regierungsapparat eingegliedert, aber praktisch eine selbständige, keiner Kontrolle unterliegende Institution unter streng militärischer Einzelleitung ... Dieses Kommandosystem führte zur Entmündigung der Bürger, Unterdrückung von Initiative und Kreativität, verhinderte Entscheidungsbereitschaft des einzelnen und die Ausbildung demokratischer Reformen.«

Da auf diese Probleme schon im Teil »Anhörungen« eingegangen worden ist, wird hier auf eine Wiederholung verzichtet. Eindeutig zum Schuldkomplex »Ausschaltung gesellschaftlicher Kontrolle« gehört allerdings auch das Wirken des von Alexander Schalck-Golodkowski geleiteten Bereichs »Kommerzielle Koordinierung«. Immer wieder wurde der Ausschuß in Briefen, Zeugenaussagen, Anhörungen, Berichten der Experten mit den dunklen Aktivitäten der geheimnisumwobenen Gruppe »Koko« konfrontiert.

Einen klärenden Gesamtüberblick oder ein abschließendes Urteil über Organisation und die teilweise verbrecherischen Geschäfte von »Koko« zu finden, gelang dem Untersuchungsausschuß ebensowenig wie anderen ermittelnden Institutionen. Das wichtigste Fazit des Ausschusses bestand in der Erkenntnis, daß der Bereich »Kommerzielle Koordinierung« unter Dr. Schalck auf dem Gebiet des Außenhandels und der Devisengeschäfte mit kapitalistischen Ländern für die DDR ähnlich wie die Staatssicherheit unter Erich Mielke auf ihrem Sektor zu einem Staat im Staate geworden war, der sich einer Kontrolle von außen fast völlig entzogen hatte und sich nur eigenständigen Ordnungs- und Handlungsprinzipien verpflichtet fühlte. Dabei stützte sich das Wissen des Ausschusses vor allem auf Gespräche mit leitenden Angestellten von »Koko«-Firmen bzw. auf entsprechende schriftliche Informationen.

Eines der größten und lukrativsten Unternehmen von »Koko« war die Firma Intrac, seit 1964 im Handelsregister des Stadtbezirks Berlin-Mitte eingetragen und in Berlin-Pankow ansässig. Intrac betrieb ein »umfangreiches internationales Handels- und Verarbeitungsgeschäft mit Kupfer, Zinn, Zink, Blei und anderen Nichteisenmetallen ... sowie auch mit Gold, Silber und anderen Edelmetallen ... Intrac ist an den internationalen Metallbörsen in London und New York über angesehene Brokerfirmen tätig.« Intrac kauft und verkauft Erdöl und Erdölprodukte. Als einziges Unternehmen der DDR war Intrac autorisiert, sich im Diamantenhandel zu betätigen. »Hier bestehen Beziehungen zu den international bekannten Diamantären in Ost und West ... Für die Durchführung der notwendigen Finanz- und Devisenoperationen hat die Intrac die Genehmigung der Regierung der DDR.« Die Firma wickelte ihre Finanzgeschäfte über eine eigene Finanzabteilung ab und besaß Konten bei In- und Auslandsbanken. Für die Führung der erforderlichen Termin- und Finanzgeschäfte verantwortete das Unternehmen selbst. Der jährliche Umsatz habe sich, so der dem Ausschuß übergebene Bericht, ständig erhöht und die Zwanzig-Milliarden-Grenze überschritten. Der jährliche Gewinn betrug in den letzten Jahren ständig über 500 Millionen DM, für 1989 erwartete man einen Gewinn von 850 Millionen DM.

Wiederholt wandte sich ab Anfang Dezember 1989 die Firmenleitung an den Ausschuß, weil die Nachrichten in der Presse über »Koko« und entsprechende Erklärungen von Schalck und Außenhandelsminister Gerhard Beil ihre Geschäftsinteressen und ihr öffentliches Ansehen gefährdeten, und bat um eine öffentliche Rehabilitierung durch den Ausschuß bzw. die Generalstaatsanwaltschaft. Im Dezember beginnt die Staatliche Finanzrevision in der Intrac daher eine gründliche Kontrolle. Anfang Februar können die für Intrac zuständigen Minister der Regierung Modrow, Gerhard Beil und Kurt Singhuber, noch keine Auskunft über das Ergebnis dieser Untersuchungen mitteilen. Der Ausschuß sah sich daher außerstande, die von ihm gewünschte allgemeine Absolution auszusprechen.

Auch die Koko-Firma »Delta« durfte durch die Staatliche Finanzrevision nie überprüft werden. »Delta« befaßte sich vor allem mit Geschäften ohne Wareneinsatz. »D. h.«, so der Hauptgeschäftsführer vor dem Ausschuß, »wir kaufen Waren aller Art im Lande x und verkaufen ins Land y, nutzen das Preisgefälle aus, um Gewinne zu erwirtschaften.« Bei diesen Spekulationen hätten jedoch Waffen und Rauschgift keine Rolle gespielt. »Erdöl« sei jedoch von »Kunden... in Größenordnungen« geliefert worden. »Das ist ein Milliardenumsatz«. Die realisierten Gewinne mußten an »Koko« abgeführt werden. Über »Delta« und die Kokofirma »Asimex« wurden auch die Warenverträge für den von der »Letex« betriebenen Sonderladen in der »Waldsiedlung Wandlitz« abgewickelt. Die Staatliche Finanzrevision monierte Anfang Dezember 1989 an diesen Geschäften: »Grobe Verstöße bei der Einhaltung von Ordnung und Sicherheit im Umgang mit finanziellen Mitteln und im Belegwesen.« Auf Anweisung von Dr. Seidel, dem Stellvertreter und Intimus von Schalck mußten »seit Jahren alle Belege nach vier Wochen vernichtet werden. Bei ›Asimex‹ gibt es keine Bilanz- und Bestandsnachweise.« 1989 entnahm Seidel der Kasse von »Asimex« hohe Barbeträge, einmal 760 000 und beim zweiten Mal 1 350 000 Mark der DDR, ohne daß er diese Summen quittierte.

Vielfach beschrieben, gefilmt und diskutiert ist die ebenfalls zu »Koko« gehörende »Kunst- und Antiquitäten GmbH Mühlenbeck« (KuA). Sie tauchte mehrfach in an den Ausschuß gerichteten Schreiben oder in freiwilligen Aussagen von sachkundigen Zeugen auf. Der Ausschuß regte eine spezielle Überprüfung durch die Volkskontrolle und die Staatliche Finanzrevision an. Entstanden war das Unternehmen 1973, eingetragen im Handelsregister des Stadtbezirks Berlin-Mitte auf Antrag des damaligen Stellvertretenden Ministers für Außenhandel Alexander Schalck. Ende 1989 verfügte die KuA in Mühlenbeck über einen Grundmittelbestand von 48 534 000 Mark, 2 Hauptgebäude, 1 Lagerhalle, Mehrzweckgebäude, 12 Einfamilienhäuser als Quartiere für die ausländischen Käufer. Der jährliche Umsatz war ständig im Steigen und erreichte 1989 das Maximum von 51 341 000 Valuta-Mark (= DM). Der Gewinnanteil an dieser Summe war enorm, da, wie wir heute wissen, die privaten Verkäufer teilweise mit erpresserischen Methoden zur Veräußerung ihrer Preziosen gezwungen worden waren und vielfach Aufkaufpreise in

Mark der DDR erhielten, die in keiner Weise dem realen internationalen Wert der Stücke entsprachen. Nicht selten dürften besonders »preiswert geschätzte« Objekte auch privaten Sammlern aus den Reihen der Politprominenz der DDR veräußert worden sein. Wohin der an »Koko« abzuführende Gewinn von KuA floß, der im Regelfalle zwei Drittel des Umsatzes in Valuta-Mark ausmachte, bleibt im Dunkeln. Als Hauptzulieferfirma für Mühlenbeck fungierte der VEB Antikhandel Pirna. Der Bericht der Volkskontrolle bemerkt lakonisch: Die Finanzarbeit der KuA sei ordnungsgemäß verlaufen; teilweise habe aber in ihren Lagern, in denen sich bei der Kontrolle 3000 museumswürdige Exponate, darunter 400 Kulturgüter der Kategorien I und II, befunden hätten, die nach den Gesetzen der DDR gar nicht exportiert werden durften, ein ziemliches Durcheinander bestanden. In einer Reihe der 100 Lagerstätten des Antikhandels Pirna »gab es eine große Unordnung, unzureichende Lagerbedingungen und Bestandsnachweise«.

Empört reagierten schließlich alle Ausschußmitglieder auf eine streng vertraulich behandelte Aussage eines Zeugen, der Anfang Dezember 1989 über die Waffenverkäufe der »Koko«-Firma »IMES« berichtete. Besonders erregte der Umstand, daß »IMES« und damit ebenfalls die Leitung von »Koko« keinerlei moralische Skrupel plagten, profitable Waffengeschäfte während des blutigen Golfkrieges zugleich mit beiden Kriegsgegnern abzuschließen und daß »IMES« bis in den September 1989 hinein sich besonders intensiv bemühte, diesen menschenfeindlichen, mörderischen Handel weiter auszudehnen.

Am 4. April 1990 gibt der spiritus rector derartiger Geschäfte und Aktionen, Alexander Schalck-Golodkowski, der *Welt* ein Exklusiv-Interview. Darin behauptet er, in der Nacht vom 3. zum 4. Dezember habe er Ostberlin verlassen, weil ihm »plötzlich klar« geworden sei, »daß ich als Kronzeuge ausgeschaltet werden sollte. Das MfS versuchte, seine Kontakte zu mir zu vertuschen, indem es meine Akten vernichtete... Ich habe nichts zurückgehalten, weder Informationen noch Gelder.« Ein paar Wochen zuvor führte die Kriminalpolizei der DDR gegen ihn ein Ermittlungsverfahren wegen des dringenden Tatverdachts, »seit 1980 im Zusammenwirken mit Honecker, Mielke und Mittag erwirtschaftete Valutamittel der Staatsplanzahlungsbilanz vorenthalten und im jährlichen Umfang von ca. 6 Millionen DM zur Erfüllung angemaßter Privilegien verschwendet zu haben. Unter Mißbrauch seiner Funktion verwendete er der Volkswirtschaft zustehende Valutamittel im bedeutenden Umfange für private Zwecke.« Aufgezählt werden Bau und Innenausstattung seiner Wohn- und Ferienhäuser, private Gemälde- und Porzellansammlung. Anfang Juli 1990 meldete ADN: »Die persönlichen Gegenstände der Eheleute Schalck-Golodkowski sollen freigegeben werden und nicht mehr der weiteren Beschlagnahme unterliegen.« Einen entsprechenden Antrag hätten die Verteidigung des ehemaligen Staatssekretärs und Devisenbeschaffers bei der Staatsanwaltschaft gestellt.

Eine unvollkommene Bilanz

Bilanzen historischer Vorgänge haben oftmals die Eigenart, unvollständig zu sein. Und die Unvollständigkeit nimmt um so mehr zu, je näher der zu bilanzierende Zeitabschnitt der Gegenwart liegt. Diese Regel gilt auch für das hier vorgetragene »Sündenregister«.

Entschuldigt wird der Chronist durch den Fakt, daß er in sein Register nur das aufnehmen darf, was wirklich Gegenstand der Verhandlungen und der Aktivitäten des Untersuchungsausschusses war und daß daher die auftretenden »Fehlstellen« nicht ihm, sondern dem darzustellenden begrenzten historischen Vorgang anzulasten sind. Nicht der Chronist, dafür aber der aktiv Beteiligte kann argumentieren: Zu mehr blieb in der Hast, der Eile und der Überfülle der zu bewältigenden Ereignisse nicht die Zeit. Für das viele andere, jetzt aus der gründlicher urteilenden Retrospektive vielleicht weitaus Gewichtigere fehlten damals noch die eindeutig belegbaren, möglichst juristisch beweisbaren Tatsachen. Und daher mußte das im Zusammenhang mit dem Wirken des Untersuchungsausschusses zusammengetragene »Sündenregister« relativ begrenzt und unvollkommen bleiben.

Unbestritten gehörten aus heutiger Sicht auf ein solches allgemeines »Schuldkonto«, um nur das Schwerwiegendste zu nennen, die 177 Toten an einer unmenschlich trennenden, gewalttätigen Grenze, die große Zahl von zweifelhaften Gerichtsurteilen, von unschuldig Verfolgten, die berechtigt Wiedergutmachung fordern, die widerrechtlichen Umsiedlungen aus gesperrten Gebieten sowie der willkürliche staatlich subventionierte Raub von privatem Eigentum.

Der Ausschuß ist in der Hamburger *Zeit*, weil er nicht nach dem Schießbefehl an der Mauer gefragt hat, scharf kritisiert worden. Wie richtig der Ausschuß damals handelte, sich nicht auf ein derartiges juristisches Glatteis zu wagen, »weil wir der Diskussion rechtlich nicht gewachsen waren«, bestätigt nachträglich die Gegenwart. Noch nicht einmal heute ist das Für und Wider um die Möglichkeiten und die Rechtsstaatlichkeit einer Anklage wegen der Toten an der Mauer geklärt. Und der Ausschuß hätte sich mit Sicherheit in das juristische Abseits manövriert, wenn er hier der gefühlsmäßig verständlichen Versuchung erlegen wäre, Verfahren zu empfehlen.

Die Rehabilitierung unschuldig Verfolgter und Verurteilter ist nach vielen Monaten nicht über wenige renommierte Einzelverfahren, wie z. B. die Fälle Janka, Just oder Bahro, hinausgelangt. Und wer um die großen Schwierigkeiten bei derartigen Vorgängen weiß, der kann auch jetzt nur unterstützen, daß der Ausschuß Forderungen nach Wiedergutmachung zwar registriert, befürwortet und weitergegeben, aber nie versucht hat, diese im größeren Umfange zu überprüfen oder selbständig zu entscheiden. Erfolglosigkeit wäre, ganz abgesehen von einer nicht zu bewältigenden Arbeitsfülle, vorprogrammiert gewesen.

Ganz ähnlich hat sich bisher das Schicksal der vielen Entschädigungs- und Rückgabeanträge für beschlagnahmtes Eigentum vollzogen. Nicht einmal der Einigungsvertrag konnte diese Frage grundsätzlich klären. Für die meisten der sehr verschiedenartigen konkreten Einzelfälle stehen heute vieljährige zivilrechtliche Auseinandersetzungen ins Haus; und der Ausschuß war gut beraten, sich Empfehlungen oder gar Entscheidungen in dieser Sache grundsätzlich zu enthalten.

Ausklang und Versuch eines Resümees

Ruhmloser Ausklang

Seit Mitte Januar 1990 begann der Enthusiasmus, mit dem der Ausschuß seinen Auftrag in Angriff genommen hatte, abzunehmen. Deutliche Zeichen waren das häufigere Fehlen von Mitgliedern in den Plenarsitzungen und das plötzliche Verschwinden von Rechtsanwalt Grischa Worner, der einer der juristischen Berater des Ausschusses war und ohne jeden Kommentar kurzerhand an den Verhandlungen nicht mehr teilnahm. Immer deutlicher wurde, daß ein Teil des Präsidiums der Volkskammer nach wie vor an einer entschiedenen und öffentlichkeitswirksamen Arbeit des Ausschusses uninteressiert war.

Maßgebend in dieser letzten Phase scheint hier vor allem der Vertreter der CDU gewesen zu sein. Der Abgeordnete Adolf Niggemeier war zwar bis zum Rücktritt Gerald Göttings als eifriger Anhänger seines früheren Parteivorsitzenden bekannt, aber auf ihn übte offensichtlich der neue Parteivorstand der Christlich-Demokratischen Union Druck aus, weil dieser unbedingt verhindern sollte, daß der durch seine Vergangenheit kompromittierte »Unionsfreund« Heinrich Toeplitz noch einmal explizit in der Öffentlichkeit auftrat. So erklärte es sich vor allem, daß der 2. Bericht des Ausschusses, der ursprünglich im Plenum vorgetragen und diskutiert werden sollte, den Abgeordneten auf der 14. Tagung der Volkskammer am 11./12. Januar 1990 schriftlich zugestellt wurde, obwohl es zu einer solchen Debatte reichlich Zeit gegeben hätte. Auch eine Anzahl anderer Mitglieder des Präsidiums unterstützte das Verhalten der CDU, weil sie wahrscheinlich fürchteten, daß der zweite Bericht ähnliche Tumulte wie der erste Bericht auslösen könnte. Sie ließen außerdem auf dem Wege über das Sekretariat der Kammer durchblicken, daß sie starke Vorbehalte gegen die Öffentlichkeit der Anhörungen des

Ausschusses hätten. Der Grund: Der als Zeuge in Jagdangelegenheiten vor den Ausschuß geladene Sekretär des Staatsrates Heinz Eichler, zugleich Mitglied des Präsidiums der Volkskammer, war nach seinem Auftritt von der Gewerkschaftszeitung *Tribüne* heftig angegriffen worden. Beschwerden gingen auch von der Gattin Willi Stophs, Alice Stoph, dem Sohn von Heinz Keßler, den Verwandten von Johanna Töpfer und von Professor Erbach ein. Ein vom Ausschuß gestellter Antrag, für Dokumentarzwecke von den Anhörungen durch die beiden DDR-Dokumentaristen Jürgen Ast und Thomas Grimm Videofilme anfertigen zu lassen, wurde auf die lange Bank geschoben.

Ende Januar begannen daher erst im Vorstand, bald auch mit den Mitgliedern Gespräche um den weiteren Sinn der Ausschußtätigkeit. Unzufriedenheit über die bisherigen Resultate machte sich breit. Das große moralische Sündenregister der alten Führungsclique war unbestreitbar, hieb- und stichfeste Beweise für Gesetzesverstöße, zumal die Begriffe »Korruption« oder »Amtsmißbrauch« juristisch nicht exakt erfaßt waren, blieben jedoch rar. Empfehlungen des Ausschusses, eventuell die Frage des Verfassungsbruches in die Anklagekonstruktion mit einzubeziehen, hatten bei der Generalstaatsanwaltschaft teilweise ebenso absurde wie unhaltbare Konzeptionen zur Folge. Da das Strafgesetz den Verfassungsbruch nicht nannte, sollte nun einem Teil der ehemaligen Politprominenz ausgerechnet »Hochverrat« nachgewiesen werden. Wegen Verdunklungs- und Fluchtgefahr war zwar eine größere Gruppe von Verdächtigen zeitweise in Untersuchungshaft genommen worden, aber trotz wiederholt lauthals angekündigter Prozesse lag Anfang Februar nicht eine einzige fundierte Anklageschrift den Gerichten vor. Im Gegenteil, am 10. Februar 1990 protestierten 16 Berliner Rechtsanwälte, alle versierte Könner ihres Fachs, gegen die öffentliche Vorverurteilung ihrer ehemals prominenten Mandanten und forderten ungeniert, die Ermittlungsverfahren wegen Haltlosigkeit einzustellen.

Ende Januar begannen die Diskussionen um die eventuelle Vorverlegung der Volkskammerwahl vom 5. Mai auf den 18. März 1990. Noch bevor diese Frage endgültig entschieden war, plädierte Heinrich Toeplitz für eine möglichst baldige Auflösung des Ausschusses. Er konnte sich jedoch gegen die anderen Vorstandsmitglieder nicht durchsetzen, welche die vorbereiteten Anhörungen zu Ende führen und, wenn es schon nicht möglich wäre, viele der angefangenen Vorhaben zufriedenstellend abzuschließen, wenigstens einen 3. Bericht des Ausschusses als eine Art Schlußbericht in der Volkskammer vortragen wollten. Der Vorsitzende gab widerstrebend nach, beteiligte sich dennoch maßgeblich am Entstehen des Berichtes.

Die Entscheidung über das weitere Schicksal des Ausschusses fiel auf der 16. Tagung der Volkskammer am 5. Februar 1990, als die Abgeordneten endgültig beschlossen, die Wahlen auf den 18. März vorzuverlegen und die neunte Wahlperiode am 17. März zu beenden. Der Vorstand des Ausschusses schlug vor, keine neuen Anhörungen mehr durchzuführen, nur noch die laufenden mündlichen und schriftlichen Eingaben zu bearbeiten und alle Kraft auf den Abschlußbericht zu konzentrieren.

Die Arbeit des Ausschusses klang wenig glücklich aus, denn der als letzter Auftritt gedachte dritte Bericht ging sang- und klanglos über die Bühne. Obwohl der Volkskammerpräsident Dr. Maleuda Plenarvortrag und Diskussion des Berichts befürwortet hatte, wiederholte sich das schon einmal erprobte Ringelspiel. Die Mehrheit des Präsidiums verharrte auf ihrem traditionellen obstruktiven Verhalten gegenüber dem Ausschuß. Regie schien dabei wieder die CDU-Führung und der Vertreter ihrer Fraktion im Präsidium, Adolf Niggemeier, geführt zu haben, weil, wie erwähnt, Toeplitz keine Chance mehr erhalten sollte, noch einmal öffentlich zu posieren. Die Tagesordnung der 17. Tagung der Kammer am 21. und 22. Februar ließe angeblich für die Diskussion des Berichtes keine Zeit, die Realität des zweiten Tages bewies jedoch das Gegenteil. So wurde der Bericht auf der 18., der letzten Tagung der 9. Wahlperiode der Volkskammer, am 7. März 1990, den Abgeordneten erneut nur schriftlich übergeben. Die Bilanz einer fast viermonatigen, mit viel Enthusiasmus und Leidenschaft betriebenen Suche nach der Wahrheit, wie sie der Ausschuß damals verstanden hat, wurde von der Öffentlichkeit kaum zur Kenntnis genommen. Mit dürren Worten dankte der Präsident den Mitgliedern des Ausschusses für ihre aufwendige Arbeit. Immer stärker in den Vordergrund drängten Sorgen um das gegenwärtige und zukünftige Leben und überdeckten den Wunsch nach einer ehrlichen und objektiven Aufarbeitung der Vergangenheit.

Was bleibt?

Der Autor des schon einmal zitierten Artikels in der Hamburger *Zeit* wirft dem Ausschuß vor, daß er »unter Selbstbeschränkung und Furcht« gelitten habe. Seine »Rechtsstaatlichkeit« sei nicht gewährleistet gewesen, da er mit den alten Vollzugsorganen, der Kriminalpolizei, der Generalstaatsanwaltschaft, der Volkskontrolle und der staatlichen Finanzrevision zusammengearbeitet hätte. Mit wem hätte er sonst kooperieren sollen, wenn er sich nicht von vornherein zu völliger Taten- und Ergebnislosigkeit verdammen wollte? Noch nie ist bisher jemand auf den Gedanken gekommen, die Rechtsstaatlichkeit der Regierung de Maizière in Zweifel zu ziehen, die sich auf dieselben Vollzugsorgane stützte. Der Ausschuß habe sich als Strafverfolgungsinstitution betätigt, weil er der Staatsanwaltschaft Empfehlungen gegeben habe. Die von ihm gegen Horst Sindermann und Joachim Herrmann geäußerten Verdachtsmomente, die beiden hätten die Verfassung gebrochen, seien absurd, die kein ordentliches Gericht aufgreifen würde.

Solche Schelte überraschten ob ihrer anmaßenden Einseitigkeit und mangelnden Sachkenntnis, da der Verfasser besagten Artikels reichlich Zeit und Gelegenheit hatte, an Ort und Stelle gründlich zu recherchieren und mit den Hauptakteuren der Ereignisse zu sprechen. War das wirklich nur ein merkwürdiges Gremium, das sich da vergeblich mühte, aus dem Sumpf von Korruption, Amtsmißbrauch und Machtbesessenheit der untergehenden DDR mit Hilfe des eigenen Zopfes zu entkommen, das da ein illusionäres Schauspiel eines Gerichtstages über sich selbst aufführte?

Wenn dies das einzige Fazit der Arbeit des Ausschusses wäre, dann handelte es sich um eine belanglose Episode, über die es sich gar nicht lohnte, länger nachzudenken oder gar noch einen Bericht zu schreiben. Wohl kein Mitglied des Ausschusses gab sich dem Glauben hin, die von der Öffentlichkeit mit dem Ausschuß verknüpften hochgestellten Erwartungen vollständig erfüllt zu haben. Sie ließen sich auch gar nicht realisieren, weil sie von falschen Bedingungen ausgingen. Der Ausschuß war kein Tribunal, das für eine revolutionäre Exekutive eine revolutionäre Rechtssprechung sichern wollte. Keines seiner Mitglieder, seiner Träger wollte ihn in eine Art Wohlfahrtsausschuß umwandeln, oder in ihm Robespierre spielen, weil allen voll bewußt war, daß eine solche unüberlegte Radikalisierung den friedlichen Verlauf der »Wende« in der DDR schwer gefährdet hätte. Relativ schmal, gemessen an der Gesamtschuld, blieb das vom Ausschuß untersuchte und registrierte Sündenregister der früheren Führungsclique. Wenig befriedigend die exakt belegten Beweise für einen Gesetzesverstoß der Angehörigen, zumal das wenige bald noch erbarmungs- und leidenschaftslos von einer in den Schlichen der Rechtsstaatlichkeit äußerst cleveren Rechtsvertreterschar der Beschuldigten zerpflückt wurde.

Riesig dagegen das Ausmaß der aufgedeckten moralischen Schuld der Betroffenen, aber juristisch kaum faßbar, weil politisches Versagen, politischer Irrtum strafrechtlich im Regelfalle nicht verfolgt werden kann: »Das gibt nichts her!« so der erfahrene Jurist Heinrich Toeplitz. Moral und Recht sind eben vielfach nicht kongruent. Nicht einer der seit Januar 1990 lautstark angekündigten »großen Prozesse« ist inzwischen abgeschlossen. Im Gegenteil, es verstärkt sich der Eindruck, die alte historische Regel »Die Großen läßt man laufen« wiederhole sich. Daß dafür rechtsstaatliche Prinzipien ins Feld geführt werden, daß ein altes Unrechtssystem nicht durch neues Unrecht aufgehoben werden darf, ist rechtswissenschaftlich begreifbar, ändert aber nichts an der maroden politisch-psychischen Situation der großen Masse der Einwohnerschaft der ehemaligen DDR. Sie mußte hier leben und arbeiten, ob ihr das gefiel oder nicht und muß nun im wesentlichen allein die Suppe auslöffeln, die ihr eine oft wenig einsichtsvolle Besatzungsmacht sowie vielfache Unfähigkeit, Machtgier und Verantwortungslosigkeit einer Gruppe von »Halbgöttern« eingebrockt haben.

Was bleibt dann eigentlich übrig für eine solche Bilanz, für den »Versuch eines Resümees«? Hat der Reporter der *Zeit*, trotz seiner teilweise unsorgfältig geführten Detailrecherchen im Prinzip vielleicht nicht doch recht mit seinem Urteil?

Der Mitte November 1989 durch die Volkskammer gebildete Untersuchungsausschuß war ein ernstzunehmender breit angelegter und systematisch gestalteter Versuch, der Wahrheit über eine vierjahrzehntelange historische Vergangenheit allmählich etwas näher zu kommen. Besonders interessant ist, daß dieser Versuch von einer Institution ausging, die vierzig Jahre lang am Verhüllen dieser Wahrheit aktiv mit beteiligt war. Das gibt dieser Aufgabe nicht nur den

Rang einer geschichtlichen Kuriosität, sondern auch eines Unikats, denn weder in Polen, der Tschechoslowakei, Ungarn, Bulgarien, Rumänien noch der UdSSR konnten sich die Parlamente der »Wende« entschließen, vergleichbare parlamentarische Gremien zu bilden. Auch in der Geschichte deutscher Parlamente war es bisher ein einmaliger Vorgang, daß eine Institution des alten Regimes so entschieden über dieses Regime und damit auch über sich selbst zu Gericht saß.

Unermüdlich hat der Ausschuß an die Öffentlichkeit appelliert und auch in seinen Handlungen effizient demonstriert, daß die Rechtsstaatlichkeit bei allen politischen, sozialen und ökonomischen Maßnahmen unbedingt einzuhalten ist und daß altes Unrecht nicht durch neues gutgemacht werden kann. So hat der Ausschuß entscheidend geholfen, verständlicherweise auftretende emotionale Erregung und Proteste nicht zu sinnlosen, zerstörenden Gewaltaktionen umschlagen zu lassen und damit das Land in ein Chaos zu stürzen. Sicher war das teilweise eine Alibi-Funktion, aber zugleich auch eine historisch notwendige Aufgabe, die der Ausschuß nur erfüllen konnte, weil die überwiegende Mehrheit seiner Mitglieder bei aller erforderlichen Mäßigung nicht bereit war, sich in ihrem Denken und Handeln ausschließlich auf eine derartige Alibifunktion einengen zu lassen.

Amts- und Machtmißbrauch, das haben die Untersuchungen des Ausschusses nachhaltig am Beispiel der DDR bestätigt, können nur dort gedeihen, wo die politischen und ökonomischen Machtstrukturen einer echten parlamentarischen, demokratischen Kontrolle entzogen sind. Für das Aufdecken und Überwinden der dabei angewandten Formen und Methoden wurde umfangreiches Material gesammelt und dieses zu ersten Schlüssen verdichtet.

Durch seine Arbeit hat der Ausschuß wesentlich dazu beigetragen, das Ausmaß der moralischen Schuld der ehemaligen Führungsschicht am gescheiterten sozialistischen Experiment in der DDR deutlich zu machen. Dazu zählten vor allem: die alle Mitglieder des Ausschusses besonders betroffen machende Bedenken- und Rücksichtslosigkeit, mit der viele der ehemaligen Funktionäre und ihr Klüngel sich materielle und soziale Privilegien schufen; das Einordnen in eine stalinistische Parteidisziplin, die jedes kritische eigenständige Denken und Handeln weitestgehend ausschloß und gegebenenfalls sich zu einer Art Befehlsnotstandsbewußtsein ausweitete; das bedenkenlose

Festhalten an persönlichen Machtfunktionen auch dann, wenn Unfähigkeit und Inkompetenz für eine übertragene Aufgabe offensichtlich waren; die bornierte, zur Gewalt neigende Intoleranz gegenüber Andersdenkenden.

Diese Erkenntnisse zusammengetragen und zu ersten Schlüssen zur Analyse der Vergangenheit und Gestaltung der Zukunft aufbereitet zu haben, darin besteht der bleibende Beitrag des Untersuchungsausschusses bei seiner Suche nach der Wahrheit.

Dokumentenanhang

Vorbemerkung

Insgesamt hörte der Untersuchungsausschuß 44 Personen als Sachzeugen oder »Betroffene« an. Zu den meisten dieser Anhörungen wurden wörtliche stenographische Protokolle geführt. Im folgenden werden zehn Protokolle auszugsweise wörtlich wiedergegeben. Es handelt sich dabei um Aussagen von Persönlichkeiten ehemaliger besonderer politischer Prominenz. Die Originalmanuskripte der zehn Protokolle haben einen Umfang von etwa 750 Schreibmaschinenseiten, von denen auf Grund des zur Verfügung stehenden Platzes nur etwa ein Viertel zum Abdruck kommt. Ausgewählt wurden in sich geschlossene individuelle Aussagekomplexe, die für den Untersuchungsgegenstand von besonderer Bedeutung waren. In den Auszügen wird auf jegliche Personalangaben verzichtet; diese sind dem Personenverzeichnis zu entnehmen.

Die Auszüge aus den stenographischen Protokollen der Anhörungen wurden wörtlich übernommen, das heißt, es wurde auch nichts verändert, wenn die Antworten auf die Fragen der Ausschußmitglieder der sprachlichen Logik (relativ oft bei den Antworten von Joachim Herrmann) teilweise widersprachen. Eine Folge von mehreren Punkten (...) in den Protokollauszügen weist darauf hin, daß hier Textteile der Protokolle aus Platzgründen nicht berücksichtigt werden konnten.

Anhörung von Margot Honecker
(20. Dezember 1989)

Abg. Prof. Klemm: Die erste Frage, die wir an Sie richten möchten, ist die Frage: Welche Position beziehen Sie heute zum Verhalten der jungen Generation insbesondere im Zeitraum vom Juli bis September 1989?

Margot Honecker: Erstens muß ich dazu sagen, daß ich immer Jugenderziehung nicht losgelöst, sondern im Zusammenhang mit den existierenden gesellschaftlichen Verhältnissen betrachtet habe. Wie kein Bestandteil unserer Gesellschaft losgelöst von der Gesellschaft wirken kann, kann das schon gar nicht das Bildungswesen, und kann Jugenderziehung nur bestimmt sein von dem, was an Gesellschaftsauffassungen und Gesellschaftskonzeptionen existiert. Über Jugenderziehung nachzudenken, das heißt – das war immer meine Auffassung –, über den Zustand der Gesellschaft nachzudenken.

Die Gesellschaft hat sich verändert. Die Auffassung über die bisherige Gesellschaftskonzeption wird neu bewertet, wobei ich davon ausgehe, daß der Sozialismus nicht in Frage gestellt ist, daß er neu bewertet wird. Ich möchte hier sagen, daß weder den Lehrern noch den vielen fleißigen Mitarbeitern der Volksbildung in dem ehemals von mir geleiteten Ministerium in den territorialen Organen anzulisten ist, was aus heutiger Sicht der Umbewertung und Neubewertung der Gesellschaftskonzeption hätte anders gemacht werden müssen oder anders gemacht werden muß.

Ich habe meine Tätigkeit – ich bin Kommunist von frühester Jugend an – immer aus Überzeugung für den Sozialismus, für Antifaschismus verstanden und in diesem Sinne gewirkt. Das von mir geleitete Ministerium hat diesem Grundanliegen sich immer verpflichtet gefühlt. Wir haben Fehler gemacht. Fehler, die wir gemacht haben, betrachte ich aus der Sicht der Verantwortung eines Leiters auch immer als persönliche Verantwortung und nehme das, was an Fehlern gemacht wurde, in meine Verantwortung. Ich habe nur die Hoffnung, daß all das, was auch dank der fleißigen Arbeit von Hunderttausenden Lehrern, Erziehern, Bauarbeitern, die für dieses Volksbildungswesen eine solide Basis geschaffen haben – Schulen, Kindergärten usw. –, daß all das wenigstens erhalten bleibt...

Abg. Prof. Klemm: Ich darf noch einmal auf unsere Ausgangsfrage zurückkommen, weil ich glaube, daß Sie sie noch nicht eindeutig beantwortet haben. Ich hatte gefragt: Welche Position beziehen Sie heute zu dem Verhalten der jungen Generation, besonders im Zeitraum Juli bis September 1989. Ich zweifele nicht an Ihrer Absicht, an Ihren Zielen – das müssen wir als gegeben hinnehmen –, aber: Wie erklären Sie sich, daß trotz dieser Ziele, trotz dieser Probleme viele Jugendliche, die diesem Erziehungssystem, das von Ihnen maßgeblich mitgestaltet worden ist, unterlagen, das Land einfach massenweise verlassen haben? Das muß Sie doch nachdenklich gemacht haben.

Margot Honecker: Ich habe bereits erklärt, und dies öffentlich, daß mich das betroffen gemacht hat. Ich habe auch erklärt, und tue das hier in voller Verantwortung, daß diese Tatsache nicht nur denen angelastet werden kann, die Jugend erzogen haben, bei aller maßgeblichen Verantwortung und Mitverantwortung. Wir haben es mit einer gesellschaftlichen Situation und Konzentration zu tun gehabt, und ich muß sagen, ich verwahre mich entschieden dagegen, daß diejenigen, die das Land verlassen haben, sozusagen durch das Verschulden von Lehrern, Mitarbeitern einschließlich meiner Person dies getan haben. Es gibt ja viele Aussagen zu dieser Situation. Ich kann mir nicht anmaßen, das umfassend zu analysieren, aber ich muß sagen: Wenn in unserer Erziehungsarbeit etwas im Zentrum stand, dann die Erziehung der Jugend zur Treue zur Deutschen Demokratischen Republik. Und daß das heute um so richtiger und wichtiger ist, das hat mir gestern die Dresdener Kundgebung gezeigt, wie ernst man einen solchen Erziehungsauftrag nehmen muß. Und diesen Erziehungsauftrag haben wir ernst genommen. Wenn er nicht realisiert werden konnte, nicht realisiert wurde, wie Sie meinen, so muß man, glaube ich, doch die ganze Gesellschaft – und das ist ja bereits geschehen – einschließlich der Eltern in die Pflicht nehmen.

... Gestatten Sie eine Bemerkung noch dazu. Zur Frage der Verhandlungsführung: Ich gehe doch davon aus, daß die Frage der politischen Verantwortung nicht Hauptgegenstand des Untersuchungsausschusses zur Überprüfung von Fällen des Amtsmißbrauches ist. Meine politische Verantwortung habe ich zu verantworten vor meiner Partei. Ich möchte hier auch sagen, daß ich Amtsmißbrauch eindeutig ablehne. Ich habe mich immer dem, was Verfassungsauftrag, was Regierungsauftrag und was Auftrag meiner Partei war, der ich seit meinen jungen Jahren angehöre, verpflichtet gefühlt ...

Abg. Dr. Toeplitz: Ich möchte hier zur Aufgabenstellung des Ausschusses etwas sagen. Natürlich müssen wir uns, wenn wir Persönlichkeiten, die leitende Funktionen ausgeübt haben, anhören, zunächst einen Überblick über die Art und den Inhalt ihrer Tätigkeit verschaffen. Das ist unser Recht, und davon machen wir hier nicht zum ersten Male Gebrauch. Die zweite Frage: Welche persönlichen Befragungen oder Konsequenzen sich ergeben, wird aus der weiteren Diskussion ersichtlich sein. Mehr habe ich dazu nicht zu sagen.

Abg. Prof. Klemm: Ich darf auch noch eine Bemerkung machen: Sie haben zu Recht betont, Frau Honecker, daß Erziehungs- und Bildungsfragen nicht nur eine Angelegenheit der Schule sind, sondern auch eine Angelegenheit einer breiten Öffentlichkeit einschließlich der Eltern. Aber wenn wir eine solche Anhörung hier durchführen, müssen wir versuchen, den Gesamtkomplex, der Sie betrifft, hier zu erfassen, und ich glaube, dazu gehört ihre frühere Tätigkeit unbedingt dazu. Ich gestatte mir eine zweite Bemerkung: Der Begriff »Amtsmißbrauch« ist bei uns ja rechtlich nicht genau erfaßt. Man kann ihn sehr weit fassen. Und ich vertrete hier die Auffassung, daß in unserem Ausschuß solche Fragen, die wir Ihnen gestellt haben, auch in den Bereich des Amtsmißbrauches gehören.

Abg. Prof. Schwartze: ... Wir haben seit zwanzig Jahren etwa keine Korrelationen mehr zwischen den Abiturabschlußzensuren und den Universitätszensuren ... Die Bewertung der jungen Leute beim Übergang von der Oberschule zur Universität konnte nicht mehr auf der Basis ihrer Zensuren und ihrer wirklichen Leistungen erfolgen ... Ist Ihnen wirklich entgangen, daß das gesamte Zensurensystem schrittweise zu einer Bevorzugung bestimmter Gruppen von Schülern mißbraucht wurde und daß so eine sachlich objektive und kreative Haltung zum gesamten Bildungsprozeß schrittweise in erschreckender Weise ... zu Bruch gegangen ist?

Margot Honecker: ... Mir ist es nicht entgangen, Herr Schwartze, daß sehr öffentlich, sehr kritisch dieses ernste Problem der Zensierung, der Prüfungen, von mir, auch öffentlich, nicht nur im stillen Kämmerlein mit meinen Kollegen erörtert wurde, zur Diskussion gestellt wurde. Ich habe prinzipiell seit mehreren Jahren nicht nur gegen Leistungsdurchschnitt polemisiert, sondern wir haben seit Jahren ernsthaft gearbeitet ... an den Problemen der Zensierung, Bewertung, Beurteilung, Prüfungen, damit solche Verschleierungen, Mittelmaß usw. aus der Welt geschafft werden ... Ich bin heute der Meinung, daß dieses Gesamtprädikat sehr dazu verführt hat, zu nivellieren, Leistungen nach oben oder unten zu verschieben. Ich bin immer der Meinung gewesen, ... daß die Leistungen in einem Fach das Maßgebliche sein müssen und keine Durchschnitte ... Man sagt ja sehr leicht: Man muß das abschaffen, man muß das verändern – und es kommen dann doch Bedenken. Wenn es nicht durch Besseres ersetzt werden kann, noch nicht, dann fehlen Hilfen, dann fehlt etwas, woran man sich orientieren kann. Für individuelle Förderung, für individuelles Eingehen auf die Kinder! Das war mein Credo als Minister ...

Abg. Prof. Klemm: ... Ich habe die gleichen Feststellungen wie Herr Schwartze gemacht ... Die Zensuren haben sich verbessert, und das Ergebnis dieser Ausbildung ist ständig schlechter geworden ... Wenn Ihnen das bewußt gewesen ist, dann dürfte das ja nicht erst auf dem Pädagogischen Kongreß des Jahres 1989 der Fall gewesen sein. Was ist konkret geschehen, um diese Situation zu verändern? Alle, die diesen Pädagogischen Kongreß miterlebt haben, ... haben sich natürlich die Frage gestellt: Wird das Ergebnis ähnlich sein, wie es schon 20 bis 25 Jahre gewesen ist? Und nach diesen 20 bis 25 Jahren möchte ich Sie fragen, nicht nach dem, was Sie 1989 erzählt haben?

Margot Honecker: Das habe ich 1989 nicht erzählt, sondern ich muß hier sagen, daß praktisch seit einem Jahrzehnt an dieser Problematik von Wissenschaftlern ernsthaft gearbeitet wurde. Daß diese Ergebnisse noch nicht vorliegen, über diese Gründe muß man gründlich nachdenken. Aber das ist keine Intoleranz unsererseits und meinerseits gewesen, sondern wenn sie sich mit diesem ganzen Komplex aus der Sicht der Gesamtverantwortung beschäftigen, und ich würde die künftigen Verantwortlichen beglückwünschen, wenn sie hier zu einer schnelleren Lösung kämen als wir gekommen sind ...

Abg. Prof. Klemm: Sie sagten, daß zehn Jahre lang Untersuchungen nicht dazu geführt haben, in einer solchen brisanten Frage nicht zu einem Ergebnis zu kommen. Ich arbeite selbst sehr lange wissenschaftlich, und ich glaube, ohne Ihnen das jetzt unbedingt beweisen zu können, daß man innerhalb von zehn Jahren ... zumindestens ein plausibles und ein akzeptables Ergebnis hätte erreichen können, wenn der nötige Druck und die Bereitschaft dahintergestanden hätten.

Margot Honecker: Darf ich etwas entgegnen? 1. Was die Prüfungen betrifft, die inhaltlich verändert werden sollten, so hatten wir ja bereits veröffentlicht, daß mit Beginn oder zum Ende dieses Schuljahres schon solche Veränderungen vollzogen werden. Das empfanden viele Lehrer als zu schnell, als zu übereilt, worauf sich das Ministerium entschieden hatte, diese Fragen noch länger zu diskutieren, was natürlich auch mit einem Umdenken in der Praxis vieler Lehrer verbunden ist und sein wird. Im Arbeitsplan des Ministeriums steht eindeutig, daß bis zum nächsten Jahr alle diese Ergebnisse zur öffentlichen Diskussion gestellt werden, weil natürlich nicht nur mit administrativer Entscheidung so etwas zu regeln ist. Es sind durch die Akademie Untersuchungen geführt worden, es waren bereits Ergebnisse da. Diese Ergebnisse sollten 1990 zur öffentlichen Diskussion gestellt werden. Hier muß natürlich das Mitdenken der Menschen, die das praktizieren sollen, die eine neue Praxis durchführen sollen, mit beachtet werden.

Abg. Prof. Klemm: Dürfen wir also davon ausgehen, daß Sie der Meinung sind, daß 1990 dort ein grundsätzlicher Wandel eingetreten wäre?

Margot Honecker: Wäre.

Abg. Prof. Klemm: Gut. Da wird es sehr wahrscheinlich unterschiedliche Auffassungen dazu geben ... Gibt es weitere Fragen dazu? Wenn das nicht der Fall ist, möchte ich zu einem neuen Komplex übergehen, der uns in vielen Eingaben vorgelegt worden ist. Es geht um die sehr unerfreulichen Vorgänge an der Carl-von-Ossietzky-Oberschule Berlin-Pankow im März 1988 ... Welchen Einfluß hatten Sie auf die Klärung der Vorgänge an der Carl-von-Ossietzky-Oberschule ...?

Margot Honecker: Ich betrachte die Vorgänge an der Ossietzky-Oberschule als einen Fehler, den ich bedaure. Wie es zu diesen

Vorgängen gekommen ist, ist hinlänglich öffentlich bekannt. Ich habe bereits eingangs erklärt: Ich trage nicht nur für das Verantwortung, was in diesem Lande im Bildungswesen an vernünftigen Dingen, an guten Dingen gemacht wurde. Ich trage auch Fehlentscheidungen wie jeder Leiter, der in fünfzigjähriger Arbeitszeit – seit 1963 bin ich Minister in diesem Ministerium – Fehlentscheidungen machen wird, für Fehler die volle Verantwortung, für diesen auch.

Abg. Dr. Toeplitz: Nur eine ergänzende Frage. Der Sachverhalt ist ja in der Presse benannt worden, auch die Rolle von Werner Lorenz und alle die Fragen. Nachdem das entschieden war, gab es eine Reihe von Eingaben, die an Sie persönlich gerichtet waren, das zu revidieren. Oder stimmt das nicht?

Margot Honecker: Es gab nur Eingaben, wo sich z. B. maßgebliche Persönlichkeiten, die ich hier nicht nennen möchte, vor allem darauf bezogen, indem sie sich zumindest überzeugt hatten, daß Schulrecht nicht gebrochen wird. Ich rede jetzt nicht über die moralischen Fragen, die erklärt wurden oder wo gebeten wurde, daß man sich vor allen Dingen darum sorgt, daß der künftige Entwicklungsweg dieser jungen Leute nicht verbaut wird. Und diese Orientierung haben wir gegeben. Wer von den jungen Leuten davon Gebrauch gemacht hat oder nicht, ist bekannt ...

Abg. Prof. Klemm: Können Sie eventuell uns noch sagen, wie die Entscheidung in diesem Falle zustande gekommen ist? Haben Sie das an Herrn Lorenz verwiesen, oder war Ihnen die Brisanz dieses Themas gar nicht bewußt, so daß Ihnen das erst später bewußt geworden ist?

Margot Honecker: Ich würde Herrn Lorenz nicht die Schuld geben.

Abg. Prof. Klemm: Eine nächste Frage, die in den Eingaben unserer Bürger eine große Rolle spielt, ist, daß die damalige Art und Weise der Unterrichtsführung, des Lehrplanes, insbesondere im gesellschaftswissenschaftlichen Unterricht, die Schüler zur Doppelzüngigkeit und zum angepaßten Verhalten erzog ... Sind Ihnen diese Probleme bewußt geworden, daß ein solches Verfahren, eine solche Methode bei uns angewandt wurde? Das ist meines Erachtens auch eine Erklärung, warum die Erziehung zur Liebe zu unserem Lande sehr zweifelhaft und sehr problematisch war.

Margot Honecker: Wissen Sie, gegen Doppelzüngigkeit war ich immer, und ich hätte nie einen Lehrer dazu angehalten, daß er die

Schüler heucheln läßt. Was den gesellschaftswissenschaftlichen Unterricht betrifft, wenn Sie im engeren Sinne Staatsbürgerkunde und Geschichte z.B. meinen, so war dem geschuldet, was bisher als Geschichtsverständnis oder Sozialismusverständnis bei unseren Wissenschaftlern vorlag. Wir haben die Staatsbürgerkundelehrer stets dazu aufgefordert, mit den Schülern um Standpunkte zu streiten. Daß dieser Staatsbürgerkundeunterricht nicht mehr seine Funktion voll erfüllte, daß die Qualität unzureichend war, das haben wir nicht nur öffentlich erklärt, sondern es ist als einer der wichtigsten Anträge der Antragskommission, vom Ministerium selbst unterstützt, eingebracht worden, den Staatsbürgerkundelehrplan zu verändern.

Abg. Dr. Toeplitz: ... Fakt ist ja – und das ist auch in einer Reihe von Erklärungen auf den verschiedenen Parteitagen, auch auf dem Parteitag der SED, ausgesprochen worden, daß eine solche Erziehung zum Konformismus, zur Angepaßtheit, zum Schreiben und Erklären dessen, was der Lehrer für richtig hält, als Voraussetzung dafür, guter Schüler zu sein und gute Zensuren zu bekommen, allgemein verbreitet war ... Nun ist das doch nicht plötzlich von Leuten erfunden worden. Das ist doch eine Einschätzung, die weitestgehend in unserer Gesellschaft vorhanden ist. Darum geht es uns.

Margot Honecker: Ich habe bereits gesagt: Die Umbewertung der gesellschaftlichen Verhältnisse, die natürlich auch eine Umbewertung und Neubewertung dessen, was in der Erziehung stattgefunden hat, erforderlich macht, halte ich für gerechtfertigt, halte ich für notwendig. Ich muß sagen: Bis zum Oktober – bei manchen hat sich dieser Lernprozeß sehr schnell vollzogen – hatte ich diesen Lernprozeß vielleicht noch nicht vollzogen.

Abg. Dr. Toeplitz: Ich unterscheide hier zwei Dinge, Frau Honecker: Das eine ist die Umbewertung der gesellschaftlichen und historischen Verhältnisse. Das ist eine Frage, wie lange der Lernprozeß bei den einzelnen Leuten dauert – es ist unterschiedlich. Aber die andere Frage ist die moralische Frage, daß Kinder praktisch in Zwiespalt getrieben wurden. Es geht nicht darum, wie das richtig war, was im Fach gelehrt wurde, sondern darum, daß eben nicht ein echter Streit um Fragen geführt wurde, sondern daß die, die ernsthafte Fragen hatten, nicht die Richtigen waren und daß sie schräg lagen und bei den Lehrern nicht angesehen waren und daß demzufolge eine Doppelzüngigkeit gerade bei solchen anerzogen wurde, die sehr schnell lernten, was man sagen muß, um angesehen zu sein...

Margot Honecker: Das würde ich wie Sie für unmoralisch halten, wenn man so etwas abfordert. Ich habe mich – um ein Beispiel zu sagen – nie gescheut, Meinungen junger Leute, die anders waren, zu hören, mit ihnen zu diskutieren. Ich habe jährlich auf den Treffen mit Oberschülern wirklich offene Diskussionen geführt, und die haben gar keine Scheu gehabt, dem Minister Wahrheiten zu sagen, und ich habe ihnen geduldig zugehört und geduldig meinen Standpunkt erklärt, und in manchen Dingen hatten wir auch andere Standpunkte. Ich bin so lebensfremd nicht – ich habe immer mit jungen Leuten verkehrt –, daß ich nicht wüßte, wie ernst man Leute, die eine solide Bildung und eine Persönlichkeitsentwicklung haben, auch in ihren Meinungen nehmen muß. Wenn solche Heuchelei vorgekommen ist, ist das moralisch zu verurteilen.

Abg. Prof. Schwartze: Sie bagatellisieren ein wenig die ernste Frage, die hier im Raum steht. In der Zeit ihrer Amtsführung ist ein nicht abreißender Strom von benachteiligten Schülern entstanden, deren Benachteiligung dadurch zustande kam, daß sie in irgendeiner Phase ihrer persönlichen Entwicklung und Suche nach einem eigenen Standpunkt in der Schule Diskussionen begonnen haben, die zwischen Christentum und Marxismus, zwischen Ost und West, zwischen diesen und jenen ideologischen Konzepten versuchten sich zu orientieren. Die Konsequenz war ein nicht abreißender Strom von Relegierungen von den Schulen, wovon der Fall Carl-von-Ossietzky-Oberschule sozusagen der letzte war.

Margot Honecker: Das weise ich entschieden zurück – ein Strom von Relegierungen. Bitte überprüfen Sie die Arbeit der Relegierungskommission.

Abg. Prof. Schwartze: Sie haben dann das Wort, Sie sind hier in diesem Ausschuß, und Sie müssen mich leider wohl ausreden lassen. Es handelt sich darum, daß es gar nicht um Doppelzüngigkeit geht, sondern die Schüler, auch z. B. die christlichen Schüler, von denen bekannt war, daß sie christliche Schüler waren, erfuhren systematisch und immer Benachteiligungen, die bis zur Beachtung für Universitätsstudien und so etwas ging, mit dem Ergebnis, daß der Weg eines jungen Christen beispielsweise zur Universität ein gänzlich anderer und viel komplizierterer war als der eines beliebig angepaßten Schülers, der über seine Überzeugungen mitunter sich noch gar nicht recht im klaren war, aber einfach im Wohlverhalten die beste Strategie hatte, um persönliche Interessen durchzusetzen. Ich halte es für völlig unmöglich, daß uns allen, die wir das wissen, das bekannt ist, und daß Ihnen als Minister das nicht ein ständiges Problem und ein unentwegter Druck gewesen sein muß... Ich darf zusammenfassen: Es geht um Doppelzüngigkeit, es geht um definitive Nachteile, und es geht um ein Konzept in der Schule, daß es Nachteile gab für den, der offen diskutierte oder der etwas diskutierte, was seine Lehrer nicht gleich verstanden oder akzeptieren wollten, gewissermaßen ins gesellschaftliche Aus oder auf lange, komplizierte Umwege delegiert wurde...

Margot Honecker: In dieser Frage liegt natürlich doch ein bißchen, und das tut mir sehr weh, eine Beschuldigung einer großen Anzahl von Lehrern dieses Landes. Das muß ich zurückweisen im Interesse dieser Lehrer. Wenn hier Lehrer falsch gehandelt haben, so ist das nachprüfbar, muß man das prüfen. Wissen Sie, meine Weltanschauung schließt vieles von dem, was Christen an ethischen, moralischen Werten tragen, in sich ein. Ich habe nie, nie mich intolerant gegenüber den Christen verhalten, und ich habe niemanden dazu veranlaßt, sich in einer solchen Weise zu verhalten. Ich darf hier auch mal ganz prinzipiell sagen, daß mein Ministerium unter meiner Leitung stets auch dafür gesorgt hat, daß beispielsweise, wenn solche Dinge hier und da aufgetreten sind, z. B. Pfarrerkinder benachteiligt werden sollten, wir im besten Einvernehmen, nicht im Zusammenwirken mit der Kirche – Kirche und Schule sind ja bekanntlich getrennt –, über das Staatssekretariat für Kirchenfragen solche Ungerechtigkeiten haben verändern lassen. Und wenn Sie die soziale Zusammensetzung, bezogen auf soziale Schichten z. B. der Bevölkerung, sehen, was Zulassungen betrifft in der höheren Schulstufe, so gibt es hier nicht eine Benachteiligung, sondern ich will nicht von Bevorzugung, aber vollständiger Berechtigung und rechtlicher Wahrnehmung einer solchen Möglichkeit also sprechen. Wenn Ihnen solche Beispiele bekannt sind, so muß man sie klären. Aber ich weiß nicht, ob wir sie an diesem Tisch klären können.

Abg. Prof. Schwartze: Mir ist das erstaunliche Phänomen offensichtlich, daß Sie Ihre gute Absicht und Ihre klare Weltanschauung und die darin liegenden ethischen und damit auch persönlichen motivierenden Potenzen mit der gesellschaftlichen Wirklichkeit verwechseln, die Sie angeleitet hatten und zu verantworten. Wir müssen das so deutlich sagen: Die Wirklichkeit war eine vollständig andere.

Margot Honecker: Ich möchte zu dieser Wirklichkeit auch sagen: Bitte vergessen Sie nicht, daß die Wirklichkeit auch die Anlagen sind in diesem Lande, was das Bildungswesen betrifft. Wenn wir nicht über Ideologie streiten wollen – über Ideologie dürfen wir ja streiten als Andersdenkende, jetzt erst recht –, so ist in diesem Lande mit der Errichtung der Grundlagen des Sozialismus, ich als Marxist habe nie die sozialistische Gesellschaft als schon vollendete, wie sie war, betrachtet, was die Errichtung der Grundlagen betrifft, altes Unrecht an den Kindern des Volkes gutgemacht worden, indem das Recht auf Bildung für alle erstmalig mit Beginn der demokratischen Schulreform verwirklicht wurde, ... daß die Eltern ihre Kinder in die Kindergärten bringen konnten, daß diese dort gut behütet aufgewachsen sind, daß in diesem Lande Schulen geschaffen wurden, Lehrer ausgebildet wurden, über deren Ideologie oder Auffassung oder Gesellschaftskonzept man heute streiten kann. Aber die doch dazu geführt haben, daß in diesem Land eine gebildete Jugend herangewachsen ist, mit allen Problemen, die man heute neu sehen und neu bewerten muß. Das darf man bitte nicht streichen, wenn man sich dazu bekennt in allen Parteien und neuen Formierungen, politischen Formierungen in dieser Gesellschaft, daß wir bei der Erneuerung des Sozialismus das, was wir auch immer einzubringen haben an Unterschiedlichkeit, bewahren wollen, was geschaffen wurde, damit nicht alles zugrunde geht.

Abg. Prof. Klemm: Frau Honecker! Uns steht es fern, die große Mehrheit der Lehrer hier zu beschuldigen, daß sie für die Misere unseres Bildungswesens verantwortlich sind. Ich glaube, daß wir das alle in unserem Ausschuß schärfstens zurückweisen und daß wir meinen, daß die Lehrer in ihrer großen Mehrheit eine sehr gute Arbeit geleistet haben und heute nach sehr schwierigen Umständen, nachdem sie das schwierige Erbe, das durch Ihr Ministerium entstanden ist, angetreten haben, auch weiterführen müssen.

Wir haben eine Vielzahl solcher Eingaben hier. Was ist eigentlich mit solchen Lehrern passiert, die beispielsweise noch in den letzten Jahren eine etwas andere Geschichtsauffassung vertreten haben als beispielsweise ihnen durch Ihr Ministerium oder durch die Pädagogi-

sche Akademie vorgegeben war ...? Was ist mit solchen Lehrern geschehen ..., die aus ihrer religiösen Bindung kein Hehl gemacht haben? ... Ich glaube nicht, daß vom Ministerium unter Ihrer Leitung diese Probleme richtig geregelt worden sind, sonst hätten wir nicht so viele Eingaben hier auf dem Tisch.
Margot Honecker: Ich kenne Ihre Eingaben nicht. Kein Geschichtslehrer ist auf Veranlassung des Ministeriums, wenn er eine andere Auffassung zur Geschichte hatte, aus seiner Tätigkeit entfernt worden. Das müßte man nachweisen, das müßte ja nachprüfbar sein. Und auch kein christlicher Lehrer, ich muß sagen, daß ich nicht wenig gute Beziehungen zu christlichen Lehrern hatte und sie angehört habe, ist entfernt worden. Ich betrachte das jetzt als einen Ihnen sicher vorliegenden Fakt, der geprüft werden müßte, aber so insgesamt würde ich diese Unterstellung zurückweisen.
Abg. Prof. Klemm: Ich glaube, daß wir jetzt nicht über Einzelfälle diskutieren sollten. Aber eins möchte ich ganz klar zum Ausdruck bringen: Ich habe das Gefühl, daß wir in unterschiedlichen Welten leben ... Wir sollten zu anderen Komplexen übergehen, die in unseren Eingaben eine Rolle spielen.
Ein großes Problem ... sind die Personalfragen innerhalb der Volksbildung. In welcher Kompetenz lag es, Personalfragen im Ministerium zu entscheiden? Welche Rolle spielte dabei die Zugehörigkeit zu einer Partei oder zu bestimmten Parteien?
Margot Honecker: Die Kaderangelegenheiten oblagen den Gemeinden, den Kreisen, den Bezirken, d. h. den Räten. Die Schuldirektoren wurden ja nach Gesetz von den Volksvertretungen berufen bzw. bestätigt, so daß das nicht dem Ministerium oblag. Was die Mitarbeiter des Ministeriums betrifft, so wurden sie selbstverständlich vom Ministerium bestätigt, ansonsten oblag laut Gesetz über die örtlichen Räte, laut Bildungsgesetz, laut Schulgesetz die Berufung der Kader den örtlichen Volksvertretungen.
Abg. Dr. Toeplitz: Sicher, aber das praktische Ergebnis war – ich kenne die Einschränkung bei Schuldirektoren –, daß es keinen Kreisschulrat und keinen Bezirksschulrat gab, wer auch immer sie berufen hat, der nicht Mitglied der SED war.
Margot Honecker: Wahrscheinlich war das doch geschuldet dem bisherigen Verständnis von der führenden Rolle der Sozialistischen Einheitspartei Deutschlands und kein Ermessen meinerseits...

Abg. Krausch: Wenn dieser Grundsatz für die Berufung von Kadern, insbesondere der Direktoren der Schulen, seit Jahr und Tag so galt, dann gehe ich davon aus, daß das auch der Bezirksschulrätin von Berlin im Jahre 1985 definitiv Handlungsgrundsatz gewesen ist. Insofern muß ich meine Verwunderung äußern, daß, als ich im zweiten Halbjahr 1985 zu dieser Frage aus der Sicht der Liberal-Demokratischen Partei Deutschlands mit der Bezirksschulrätin in Verhandlung stand, sie mir ausdrücklich nachwies, daß die Funktion eines Schuldirektors, insbesondere in der Hauptstadt, nur von einem Mitglied der Sozialistischen Einheitspartei Deutschlands ausgeübt werden könne, und dort, wo im Ausnahmefall noch ein Direktor einer anderen Partei angehört, sei das ein Zugeständnis an die historische Entwicklung, die heute nicht mehr vertretbar sei...

Margot Honecker: Es tut mir furchtbar leid, ich weiß nicht, auf wessen Geheiß meine damalige Schulrätin in Berlin gehandelt hat. Ich weiß nicht, mit wem im Ministerium das abgestimmt worden ist. Es hätte nicht meiner Auffassung entsprochen. Es ging nicht um Anteile dieser oder jener Partei. Für mich war schon damals Sach- und Fachkompetenz entscheidend für die Berufung in solche Funktionen...

Abg. Prof. Klemm: ... Wir möchten im folgenden ein paar Fragen zu den Bedingungen und den Verhältnissen in der Waldsiedlung Wandlitz stellen. Können Sie uns etwas sagen, wie Sie die Versorgungslage in Wandlitz einschätzten? Woher kamen die Waren, welche Preise wurden gezahlt, wer hat sie festgelegt?

Margot Honecker: Ich bitte, daß hier getrennt werden meine Privilegien als Minister und meine Person. Als Minister hätte ich nie – jetzt sage ich – die Pflicht gehabt, in Wandlitz zu wohnen. Insofern steht dieser Gegenstand für mich hier nicht zur Diskussion. Ich mußte in Wandlitz wohnen, oder ich hätte mich von meinem Mann scheiden lassen müssen. Diese Absicht habe ich nie gehabt. Ich habe dort nie gern gewohnt, das muß ich hier ausdrücklich sagen. Ich habe dort nie im Luxus gelebt, wie das verantwortungslos manchmal dargestellt wird. Es gibt sicher luxuriösere Wohnungen als meine Wohnung. Davon hat sich auch der Staatsanwalt überzeugen können. Es liegt übrigens alles bei der Staatsanwaltschaft vor. Ich möchte nicht näher darauf eingehen. Ich habe zwölf Stunden am Tag gearbeitet, ich habe in Wandlitz geschlafen. Wenn ich das Glück hatte, ein freies Wochenende zu haben, habe ich es dort mit meinen Enkelkindern verbracht. Ich habe diese persönliche Belastung als Minister auf mich genommen, das Hin- und Herfahren zu den zwölf Stunden noch dazu.

Abg. Prof. Klemm: War Ihnen bewußt, daß in Wandlitz eine gewisse Sondersituation gegenüber der übrigen Bevölkerung herrschte? Was ist Ihre Meinung dazu?

Margot Honecker: Was heißt Sondersituation? Wissen Sie, ich habe am wenigsten dort eingekauft. Ich habe, was ich für den täglichen Bedarf brauchte, wir sind keine anspruchsvolle Familie, eingekauft, im übrigen habe ich auch in Berlin eingekauft, in der Hauptsache in Berlin. 17.00 Uhr war der Laden dort zu, und da war für mich gar kein Einkauf möglich, das heißt nicht, daß ich dort nicht eingekauft habe...

Abg. Prof. Klemm: Sie wissen, daß es eine riesige Diskussion unter der Bevölkerung gegeben hat über das Problem von persönlichen Geschenken. Sie kennen diese Dinge aus der Presse... Es geht um dieses berühmt-berüchtigte Kollier.

Margot Honecker: Ich muß sagen, das, was hier in unverantwortlicher Weise über die Presse gejagt wird, ich möchte auch sagen, in unverantwortlicher Weise von einer Volkskammerabgeordneten im Beisein der Presse geäußert wurde, ist schlimm. Ich besitze, habe nie ein Brillantkollier besessen, und ich wüßte niemanden, der mich kennt, der Valuta und Dollars hätte, ich habe keine, ich habe ein Sparkonto bei der Sparkasse usw. Mir hätte so etwas niemand geschenkt, der mich kennt, weil er wüßte, daß ich auf solche Dinge nie Wert gelegt habe. Ich besitze kein Grundstück, ich besitze keine Diamanten. Ich besitze Schmuck wie jede Frau. Ich kleide mich, wie man sich anständig kleiden muß. Das habe ich als Dienstkleidung verstanden. Das ist das, was ich über meine Privilegien sagen kann. Aber ich bitte sehr dringlich, daß man diese Sache mit dem Kollier und andere Anschuldigungen, die bis dahin gehen, daß ich mir in Paris hätte die Haare färben lassen, richtigstellt...

Abg. Weißgärber: Sie sagten vorhin, Sie hätten kein Grundstück – wörtlich... Gehe ich recht in der Annahme, daß Sie die Einrichtungen, die Ihrem Mann zugestanden worden sind, beispielsweise Schorfheide und andere, auch nicht genutzt haben?

Margot Honecker: Entschuldigen Sie bitte, was meinen Mann betrifft, würde ich bitten davon auszugehen, daß mein Rechtsverständnis, solange das Ermittlungsverfahren läuft, soweit geht, daß ich keine Aussage mache. Andere hat es überhaupt nicht gegeben in der Schorfheide. Das gibt es schon seit vierzig Jahren, das ist nicht gebaut worden von dem sogenannten Wandlitzobjekt. Und natürlich – ich war kein Jäger, ich habe meinem Mann die Jagd für seine Erholung gegönnt – ich habe dort auch Pilze gesucht und habe dort gekocht, wenn Sie das interessiert, aber ich glaube, es steht jetzt nicht zur Debatte.

**Anhörung von Horst Sindermann
(4. Januar 1990)**

Abg. Dr. Toeplitz: Ich möchte mit Ihrer Tätigkeit als Volkskammerpräsident beginnen. Es ist ja bekannt, daß die FDJ-Fraktion erschienen ist und die Einberufung einer Volkskammertagung verlangt hat. Zweitens hat am 14. Oktober 1989 der größte Teil der Abgeordneten die Einberufung einer Volkskammertagung gefordert. Weshalb haben Sie trotzdem den Zusammentritt der Abgeordneten verhindert?
Horst Sindermann: Bisher war jede Volkskammertagung ein Beschluß des Politbüros, und dem ging voraus die Sitzung des Demokratischen Blocks. Ich habe versucht, eine Volkskammersitzung einzuberufen mit einem Tagungsordnungspunkt, ich hatte das mit Minister Reichelt abgesprochen, weil er gerade von der Konferenz in Sofia zurückgekommen war, mit einem Tagungsordnungspunkt über Umweltschutz. Aber das Politbüro hat diesen meinen Vorschlag nicht bestätigt, so daß ich nicht gegen den Beschluß des Politbüros aufgetreten bin. Das war mein Fehler, weil die Mehrheit der Abgeordneten tatsächlich eine Volkskammersitzung wollte, und die FDJ-Fraktion, mit der ich drei Stunden diskutiert hatte, mir auch nahegelegt hatte, eine Sitzung der Volkskammer einzuberufen. Ich fühle mich schuldig.
Abg. Dr. Toeplitz: Das heißt, Sie haben den Beschluß oder den

Nicht-Beschluß des Politbüros über Ihre verfassungsmäßigen Pflichten gestellt?...

Abg. Prof. Klemm: Ist es so, daß Sie das Anliegen der Volkskammer in der Politbürositzung vertreten haben? Was ist dazu gesagt worden?

Horst Sindermann: Ich hatte mit Genossen Krenz gesprochen, der damals das Politbüro leitete. Er sah keinen Anlaß, eine Tagung einzuberufen. Deswegen hatte ich vorgeschlagen, eine Tagesordnung mit Hans Reichelt zu machen. Er war einverstanden. In Sofia war die RGW-Konferenz über Umweltschutz gewesen, und es war nötig, daß Minister Reichelt einen Bericht gibt. Das ist nicht gestattet worden.

Abg. Krausch: Ist dieses Problem auch im gesamten Präsidium der Volkskammer beraten worden, oder haben Sie persönlich diese Entscheidung getroffen? Darf ich Sie daran erinnern, daß wir eine Information der Volkskammerabgeordneten durchgeführt haben, auf der alle anwesenden Abgeordneten eine dringliche Einberufung der Volkskammer forderten?...

Horst Sindermann: Im Präsidium wurde nur beschlossen, diese Informationstagung durchzuführen. Über die ordentliche Einberufung einer Volkskammertagung ist nicht gesprochen worden, oder besser gesagt, ich habe das nicht auf die Tagesordnung gesetzt.

Abg. Dr. Toeplitz: Und Sie haben das auch nicht auf die Tagesordnung der Präsidiumssitzung nach der Informationsberatung gesetzt?

Horst Sindermann: Nein.

Abg. Prof. Schwartze: War Ihnen bewußt, daß mit jeder Stunde der Nichteinberufung des Hohen Hauses ein direkter Verlust an Ansehen aller Abgeordneten der Volkskammer eintreten mußte als eine politische Konsequenz der Tatsache, daß die höchste politische Instanz sozusagen stumm war und nicht Stellung nahm zu den Bewegungen des Landes? War Ihnen klar, daß diese Konsequenz Ihrer Entscheidung eintrat? Haben Sie trotzdem im Politbüro, das damals schon völlig inkompetent war – wie jeder Bürger weiß und wie wir alle wußten – gefolgt?

Horst Sindermann: Das war mir nicht bewußt, weil ich mich immer an die Parteidisziplin gehalten hatte, ohne Beschluß des Politbüros nichts zu tun.

Abg. Dr. Toeplitz: Ich möchte die Frage von Prof. Schwartze präsisieren. Er hat nicht gefragt, ob Ihnen bewußt war, daß das

Politbüro bereits damals inkompetent war, sondern ob Ihnen bewußt war, daß diese Haltung in der Öffentlichkeit, in der Bevölkerung außerordentlichen Schaden auslösen mußte.

Horst Sindermann: Ich hatte schon vor der Volkskammer, als ich auf die FDJ-Frage antwortete, gesagt, daß ich mir der Tragweite dieser Entscheidung damals nicht bewußt gewesen bin.

Abg. Dr. Toeplitz: Ich möchte eine andere Frage stellen, die auch mit Ihrem Amt im Zusammenhang steht. Sie haben bekanntlich die Parlamentsdelegation der SPD aus dem Bundestag im September 1989 in einer nicht sehr parlamentarischen Form ausgeladen. Können Sie uns das einmal erklären?

Horst Sindermann: Dazu muß ich sagen, damals war ich gar nicht da. Das Politbüro hat entschieden, Mittag leitete es, ohne mich zu fragen. Ich war nicht in Berlin. Die SPD-Delegation ist ausgeladen worden, ohne mich zu fragen. Ich hatte vorher mit der SPD diese Delegation vereinbart ...

Abg. Knöfler: Ich muß noch einmal auf die Bemerkung zur Nichteinberufung der Volkskammertagung zurückkommen. Ist Ihnen wenigstens jetzt bewußt, daß Sie damit der Verdunkelung von Straftaten, wie sie jetzt aufgedeckt werden von unserem Ausschuß oder auch von anderen Gremien, Vorschub geleistet haben, daß Sie dazu beigetragen haben, daß diese Aufdeckung verzögert wurde?

Horst Sindermann: Das war mir nicht bewußt, daß ich damit Straftaten verdecke. Heute ist mir das bewußt, nach der großen Diskussion und nach der Arbeit Ihres Ausschusses.

Abg. Prof. Klemm: Es gibt doch eine Verfassung der DDR, und diese Verfassung legt fest, wenn ein Drittel der Abgeordneten die Einberufung einer Volkskammersitzung fordert, dann muß die Volkskammer unverzüglich zusammentreten. Sie haben damals, als Sie zum Präsidenten der Volkskammer gewählt wurden, den Amtseid geleistet, daß Sie diese Verfassung unbedingt einhalten wollen. Das war im Grunde genommen ein glatter Verfassungsbruch.

Horst Sindermann: Mir war nicht bewußt, daß das ein Verfassungsbruch ist. Ich muß noch einmal betonen: Ich hatte mich an die Beschlüsse des Politbüros gehalten und nie eine Tagung ohne Beschluß des Politbüros einberufen. In diesem Falle bekam ich keinen Beschluß, obwohl ich eine Beschlußvorlage eingereicht hatte, zusammen mit Minister Hans Reichelt ...

Fachberater Rechtsanwalt Worner: Nun die Frage nach 1985, nachdem Gorbatschow unter den Schlagwörtern Perestroika und Glasnost begann. Wenn wir vorher ein Kind der Sowjetunion waren, warum sind wir dann nicht ein Kind der Sowjetunion geblieben, haben das übernommen und gesagt: Wir lernen von ihnen? Warum haben Sie sich denn nicht dafür eingesetzt? Da hätten Sie doch die Möglichkeit gehabt zu sagen: Die Sowjetunion macht das, warum machen wir das nicht?

Horst Sindermann: Glauben Sie nicht, daß solche Diskussionen im Politbüro nicht stattgefunden hätten, auch seit 1988. Wir hatten oft Besuch sowjetischer Genossen und auch von Gorbatschow selber. Da gab es Diskussionen. Aber ich will Ihnen eines sagen. Die schärfsten Vertreter der Perestroika beriefen sich darauf, daß unser Lebensstandard hoch ist.

Fachberater Rechtsanwalt Worner: Wer war denn das?

Horst Sindermann: Der Generalsekretär. Es reicht schon, wenn ich diesen Namen nenne. Ich kann Ihnen versichern, es gab eine Aussprache mit Gorbatschow zum 40. Jahrestag, eine sehr kameradschaftliche Aussprache, in der er uns viele Hinweise gegeben hat und wir ihm zugestimmt haben. Aber der Generalsekretär hat geantwortet, daß das nicht für uns zutrifft. Wir machen eine andere Politik. Wie sind beim Aufbau der Elektronik, ein Megabit, vier Megabit, und dort haben wir uns über die Antwort empört, die Honecker gegeben hat, und haben gesagt, daß das in der nächsten Sitzung des Politbüros ausgewertet wird, daß wir das nicht länger dulden. Aber das war zu spät, einige Jahre zu spät. Auseinandersetzungen darüber hat es im Politbüro selbstverständlich gegeben.

Fachberater Rechtsanwalt Worner: Wenn Sie sagten, daß einer der Gegner war, dann muß ich doch fragen: Waren Sie nicht im Politbüro zehn Mitglieder?

Horst Sindermann: Siebzehn!

Fachberater Rechtsanwalt Worner: Wenn es so viele Mitglieder gibt, die für die Perestroika bzw. Glasnost sind, warum konnten die sich dann nicht gegen den einen durchsetzen? Langsam muß ich zu der Überzeugung kommen, er hat wirklich, wie viele sagen, wie ein Kaiser, wie ein König da oben regiert, das ganze Staatswesen.

Horst Sindermann: Ich hätte eine andere Formulierung. Es hat sich bei uns – ich weiß nicht, ob das richtig ist – eine Art feudalistisches

System herausgebildet. Ich habe nicht von Personenkult gesprochen, das ist etwas anderes. Es war so, daß einer allein Beschlüsse fassen konnte ...

Fachberater Richterin Frau Ewald: Herr Sindermann, gab es irgendwann einmal einen Punkt, und sei es in der kollektiven Meinung oder in der Meinungsbildung nach einer öffentlichen Parteiversammlung, wo man sich einig war, daß das System, wenn es so aufrechterhalten bleibt – ich meine nicht das sozialistische, das mißbraucht wurde, die wirklich guten Ideen der Sozialdemokraten und der Klasse –, gab es irgendwann einmal die Fragestellung: Wenn wir das dulden, diese Machtbefugnis usw. dann schicken wir unser Land an den Rand des Ruins, dann verraten wir im Prinzip den Sozialismus? Gab es diesen Zweifel überhaupt? ...

Horst Sindermann: In dieser Frage nicht. Ich glaube, daß wir vielmehr immer in unserer Diskussion darauf Wert gelegt haben, über das zu sprechen, was wir vorhaben: Wohnungsbauprogramm, Gesundheitsprogramm, Bildungsprogramm. Diese Programme halte ich durchaus für sozialistische Programme. Aber ihre Durchführung wurde administrativ geleitet, und das war der Fehler. Dort mußten wir ändern, aber das haben wir zu spät erkannt.

Abg. Dr. Toeplitz: Auch die völlig einseitige Orientierung der Wirtschaftspolitik sollte nicht mehr zu bestreiten sein, die Schulden der DDR kommen von der mangelnden Exportqualität, die wieder beruht darauf, daß viel zu viel Betriebe heruntergewirtschaftet sind, während die Megabitindustrie Milliarden verbraucht hat.

Horst Sindermann: Das gebe ich zu. Ich war selber Vorsitzender des Ministerrates, wie Sie wissen. Damals war die DDR mit fünf Milliarden Valuta-Mark verschuldet. Das war, als ich als Ministerpräsident abtrat. Das war 1976. Ich habe auf Anraten von Kossygin, der damals Vorsitzender des Ministerrates in der Sowjetunion war, darauf geachtet, daß die Schulden nicht steigen. Aber dieses Problem wurde verheimlicht, und es ist jedesmal, wenn es zur Diskussion kam ...

Abg. Dr. Toeplitz: Auch dem Politbüro verheimlicht?

Horst Sindermann: Auch dem Politbüro! Und wenn es zu Zahlen kam, wurde ein Beschluß gefaßt, daß bei der Ausarbeitung des Planes der Sockel der Auslandsschulden in Valuta-Mark abgebaut werden müsse. Nur der Plan beinhaltete keinen Abbau, sondern eine weitere

Verschuldung. Und das gab Diskussionen, Schürer hat darüber gesprochen, obwohl ich nicht der Meinung bin, daß er als einziger sich gewehrt hat. Wenn er das gemacht hätte, hätte er nicht in der Volkskammer immer den Plan vorgelegt und begründet. Er war ja der Vorsitzende der Plankommission. Wenn er das so begründet hätte, wie er jetzt vor der Volkskammer gesagt hat, hätte er sicher viel Beistand gehabt...

Abg. Bormann: Wann hätte die Wende in unserem Lande stattfinden müssen? Wie würden Sie das einschätzen?

Horst Sindermann: 1985. Dann hätten wir nicht den tiefen Einschnitt gehabt, sondern allmählich hätten wir ändern können. Das ist der Vorwurf, den ich mir selber machen kann, auch die Mitverantwortung trage ich.

Fachberater Rechtsanwalt Worner: Sagen Sie, welchen Einfluß hat das ehemalige Ministerium für Staatssicherheit auf das Politbüro gehabt?

Horst Sindermann: Gar keinen. Auf mich hat es keinen Einfluß gehabt...

Fachberater Richterin Ewald: Ich möchte nun um folgendes bitten, so weit es Ihnen möglich ist: Bisher haben viele hier Angehörte gesagt: Wir waren in der Minderheit, so daß wir, wenn wir die Namen zusammenzählen, sagen, es muß immer eine Mehrheit dagewesen sein, die die fortschrittlichen Gedanken unterdrückt hat, aber noch kraft Mehrheitsbeschluß... Wenn Sie erklären können, welche Personen das sind, dann tun Sie das bitte.

Horst Sindermann: ... Mir geht es darum, daß wir keine Fraktion im Politbüro geduldet haben. Es ist eine Tragik der deutschen Bewegung, daß Fraktionen, wenn sie sich zusammenfanden, mißtrauisch behandelt wurden. Es ging um Detailfragen, um einzelne Beschlüsse. Das ist sehr schwer zu verfolgen. Ich kann nicht sagen, das war der, der, der. Natürlich waren wir das manchmal, manchmal auch nicht. So war das Leben... Es gab regelmäßig Besprechungen zwischen Honecker und Gorbatschow. Der Tenor dieser Ausführungen war immer: Wir halten fest zusammen, wir haben völlige Übereinstimmung. Das wurde auch in der Zeitung gesagt. Das war auch der Bericht, der von diesen Besprechungen gegeben wurde, daß Gorbatschow unserer Politik völlig zugestimmt hatte.

Abg. Singer: Von wem ist beantragt worden, daß der ehemalige

Generalsekretär seinen Rücktritt erklärt? Ist das von Ihnen gekommen?

Horst Sindermann: Das kann ich Ihnen sagen, das war nach der Besprechung, die wir mit Gorbatschow in Niederschönhausen hatten. Dort war die Antwort vom Generalsekretär für uns arrogant.

Abg. Dr. Toeplitz: Die Antwort gegenüber Ausführungen von Gorbatschow?

Horst Sindermann: Dort haben wir uns zusammengesetzt. Jetzt sage ich mal Namen, das waren Stoph, Krenz, Axen und ich. Wir haben gesagt: Jetzt müssen wir Schluß machen. Das ist eine Beleidigung gegen Gorbatschow. Willi Stoph, du stellst morgen im Politbüro die Frage nach der Absetzung... Das war der letzte Anstoß, leider zu spät.

Abg. Dr. Toeplitz: Ich komme zu einer anderen Frage, die uns immer wieder von der Bevölkerung gestellt wird. Hatten Sie irgendwelche Möglichkeiten, Waren im westlichen Ausland zu kaufen, Valutaverfügungskonten oder irgend etwas? Auch nicht als Präsident der Volkskammer?

Horst Sindermann: Nein, ich habe keine Verfügungsgelder bekommen...

Abg. Prof. Klemm: Darf ich die Frage ergänzen. Es gibt eine riesige Diskussion in der Bevölkerung, daß es Valutakonten in anderen Ländern gibt. Können Sie uns etwas dazu sagen?...

Horst Sindermann: Das ist ein großes Märchen. Das war schon, als Ulbricht starb. Da wurde erzählt, daß seine Frau in Schweden ist. Als man sie sah, hat man gesagt, sie hätte ein Konto in der Schweiz.

Abg. Prof. Klemm: Sie können das für sich absolut ablehnen?

Horst Sindermann: Ja...

Fachberater Rechtsanwalt Worner: Herr Sindermann, eine abschließende Frage. Sie haben ja gesagt, daß viele Dinge, die in der Vergangenheit waren, von Ihnen sehr bereut werden, daß Sie der Meinung sind, daß Sie das falsch gemacht haben... Wenn Sie heute Fazit ziehen und sagen: Ich bereue bestimmte Dinge, das mitgemacht zu haben...

Horst Sindermann: Was die Jagd betrifft, so bin ich als Mitglied des Nationalen Verteidigungsrates im Jagdgebiet der Nationalen Volksarmee jagen gegangen und habe nichts in Anspruch genommen, an dem ich mich bereichert hätte.

Fachberater Rechtsanwalt Worner: Also sind Sie der Meinung, daß alles das, was Sie bekommen haben, ob es Wandlitz ist, ob es die Jagd ist oder ob es andere Dinge sind, Sie das alles rechtens bekommen haben und daß nach Ihrer Meinung auch moralisch nicht der Ansatz einer ungerechtfertigten Bereicherung vorliegen könnte bei Ihnen, daß eventuell bei Ihnen der Gedanke entstehen könnte: Ich will zumindestens versuchen, etwas materiell wiedergutzumachen.
Horst Sindermann: Das stand nicht zur Diskussion. Selbstverständlich habe ich das zu dieser Zeit nicht als unmoralisch empfunden.
Fachberater Rechtsanwalt Worner: Und nun heute?
Horst Sindermann: Natürlich, ich habe doch gesagt, daß ich mich verantwortlich für die ganze Politik fühle, selbstverständlich auch für eine übertriebene Privilegienpolitik.
Fachberater Rechtsanwalt Worner: Daraus könnte man auf den Gedanken kommen, daß Sie sich über eine eventuelle materielle Verantwortlichkeit Gedanken gemacht haben.
Horst Sindermann: Wie soll ich das verstehen?
Fachberater Rechtsanwalt Worner: Wissen Sie, ich würde meinen, wenn ich hinterher feststelle, daß ich etwas erhalten habe, wo sich herausstellt, daß ich das nicht ganz gerechtfertigt erhalten habe, dann würde ich doch die Möglichkeit suchen, herauszufinden, wie ich das irgendwie wiedergutmachen kann. Daß ich das nicht alles wiedergutmachen kann, ist klar. Aber ich kann doch zumindest einen Ansatz geben, um es wiedergutzumachen ...
Horst Sindermann: Ich habe schon gesagt, daß ich immer versucht habe, alles zu bezahlen. Ich habe nichts in Anspruch genommen, was eine individuelle Bereicherung war. Ich habe die Miete bezahlt, ich habe die Ware bezahlt.
Abg. Dr. Toeplitz: Sie haben aber die Hausangestellte in Wandlitz nie bezahlt, auch das Benzin für sich und Ihre Söhne nicht.
Horst Sindermann: Wenn ich Urlaub gemacht habe, habe ich selbstverständlich bezahlt.
Abg. Dr. Toeplitz: Die Urlaubsreise, ja, aber jeder andere Bürger muß auch seine Autoreise bezahlen. – Gibt es noch Bemerkungen? ...
Horst Sindermann: Ich möchte die Bemerkung machen, daß ich mich voll verantwortlich fühle für die Politik, die durchgeführt worden ist, und daß ich heute auch einsehe, daß die Privilegien, die wir uns angemaßt hatten, in keinem Verhältnis zu unserer marxi-

stisch-leninistischen Politik standen. Daß bei uns eine nationale Überheblichkeit gegenüber anderen sozialistischen Ländern entstehen konnte, die wir als Kommunisten nie hätten dulden dürfen, macht mir die meisten Sorgen. Damit bin ich noch nicht fertig. Denn jetzt habe ich viel Zeit, über alles nachzudenken und alles tiefgründiger zu erforschen. Das ist ein sehr schwieriger Prozeß.

**Anhörung von Kurt Hager
(4. Januar 1990)**

Abg. Dr. Toeplitz: ... Was war Ihnen in Ihren Parteifunktionen unterstellt, ich meine insoweit, daß Sie Weisungsrecht hatten?
Kurt Hager: Zu unterschiedlichen Zeiten Verschiedenes. In letzter Zeit waren mir unterstellt Kultur, der Bereich Volksbildung, der Bereich Gesundheitswesen, der Bereich Wissenschaften, die Institute der SED, d.h. die Akademie für Gesellschaftswissenschaften, die Parteihochschule, das Institut für Marxismus/Leninismus, der Dietz Verlag. Ich war Leiter von zwei Kommissionen, erstens der Kulturkommission des Politbüros des ZK der SED, der eine größere Anzahl von Künstlern und Vertretern kultureller Einrichtungen angehörten, und zweitens der Kommission der Leiter der gesellschaftswissenschaftlichen Institute. In dieser Kommission waren außer den von mir genannten Instituten auch vertreten die Akademie für Staat und Recht oder die Universitäten und Hochschulen sowie andere Institute.
Abg. Dr. Toeplitz: ... In welchem Umfang haben Sie Einfluß auf Publikationen und künstlerische Veranstaltungen genommen oder konnten Sie nehmen, und auf welchen Grundlagen beruhte das?
Kurt Hager: Ich habe nur dann Einfluß genommen auf Publikationen, wenn bestimmte Fragen an mich herangetragen wurden. Ich

habe z. B. nicht die Themenpläne der Verlage bestätigt. Das geschah alles im Ministerium für Kultur in der Hauptverwaltung Verlagswesen. Wenn aber im Ministerium für Kultur irgendeine Frage auftauchte, die man beraten wollte, so hat man das mit mir gemacht, d. h. der Leiter der Hauptverwaltung hat das gemacht.

Abg. Dr. Toeplitz: Künstlerische Veranstaltungen?

Kurt Hager: Künstlerische Veranstaltungen sind, soweit sie Gastspiele in der Bundesrepublik und Westberlin oder im Ausland betrafen, von der Künstleragentur organisiert, vom Ministerium für Kultur bestätigt und mir zur Kenntnis gegeben worden.

Abg. Dr. Toeplitz: Nicht zur Bestätigung?

Kurt Hager: Ja doch, ich habe »einverstanden« daraufgeschrieben. Es gibt in den letzten Jahren nicht ein einziges Beispiel, wo ich nicht »einverstanden« daraufgeschrieben hätte.

Abg. Dr. Toeplitz: Können Sie uns sagen: Wer hat den *Sputnik* verboten?

Kurt Hager: Wer den *Sputnik* verboten hat? Daß es der Postminister nicht war, ist inzwischen bekannt. Ich muß Ihnen sagen, so leid es mir tut, daß ich das Verbot des *Sputnik* aus dem *ND* erfahren habe. Das heißt, es hat der damalige Generalsekretär gemacht.

Abg. Dr. Toeplitz: Jetzt eine andere Frage. Es sind eine Reihe von Schriftstellern in ihrem Schaffen beschränkt worden, und ein Teil von ihnen hat die DDR verlassen. Ich möchte einmal einige Namen nennen: Rainer Kunze, Sarah Kirsch, Günter Kunert, Peter Huchel, Jurek Becker. Stefan Heym hat die DDR nicht verlassen, aber er hat auch Probleme gehabt mit seinem Schaffen. Was liegt Ihrer Meinung nach dem zugrunde? Wer hat das entschieden? Wer hat die Beschränkung festgelegt, das Nichterscheinen der Bücher und all diese Fragen?

Kurt Hager: Zugrunde liegen sicherlich politische Differenzen, die zu bestimmten Zeiten bestanden, wobei ich die Liste, die Sie gerade genannt haben, etwas präzisieren möchte. Günter Kunert beispielsweise ist weiterhin Angehöriger der DDR. Er lebt mit einem Visum, das ihm ausgestellt wurde und das immer wieder erneuert worden ist, in den letzten Jahren in der Bundesrepublik. Jurek Becker lebt mit einem DDR-Visum in Berlin.

Abg. Dr. Toeplitz: Es geht mir nicht um die Visa. Sie sind ja auch nicht ausgebürgert worden. Das wäre eine andere Frage. Es geht darum, daß sie den Wunsch gehabt haben, außerhalb der DDR zu leben, weil sie in ihrem Schaffen beschränkt wurden. Wer war dafür verantwortlich?

Kurt Hager: Verantwortlich war z. B., um Kunert zu nennen, daß eine Auseinandersetzung, die zwischen Kunert und dem damaligen Vertreter der Literaturwissenschaften, Prof. Hans Koch, stattfand. Hans Koch hat über Kunert geschrieben. Kunert hat eine Antwort erteilt, aber diese Antwort ist nicht veröffentlicht worden, und darauf ist Kunert zu dem Schluß gekommen, daß er hier nicht weiter arbeiten könnte, wobei ich persönlich mit ihm lange diskutiert habe, um ihn daran zu hindern, die DDR zu verlassen. Aber, wie gesagt, es war eine Auseinandersetzung, die sich im Bereich der Literatur, der Auffassungen zu Literaturproblemen, Literaturwissenschaften, aber auch zu gesellschaftlichen Problemen vollzogen hat.

Abg. Dr. Toeplitz: Der genannte – er lebt ja nicht mehr – Vertreter der Literaturwissenschaften, Koch, war Leiter des Lehrstuhls in der Akademie für Gesellschaftswissenschaften des ZK. Es gibt in den einzelnen Fällen unterschiedliche Varianten, aber es gibt doch, Herr Hager, eine Linie, die eben ... sich gegen aufmüpfige Schriftsteller richtet, so daß man sie, sei es über Prof. Koch, der Parteiangestellter war, oder auf anderem Wege attackierte, daß man ihnen das Leben schwergemacht hat, daß bestimmte Publikationen von ihnen nicht mehr in der DDR gedruckt wurden. Das ist nicht eine Ansiedlung von Zufälligkeiten.

Kurt Hager: Aber es ist auch nicht so, daß man alle Fälle dieser Art über einen Leisten schlagen kann. Jeder hat seine besondere Eigenart und Geschichte. Natürlich hängt das mit der gesamten politischen Orientierung zusammen, die besonders in den sechziger Jahren herrschte. Dann kam das 6. Plenum des Zentralkomitees zu Fragen der Kultur, das sehr große positive Resonanz fand, und danach kamen eine Reihe von Schwierigkeiten, Auseinandersetzungen mit Schriftstellern, Künstlern in ihren Verbänden und in der Öffentlichkeit, und einige haben die DDR dann endgültig verlassen ... Wenn Sie nach den Ursachen fragen, so muß man sagen: Das war ein Ausdruck der – wenn Sie wollen – damaligen gesamtpolitischen und kulturpolitischen Orientierung, die, im heutigen Lichte betrachtet, eine gewisse Engherzigkeit oftmals zeigte, aber nicht in allen Fällen und auch nicht als generelle Linie ...

Abg. Dr. Toeplitz: Wer hat denn die Grenzen gezogen, was »gegen die Gesellschaftsordnung gerichtet« war?

Kurt Hager: Die Grenze ist gezogen worden durch die gesamtpolitische Orientierung, durch die Beschlüsse, die gefaßt worden sind, beispielsweise in den Jahren seit dem VIII. Parteitag...

Abg. Dr. Krautzig: Sie haben gesagt, daß die gesamtgesellschaftliche Orientierung die Grenzen gezogen habe. Die Grenze, gegeben durch die gesamtgesellschaftliche Orientierung, bedeutet ja – und das sagen Sie auch –, daß 1972 auf dem ZK-Plenum die Kulturpolitik der weiteren Jahre bestimmt und festgelegt wurde. Nun sind Sie ja im ZK der Verantwortliche auf dem Gebiet der Kultur gewesen. Also haben Sie ganz persönlich sicherlich doch diese Orientierung und damit diese Grenzen gegeben.

Kurt Hager: Erstens habe ich, wenn ich das 6. Plenum als eine Zäsur nehme, auf diesem Plenum die Rede gehalten, und die Konzeption, die dort vertreten wurde, war und ist meine kulturpolitische Konzeption. Es ist eine sehr breite Konzeption. Aber ich bin nicht der einzige gewesen, der sich auf kulturellem Gebiet betätigt hat, und ich war auch nicht der einzigste, der sich zu kulturellen Fragen geäußert hat. Es gab Leute, denen dieser Kurs der 6. Tagung des Zentralkomitees viel zu weit ging, viel zu offen war, weil er nämlich unter anderem neben den Anhängern des sozialistischen Realismus all denen Möglichkeiten bot, die auf einer humanistischen, demokratischen Position standen, die den Sozialismus bejahten. Er bot ihnen die Möglichkeit, sich künstlerisch und kulturpolitisch zu betätigen. Dagegen gab es starke Widerstände. Zum anderen gab es auch eine entgegengesetzte Strömung, die davon ausging, daß man jetzt gewissermaßen alle Türen öffnen könnte, für alle Ideologien. Das war allerdings nicht im Sinne der damals betriebenen Politik von Partei und Regierung.

Abg. Dr. Toeplitz: Sie sagen Partei und Regierung. Das ist mir etwas vereinfacht: die Politik der Partei, und da hatte sich die Regierung danach zu richten; denn das 6. Plenum war ja kein Plenum der Regierung, sondern ein Plenum des Zentralkomitees.

Kurt Hager: Wenn man den Versuch macht, solche großen gesellschaftlichen Prozesse, wie sie sich beispielsweise auf dem Gebiet der Kultur abspielen, in denen ja viele Tausende Menschen mitwirken und viel Tausende Institutionen, gewissermaßen auf das Handeln oder Versagen oder Fehlverhalten eines einzelnen zu konzentrieren, dann halte ich das für nicht akzeptabel.

Natürlich hat das Ministerium für Kultur, der Minister und seine Mitarbeiter, eine eigenständige Rolle gespielt, viele Entscheidungen getroffen, aber eben im Sinne der beschlossenen und geltenden Kulturpolitik. Heute könnte man sagen: Die Verflechtung zwischen Staat und Partei war zu eng. Ich würde sie heute in dieser Form überhaupt nicht mehr annehmen. Aber damals war sie das Übliche, die Methode...

Abg. Prof. Klemm: Sie haben gesagt, daß Sie den Exodus von vielen Schauspielern und Schriftstellern nicht erklären könnten, daß Sie mit ihnen gesprochen haben und den Grund nicht nennen könnten und der Grund Ihnen relativ unerklärlich ist... Sie wissen selber, daß ein solcher Exodus mit dem Fall Biermann im Zusammenhang stand und daß es eine Protesterklärung vieler Kulturschaffender gegeben hat... Warum haben Sie von Ihrer Seite damals nichts getan, so daß es zu diesem Massenexodus gekommen ist?

Kurt Hager: Wissen Sie, im Lichte der heutigen Erkenntnis und Vorgänge sieht natürlich vieles anders aus, als es sich damals ereignet hat. Deshalb hatte ich vorhin gesagt: Man muß doch die konkrete historische Situation dieses Landes in einem gegebenen Augenblick betrachten. Nach der Ausbürgerung Biermanns gab es diese Proteste. Die Proteste haben zum Teil im Schriftstellerverband ihren Reflex gefunden, in entsprechenden Auseinandersetzungen, die heute wieder geregelt sind. Sie können – wie man das in jüngster Zeit formuliert hat – das auf eine bürokratisch-administrative Verhaltensweise zurückführen...

Abg. Dr. Toeplitz: Vielleicht noch eine Bemerkung zu Biermann: An sich ist doch dieser Vorgang eine ganz ungewöhnliche Sache, daß ein Bürger eines Landes, während er sich im Ausland befindet, ausgebürgert wird. Das muß doch zentral entschieden worden sein.

Kurt Hager: Das ist sicherlich ungewöhnlich, hing aber damit zusammen, daß Biermann sich zu jener Zeit als einer der aktivsten Oppositionellen profiliert hatte.

Abg. Dr. Toeplitz: Aber die Aberkennung der Staatsbürgerschaft ist doch etwas, was man den Nazis nachgemacht hat. Herr Hager, ich brauche Ihnen das nicht zu beschreiben. Sie kennen Ihr eigenes Schicksal.

Kurt Hager: Ich kenne mein eigenes Schicksal, und im Nachhinein betrachtet war diese Ausbürgerung falsch, obwohl ich zugleich sagen möchte: Biermann wäre sicher ein Bannerträger einer oppositionellen Aktivität gewesen, aber die Entscheidung war mehr oder weniger aus der Situation heraus, ad hoc getroffen worden. Heute würde ich sagen: Man hätte sie besser nicht getroffen.

Abg. Knöfler: Herr Hager, Sie versuchen verschiedene Sachen damit zu entschuldigen, daß sich das aus der konkreten historischen Situation ergeben habe. Nun entsteht aber eine konkrete historische Situation nicht von selbst, sondern sie wird ja von Menschen geschaffen. Und da Sie Verantwortlicher für die Kulturpolitik in unserer Republik waren, haben Sie ja meiner Meinung nach wesentlich dazu beigetragen, diese konkrete historische Situation zu schaffen, aus der sich dann auch solche oppositionellen Leute wie Biermann entwickelt haben. Würden Sie dazu bitte einmal Stellung nehmen?

Kurt Hager: Erstens habe ich gar nicht die Absicht, irgendetwas zu verkleinern oder zu entschuldigen. Natürlich hat es auch von meiner Seite im Verlaufe der Jahrzehnte, in denen ich verantwortliche Arbeit durchführte, Fehler gegeben, Fehlentscheidungen gegeben. Die zweite Seite allerdings ist die: Wenn ich von der konkreten historischen Situation spreche, so meine ich, daß eben alle Entscheidungen in einem bestimmten Zusammenhang mit der Lage in der DDR standen, mit der Lage um die DDR herum, mit dem damals sehr starken Kalten Krieg usw. und vieles sich daraus erklären läßt. Ich war verantwortlich für das, was von unserer Partei beschlossen worden war, getragen offensichtlich auch im hohen Maße vom Block der demokratischen Parteien und Massenorganisationen, von der Politik der Regierung. Ich werde irgendwelche Fehler, die ich gemacht habe, nicht verkleinern oder entschuldigen. Aber ich werde zu gleicher Zeit auch sagen: Wenn Sie jetzt das als Hauptthema gewählt haben: Wer hat die DDR verlassen? – dann muß ich sagen: Auf der anderen Seite steht aber auch im Konto ein Haben von beachtlicher Größe in bezug auf die Entwicklung der Kultur in der DDR in diesen Jahren und Jahrzehnten. Man kann nicht einfach Jahrzehnte auslöschen, als ob sie nicht gewesen wären und als ob es in dieser Zeit keine kulturellen Leistungen gegeben hätte.

Abg. Dr. Toeplitz: Ich möchte sagen: Erstens will niemand diese Jahre und die positive Seite auslöschen. Zweitens ist die Frage nach dem Verlassen der DDR nicht unser Hauptthema, sondern es geht darum, gewissermaßen die politische Situation transparent zu machen, die zu solchen nicht seltenen Ereignissen geführt hat.

Abg. Prof. Klemm: Es wird niemand bestreiten, daß in den letzten Jahren eine ganze Menge kulturell-wissenschaftlich, bildungsmäßig in der DDR passiert ist. Aber wir stehen vor der ganz komplizierten Frage, ob die enormen Potenzen oder Möglichkeiten, die diese Gesellschaft geboten hat, voll oder nur annähernd genutzt worden sind. Und wenn ich hier – das mag eine Auffassungssache sein – einen Strich unter diese Bilanz ziehe, dann möchte ich sagen, daß diese Bilanz relativ schlecht ausfällt, weil die Institution, der Sie vorgestanden haben, maßgeblich diese künstlerische Entwicklung, die wissenschaftliche und auch die bildungsmäßige Entwicklung eingeschränkt hat. Wir hätten bedeutend mehr erreichen können und ständen heute nicht vor dem Scherbenhaufen, vor dem wir heute teilweise stehen. Das vielleicht als eine Entgegnung...

Abg. Weißgärber: Ich möchte eine Frage stellen, Herr Hager, die auch allgemeiner Natur ist, die uns aber, glaube ich, alle hier berührt. Sie geben mir doch sicher recht, wenn ich sage, daß ein Sekretär im Zentralkomitee wie jeder Sekretär auch einer anderen Partei, wie jeder Vorgesetzte überhaupt oder jeder Leiter die volle Verantwortung trug und trägt für das, was in seinen untergeordneten Abteilungen, Sektoren, Instituten usw. passiert. Aber Sie haben bei allen Fragen, die hier sehr wohl aus der Sicht der Geschichte gestellt wurden und von denen wir eigentlich erwartet hätten, daß sie aus der heutigen Sicht beantwortet werden, immer nur argumentiert: Man hat und man... Konkret wurde auch mal gefragt: Wer ist »man«? Wären Sie denn nicht bereit, aus heutiger Sicht hier vor dem Ausschuß verbindlich zu erklären, wenn auch nicht in allen Fragen, für die Sie als Mitglied des Politbüros Verantwortung trugen, zu sagen: Jawohl, ich habe das zu verantworten, und dazu stehe ich...

Kurt Hager: Ich halte mich verantwortlich, bin mitverantwortlich für alles, was geschehen ist, ob ich es im einzelnen beschlossen oder nicht beschlossen habe, ist dabei völlig uninteressant. Ich gehörte der politischen Führung unseres Landes an und trage die Mitverantwortung für alle Entscheidungen, die getroffen worden sind. Dabei sind aber nicht alle Entscheidungen, die getroffen wurden – und das muß man mir schon zubilligen –, schlechte Entscheidungen gewesen. Es gab auch Entscheidungen, die den Interessen der Bürger gedient haben, die dem Wohl der Bürger gedient haben, die uns auch international einen guten Namen gebracht haben. Aber wenn wir von der vollen Verantwortung sprechen, so bin ich selbstverständlich voll verantwortlich, für die Gesamtpolitik mitverantwortlich, egal, ob sie Wirtschaftspolitik oder Außenpolitik ist oder ob sie Volksbildungspolitik ist. Ich bin im Spezifischen voll verantwortlich für die Bereiche, die ich hier genannt habe. Ich bin aber, ich glaube, das wird man mir abnehmen, nicht verantwortlich für die Haltung jedes einzelnen Klubhausleiters oder Verlagsdirektors und so weiter. Das wäre doch wirklich eine sehr schematische Darstellung. Nein, die Grundlinie ist von mir vertreten worden als die Linie, die auf dem VIII. Parteitag der SED beschlossen worden ist, die im Programm der SED 1979 niedergelegt ist, die auf den übrigen Parteitagen beschlossen wurde bis zum XI. Parteitag. Und ich muß die Konsequenzen tragen für die Fehler, die dabei gemacht worden sind, für die großen Versäumnisse, für die Tatsache, daß wir viel zu spät erkannt haben, welche Veränderungen in der Gesellschaft notwendig wären. Für alles das trage ich die volle Verantwortung und habe in keiner meiner Äußerungen in den letzten Wochen und Monaten irgendwie die Schuld abgeschoben oder abschieben wollen auf irgend jemand anderes.

Abg. Dr. Toeplitz: In dem Zusammenhang, Herr Hager, eine Frage, die doch auch die Bevölkerung sehr beschäftigt hat. Ich meine den Stand ab 1985. Anders ausgedrückt: Wer hat Sie bewogen, sich im Grunde genommen gegen die Erneuerung in der UdSSR auszusprechen?...

Kurt Hager: Erstens war ich Gastdelegierter auf dem XXVII. Parteitag der KPdSU, auf dem in der Sowjetunion die Umgestaltung begonnen wurde. Nach der Rückkehr aus der Sowjetunion habe ich in der *Einheit* einen Artikel veröffentlicht, unmittelbar danach, unter der Überschrift »Eine historische Wende« und habe dargelegt, daß ich die Ereignisse in der Sowjetunion als Ereignisse betrachte, die von grundlegender Bedeutung für die Entwicklung des Sozialismus und für den Frieden in der Welt sind. Selbstverständlich gibt es keine meiner Reden oder Äußerungen seitdem, in denen ich nicht ausdrücklich für das Einverständnis und die Unterstützung für die Prozesse in der Sowjetunion unterstrichen hätte. Niemand kann mir das beweisen. Der Ausspruch, auf den Sie sich beziehen, ist im

Rahmen eines Interviews mit der westdeutschen Zeitschrift *Stern* getroffen. Bevor dieser Ausspruch überhaupt getan wurde, werden Ausführungen über die große Bedeutung der Umgestaltung in der Sowjetunion gemacht. Wir haben Ausführungen gemacht über unsere Verbundenheit mit der Sowjetunion, und dann wird gesagt, daß wir natürlich nicht kopieren, was in der Sowjetunion geschieht, weil es nicht möglich ist, daß ein anderes Land einfach schematisch übernimmt, was in einem bestimmten Land geschieht. Das ist eine alte marxistisch-leninistische theoretische Erkenntnis, die ich mit einem unglückseligen Beispiel zum Ausdruck gebracht habe. Dieses Beispiel wurde ausgelegt nicht als ein Hinweis darauf, daß wir unsere Wege suchen müssen, sondern als ein Hinweis darauf, daß wir uns von der Sowjetunion angeblich abgrenzen. In Wirklichkeit haben wir uns ja nicht abgegrenzt von der Sowjetunion... Aber das Beispiel, das ich gebraucht habe, war ein unglückliches Beispiel. Es hat einen falschen Eindruck erweckt, und es war vor allem deshalb unglücklich, weil wir nicht unmittelbar die Schlußfolgerung gezogen haben: Welche Reformen, welche Umgestaltungen sind nun bei uns unter unseren Bedingungen möglich? Das betrachte ich als den Hauptfehler...

Abg. Dr. Toeplitz: Eine ganz andere Frage. Jetzt spielt der Name Robert Havemann wieder eine große Rolle. Weshalb wurde Robert Havemann Repressalien ausgesetzt, unter Hausarrest gestellt. Zeitweise gab es ähnliche Entscheidungen mit Stefan Heym. Die hat er in seiner Autobiographie beschrieben. Das waren Kulturschaffende. Was gab es für Festlegungen, solche durchzuführen?

Kurt Hager: Der Ausgangspunkt der Auseinandersetzungen mit Havemann waren seine Vorlesungen an der Humboldt-Universität über Dialektik ohne Demagogie und eine große politische Auseinandersetzung im Rahmen der Parteiorganisation, der Havemann damals angehörte. Diese Auseinandersetzung habe ich maßgebend geführt, auch in einer besonderen Sitzung, die Havemann in seinem Buch »Der Chemiker der Humboldt-Universität« schildert, in dem es schließlich darum ging, daß ich gesagt habe: Wenn Du alles besser weißt, hier hast Du die Schlüssel zu meinem Büro, übernimm. Er schrieb dann später in seinem Buch, daß er leider diese Chance nicht genutzt habe. Nun gut, danach kamen Aktivitäten von Herrn Havemann, die nicht mehr mit meinem Bereich in irgendeinem Zusammenhang stehen. Das sind Probleme der Sicherheit bzw. des Ministeriums für Staatssicherheit gewesen, die auf Grund einer Einschätzung der Aktivitäten Havemanns als Konterrevolutionär getroffen worden sind.

Abg. Dr. Toeplitz: Was waren das für Aktivitäten – Westinterview oder?

Kurt Hager: Enge Verbindungen mit westlichen Organisationen, mit westlichen Kräften.

Abg. Prof. Klemm: Sie waren damals Mitglied des Lehrkörpers an der Humboldt-Universität. Ich weiß nicht, ob es jetzt noch so ist?

Kurt Hager: Nein.

Abg. Dr. Toeplitz: Das heißt, es waren bei Havemann zwei Komplexe. Der eine war die Auseinandersetzung an der Humboldt-Universität. Hat er dadurch seinen Lehrstuhl verloren?

Kurt Hager: Meines Wissens ja.

Abg. Prof. Klemm: Er hat den Lehrstuhl verloren. Es hat der wissenschaftliche Meinungsstreit begonnen.

Kurt Hager: Es begann mit einem wissenschaftlichen Meinungsstreit und führte zu einem politischen Gegensatz, der dazu führte, der damit endete, daß Havemann aus der SED ausgeschlossen wurde und aus verschiedenen gesellschaftlichen Positionen entfernt wurde. Dann kamen Aktivitäten, die ich im einzelnen nicht rekapitulieren kann, die zu Maßnahmen geführt haben, die von der Sicherheitsseite aus gegen ihn ergriffen worden sind. Ihre Gesetzlichkeit oder Rechtmäßigkeit kann ich schlecht beurteilen.

Abg. Dr. Toeplitz: Das ist ganz einfach zu beurteilen. Sie waren ohne jede Rechtsgrundlage.

Abg. Prof. Klemm: Es ist ein rein menschliches Problem. Ich möchte noch einmal darauf zurückkommen. Es geht mir einfach um die menschliche Seite, um die Form der Toleranz, der Selbständigkeit des Menschen. Sie waren ein einflußreicher Mann in Ihrem Apparat. Es hätte praktisch nur eines Wortes bedurft, daß diese Form zumindest gewahrt bleibt. Er ist in einer Form in Sicherheitsverwahrung genommen worden, die jeder Gesetzlichkeit, jeder Form des menschlichen Zusammenlebens gerade in einem sozialistischen Staat Hohn spricht. Ich betone das deswegen ausdrücklich und hätte gerne Ihre Meinung dazu gehört, ob nicht die Möglichkeit bestanden hätte, dort über Verbindungen, die Sie mit Sicherheit gehabt haben, in dieses Problem ein bißchen einzugreifen. Es geht uns nicht darum, ein altes Unrecht wieder durch ein neues gutzumachen – das wäre der größte Unsinn, den man von diesem Ausschuß verlangen könnte – oder Gleiches mit Gleichem zu vergelten ... Hätte nicht die Möglichkeit bestanden, dort vernünftig und sachlich diese völlig ungerechtfertigten Maßnahmen zu stoppen? So einflußreich, schätze ich ein, sind Sie damals gewesen.

Kurt Hager: Nein, so einflußreich war ich nicht. Sie dürfen nicht vergessen: Ich gehörte einem Kollektiv an, und in einem Kollektiv ist es gewöhnlich so, daß es bei bestimmten Fragen Mehrheiten und Minderheiten gibt. Das heißt, wenn die Mehrheit anderer Auffassung ist, wird sich die Minderheit fügen. Ich könnte mir heute den Vorwurf machen – ich war oft bei der Minderheit, sehr oft, aber das spielt hier doch gar keine Rolle. Ich habe das vorhin schon gesagt, daß ich die volle Verantwortung für alles trage und nicht differenzieren will zwischen: Ich habe das gesagt oder jenes schon vorher gewußt! Und: Der hat das getan usw. das mache ich nicht. Wenn ich Stellung genommen habe, dann habe ich ganz offensichtlich die Berechtigung dieser Maßnahmen anerkannt, habe sie anerkannt auf Grund der herrschenden Sicherheitskonzeption und Disziplin. Sie dürfen meinen Entwicklungsgang als Ganzes nicht vergessen.

Abg. Prof. Klemm: Das ist ja das Problematische, weil der Entwicklungsgang von Herrn Havemann ähnlich ist wie Ihrer.

Kurt Hager: Wir waren teilweise gute Freunde ...

Abg. Prof. Klemm: ... Eine nächste Frage, die wir Ihnen stellen müssen, betrifft den Einkauf in Wandlitz. Können Sie etwas sagen, in welchem Umfange Sie in Wandlitz im Sondergeschäft eingekauft haben?

Kurt Hager: Wenn man in einem Ort dreißig Jahre lebt – und es sind jetzt schon fast dreißig Jahre – und einen Laden zum Einkaufen hat, dann kauft man das, was es in dem Laden gibt und was man benötigt. Ich habe natürlich dort eingekauft, was man normalerweise zum Leben brauchte, aber auch Dinge, die mir wichtig waren, beispielsweise zur Befriedigung meiner kulturellen Bedürfnisse. Ich habe sicherlich im Laufe der Jahre – das kann ich nicht zusammenrechnen, es ist unmöglich, ich habe es nicht aufgelistet – viel dort ausgegeben. Aber, wie gesagt, es ist der einzige Laden, in dem ich oder meine Familie kaufen konnte. Ich habe im Zentralkomitee keine Chance gehabt, etwas zu kaufen. Da gab es zwar einen Laden, aber nicht in dieser Art. Ich hatte auch keine Zeit. Ich halte das für ganz normal, daß ich in einem Laden dort kaufe, wo ich wohne.

Wenn ich heute das Leben neu beginnen könnte, sage ich Ihnen ganz offen, würde ich so weitermachen, wie ich bis zu meinem 50. Lebensjahr gelebt habe. Da habe ich nämlich unter den normalen, aber auch unter äußerst anormalen Bedingungen gelebt. Ich würde nicht mehr in ein solches Objekt ziehen, weit weg von der Stadt, unter Sonderbedingungen. Ich würde aber auch empfehlen, daß man nicht sagt: Es war ein Schlaraffenland – wie ich das gelesen habe. Wir haben nicht unterm Baum gelegen und die gebratenen Tauben auf uns zufliegen lassen. Immerhin habe ich während dieser Zeit auch gearbeitet, und die Arbeitszeit war nicht gerade ein Achtstundentag. Es ist aber nicht so, daß man nun in Wandlitz seinen ganzen Tag verbracht hätte oder übermäßige Vorteile gehabt hätte. Gut – es ist ein neues Schwimmbad dort, es ist der Laden gewesen, der Laden hat Angebote gemacht, und man hat diese Angebote genutzt. Nachträglich stellt sich heraus, daß hier offensichtlich Unregelmäßigkeiten geschehen sind.

Abg. Dr. Toeplitz: Ich weiß nicht, ob Sie das mit Unregelmäßigkeiten meinen: Es stellte sich heraus, daß dort Importe, Westwaren, die es sonst nirgends gab, zu unheimlich billigen Preisen verkauft worden sind. Das ist alles von der Revision festgestellt worden: 1 DM Valutagroßhandelspreis ist gleich 1,25 oder 1,50 Mark. Das heißt, daß diese Dinge unheimlich billig verkauft wurden. Das waren keine gebratene Tauben, aber eine enorme Bevorzugung.

Kurt Hager: Sicher, es zeigt sich heute ganz deutlich, daß es eine ganz enorme Bevorzugung war ...

Abg. Prof. Klemm: Ich muß doch noch einige Bemerkungen machen, Herr Hager. Sie sagten, daß Sie sehr stark arbeitsmäßig belastet gewesen sind. Ich glaube, daß das für die große Mehrheit unserer Bevölkerung gilt, daß sie sich ihr Brot hart und mühsam erarbeiten mußte. Trotzdem gibt es einen wesentlichen Unterschied zwischen der Waldsiedlung Wandlitz und allen übrigen Städten. Wir wissen – und das müßten Sie auch wissen –, daß das Geschäft ganz anders ausgestattet war als die üblichen Geschäfte. Wann sind Sie das letzte Mal in einem normalen Geschäft oder einem normalen Exquisitgeschäft außerhalb von Wandlitz gewesen? In den letzten Jahren? Dann könnten Sie sofort vergleichen, was den Unterschied zwischen diesen beiden Geschäften ausmachte.

Kurt Hager: Sicher, auf der anderen Seite muß ich aber auch sagen, in Wandlitz wohnte immerhin die Partei- und Staatsführung. Und soweit mir die Gepflogenheiten anderer Länder bekannt sind – ich will nicht als Paradebeispiel England nennen –, gibt es für die Partei- und Staatsführung bestimmte Regelungen. Es gibt, wie soll ich sagen, nicht Bedingungen, die überschwenglich sind, aber ein Staatsoberhaupt oder Mitglieder einer Regierung haben in den anderen Ländern auch ihre besonderen Vorrechte. Das ist nun einmal so. Das ist nicht meine Erfindung.

Abg. Prof. Klemm: Aber sie haben keine besonderen Preise.

Kurt Hager: Dann müßten Sie bei jedem voraussetzen, daß er eine Preiskalkulation vornehmen kann für sich, daß er sagen kann: Das ist zu billig oder das ist zu teuer.

Abg. Dr. Toeplitz: Ich möchte zu diesen Vergleichen etwas sagen. Mir scheint, das ist einer der Punkte, die unsere Bevölkerung nicht versteht, daß sich die Mitglieder der früheren Parteiführung mit den möglichen Rechten und Privilegien von Kapitalisten und Feudalherren ausgestattet haben, daß sie sich mit ihnen vergleichen. Das ist es, was die Bevölkerung nicht akzeptiert ...

Sie sind kein Jäger, ich weiß das. Aber Sie wissen, was in den Jagdrevieren passiert ist. Das sind an sich feudale Gewohnheiten. Und das zusammen mit der Verkündung sozialistischer Losungen empfindet die Bevölkerung – und empfinden auch wir – als derart unmoralisch, daß das einer der Gründe für die ganze Empörung ist.

Kurt Hager: Das ist mir auch vollkommen verständlich. Ich kann das wohl mitfühlen, daß eine solche Empörung besteht. Deshalb sagte ich ja auch vorhin: Wenn ich es noch einmal zu entscheiden hätte, würde ich nicht wieder diesen Weg gehen, würde ich nicht wieder einen Weg einschlagen, der mich in den Geruch bringt, meine Ideale verraten zu haben und unmoralisch geworden zu sein. Das ist vielleicht für mich persönlich eine der schmerzlichsten Seiten, aber Sie dürfen auch nicht vergessen, auch die Familie ist davon betroffen. Wenn ich gewußt hätte, wie die Dinge laufen ... Und deshalb bin ich voll Verständnis für das, was heute in der Bevölkerung ist. Wenn ich aber von bestimmten Vorrechten gesprochen habe, dann darf ich ein Beispiel für das nennen, was ich eigentlich meine. Durch die Presse ist

z. B. Hubertusstock gegangen. Ja, das kann man doch nur unter dem Gesichtspunkt sehen – ich war ein einziges Mal in Hubertusstock anläßlich eines Besuches von Jaruzelski –, daß das ein Treffpunkt mit ausländischen Gästen war, daß es für Gespräche mit Staatsmännern und mit Politikern der verschiedenen Parteien der Bundesrepublik zur Verfügung stand. Selbstverständlich hat der Staatsratsvorsitzende, das Staatsoberhaupt der DDR, das Recht, ein solches Gebäude für solche Zwecke zu nutzen. Was sonst noch geschehen ist, das ist alles auf das Entschiedenste zu verurteilen. Aber das wird ja wohl auch verurteilt werden durch ein öffentliches Gerichtsverfahren...

**Anhörung von Erich Mückenberger
(9. Januar 1990)**

Abg. Prof. Klemm: Ich möchte Ihnen zuerst ein paar Fragen stellen, die mit Ihrer jahrelangen Tätigkeit als Vorsitzender der Parteikontrollkommission zusammenhängen... Welchen großen Aufgabenbereich hatte ganz allgemein die Parteikontrollkommission?
Erich Mückenberger: ... Die Parteikontrollkommission wurde nicht auf dem Parteitag gewählt, sondern wurde beim ZK der SED gebildet, war somit dem Generalsekretär unterstellt. Sie wurde immer in der ersten (konstituierenden) Sitzung nach dem Parteitag gewählt. Die Parteikontrollkommission hatte laut Statut den Auftrag, für die Einheit und Reinheit der Partei zu kämpfen und zu sorgen. Sie hatte den Auftrag – ich möchte es zusammenfassend so sagen –, für die Einhaltung der Beschlüsse, für die Parteidisziplin, die Wahrung des demokratischen Zentralismus und für die Durchsetzung der sozialistischen Moralnormen im großen Umfang zu sorgen. Die Parteikontrollkommission faßte ihre Beschlüsse, die aber stets und in jedem Fall der Bestätigung durch das Sekretariat des Zentralkomitees bedurften...

Unsere Aufgabe bestand nicht darin – im Gegensatz zu dem, was die Abteilungen betraf –, zu kontrollieren, wie die Beschlüsse durchgeführt worden sind, sondern unsere Aufgabe war es, wenn es Signale gab, daß gegen Beschlüsse verstoßen wurde, einzuschreiten. Was Mitglieder des Zentralkomitees betraf, so war das in jedem Falle dem Generalsekretär vorbehalten, bzw. das Sekretariat mußte informiert sein. Es konnte geschehen – und das ist auch geschehen –, daß er dann andere Leute eingesetzt hat, die das untersucht haben, und nicht die Parteikontrollkommission.

Abg. Prof. Klemm: ... Sie wissen, daß im Augenblick gegen ehemals führende Mitglieder der SED eine Vielzahl von Vorwürfen ... wegen Amtsmißbrauch und Korruption erhoben wird. Ich brauche nur die Namen von Herrn Sindermann, Herrn Kleiber und Herrn Krolikowski zu nennen, die z. B. für ihre Söhne ungerechtfertigte Vorteile usw. in Anspruch genommen haben. Uns interessiert dabei, ob die Parteikontrollkommission unter Ihrer Leitung von diesen Vorgängen absolut nichts gewußt hat.

Erich Mückenberger: Darf ich etwas weiter ausholen, da sich das nicht in zwei, drei Worten sagen läßt. Ich bin selbst daran interessiert, das können Sie mir glauben, bei mir selber Klarheit darüber zu schaffen, und ich fühle mich mitverantwortlich und mitschuldig für alles das, was unser Land in die Krise geführt hat. Es ist unsere Pflicht, und ich sehe es auch als meine Pflicht an, hier Licht hineinzubringen in diese Schattenseiten ... Ich wohne seit 1971, seit meiner Berufung als ZPKK-Mitglied und Vorsitzender, in Wandlitz. Vorher habe ich nie in Wandlitz gewohnt. Und dort herrschte eine andere Atmosphäre. Dort hat man sich nicht gegenseitig besucht, es sei denn, es war ein Geburtstag oder eine sonstige Sache. Die Atmosphäre war kalt, und am meisten hat meine Frau darunter gelitten. Ich kenne die meisten Häuser nicht von innen, das darf man mir glauben. Und sehen Sie, im Grunde genommen ist mir vollkommen klargeworden: Vor meiner Berufung zum Vorsitzenden der ZPKK gehörte der Vorsitzende ... sowohl dem Sekretariat an, wo viele, viele Dinge entschieden wurden, als auch dem Politbüro. Ich gehörte nur dem Politbüro an und wurde noch nicht einmal gerufen, wenn die Beschlüsse dann im Sekretariat bestätigt wurden. Wenn man – und ich nenne es naiv, den Vorwurf muß ich mir machen –, wenn man mit Leuten illegal zusammengearbeitet hat, wenn man mit ihnen seit 1945 die Einheit geschaffen und zusammengearbeitet hat, dann hat man eben von vornherein kein Mißtrauen. Das waren – ich darf das Wort hier sagen – für mich Kampfgenossen, von denen ich dieselbe Ehrlichkeit und dieselbe Moral verlangte, wie ich sie von mir gefordert habe. Und Sie werden mit Recht, was ich jetzt sage, sehr mißtrauisch sehen: Viele Dinge kenne ich jetzt aus der Presse und höre ich zum ersten Mal ... Ich habe mir nicht vorstellen können, daß man auf Kosten des Staates für die Kinder Häuser baut. Und als ich hörte, daß für Thomas Sindermann ein Haus gebaut wird, da fragte ich Sindermann: Sag mal, wie macht das dein Junge? Er antwortete: Nun, er nimmt einen Staatskredit wie jeder, und ich helfe ihm. – Ich selbst habe keine Kinder. Ich bin im wahrsten Sinne des Wortes erschüttert. Wir haben als Parteikontrollkommission eingegriffen in solche Dinge bei Genossen, bis hin zu Generaldirektoren, bis hin zu Generalen sind wir sogar tätig geworden. Das ist nachweisbar. Das weiter oben war nicht tabu für uns, aber wir wußten es nicht.

Ich möchte sagen zur Ehre der Mitglieder der Parteikontrollkommission: Sie hätten nicht geschwiegen, wenn sie es gewußt hätten. Aber es ist auch vorgekommen – das sagte ich vorher schon –, wenn etwas von einem ZK-Miglied geahnt wurde, daß gesagt wurde: Gut, daß du mir das sagst, das wird die Kaderkommission oder sonst jemand untersuchen. Oder, das untersucht der Ministerrat selbst.

Abg. Weißgärber: War das Honecker selber, der das gesagt hat?
Erich Mückenberger: Ja, nicht zuletzt ...
Abg. Singer: Eine Frage zur Wandlitz-Siedlung. Das Klima war dort sehr kalt, es gab kaum Kontakt. Wie war denn das im Politbüro? ... Gab es da gewisse Kreise bzw. Gruppierungen, oder ist man selbst als Vorsitzender der Zentralen Parteikontrollkommission nicht an gewisse Leute herangekommen?
Erich Mückenberger: Es war so – heute ist mir das immer klarer geworden –: Das Politbüro war geteilt. Wie soll ich sagen? Es gab eine Gruppe ..., die wußte über alles Bescheid, und die entschied auch über alles.
Abg. Singer: Wer war das, Herr Mückenberger?
Erich Mückenberger: Ich möchte so sagen: Honecker, Mittag, Kleiber und vielleicht auch dieser oder jener andere. Mielke bestimmt und Stoph zum Teil auch. Joachim Herrmann gehörte mit zum Freundeskreis, aber wieweit er in alle Details – auf Grund auch seiner

spezifischen Funktion, was Wirtschaftsfragen usw. betraf – Bescheid wußte, kann ich nicht wissen; denn wenn ich das gewußt hätte, hätte ich dagegen einschreiten müssen. Und es gab eine Gruppe, die brauchte man zur Zustimmung. Dazu gehörte ich.

Abg. Singer: Wir müßten das jetzt einmal namentlich wissen, weil das für uns sehr wichtig ist.

Erich Mückenberger: Zu den Zustimmern rechne ich zum Beispiel Hager, der auch sehr oft protestiert hat. Dazu gehörten zum Teil die Bezirkssekretäre, zum Beispiel Eberlein.

Abg. Prof. Klemm: Wie war es mit Herrn Lorenz?

Erich Mückenberger: Hier möchte ich mich nicht so ganz festlegen.

Abg. Prof. Klemm: Herr Böhme aus Halle?

Erich Mückenberger: Zumindest wußte er nicht alles. Und es war so: Im Politbüro wurde in der Regel die Tagesordnung abgehandelt. Und die Tagesordnung war nicht immer klein. Wenn ich also an die Wirtschaftsfragen denke, da gab es manchmal so einen Stoß Material. Den bekam man freitags, und dienstags war die Sitzung. Und unter diesen Vorlagen standen nicht selten Dutzende Namen von führenden Leuten. Die Erklärungen waren meistens kurz. Da hieß es: Das ist in der Kommission vorgearbeitet worden.

Abg. Prof. Klemm: Und man hat sie abgezeichnet?

Erich Mückenberger: Ja, man hat sie abgezeichnet ...

Abg. Schur: Es ist beinahe unwahrscheinlich, wenn man über Jahre sich im Politbüro aufhält oder wird eingeladen zum Besuch von bestimmten Objekten, was weiß ich. Wir haben jetzt in der Nachfolge uns einige Objekte angesehen, haben sie draußen stehen sehen, haben gesehen, wie sie wirklich innen und außen beschaffen sind, welchen Umfang an Werten einzelne Leute besaßen, dann muß ich sagen, daß ich persönlich kein Verständnis dafür habe, wenn Sie hier sagen, daß Sie davon absolut keine Kenntnis gehabt hätten. Man muß doch etwas geahnt haben, daß einige so übertrieben haben.

Erich Mückenberger: Natürlich haben wir gesehen, wie gekauft wurde. Zum Beispiel haben wir uns darüber gewundert. Aber nehmen wir einmal an, wir kamen 1971 dorthin, Hanna und ich, wir haben dort in diesem Objekt, das war ja der einzige Laden, natürlich auch die Möglichkeit genutzt, entsprechend unserem Lebensstil einzukaufen ...

In die Häuser bin ich aber kaum gekommen. Dorthin wurde ich

nicht eingeladen ... Es klingt fast, als ob ich mich entschuldige, aber wir sind 1971 in das Haus eingezogen, und da stehen noch immer dieselben Möbel drin wie damals. Sie sind wieder bezogen worden, und wenn mal ein Sessel entzwei war, dann habe ich mir keine neuen Möbel hineinsetzen lassen, sondern sie wurden repariert. Das Haus hat auch keine Maurer gesehen, die etwas umgebaut hätten. Aber es gab dort Leute, die haben alle zwei Jahre umgebaut.

Abg. Prof. Klemm: Herr Mückenberger, Herrn Schur geht es vor allem um die Wochenendgrundstücke und Wochenendhäuser, um die Jagdhäuser, die wir ... teilweise besichtigt haben und wo wir immer erstaunt waren ..., wie luxuriös diese Villen eingerichtet sind.

Erich Mückenberger: Ich habe es fast nicht geglaubt, als ich es im Fernsehen gesehen habe. Ich hatte niemals eine Jagdhütte. Daß Honecker Hubertushof hatte, wußte ich, auch daß Dölln da war, wußte ich, und ich kenne Dölln noch aus der Zeit von Walter Ulbricht. Damals wurden wir jedes Jahr, wenn er Geburtstag hatte, dorthin eingeladen. Aber dann nicht mehr. Seitdem bin ich nie wieder rausgekommen. Ein einziges Mal war ich mit einer Delegation in der Schorfheide, die draußen vom Generalsekretär empfangen wurde. Aber da waren wir in dem großen Empfangsraum und nicht weiter.

Es war hier nicht so, wie es in den Bezirken war. Im Bezirk habe ich die Datsche fast jedes Sekretärs gekannt ... Da wußten wir auch, wie es aussah. Aber so etwas gab es in Wandlitz nicht. In Wandlitz ging es so weit, daß meine Frau, wenn sie DFD kassierte, zum größten Teil von der Haushälterin abgefertigt wurde ...

Abg. Singer: Herr Mückenberger, 1985 war ein Scheidejahr, zum Beispiel schon im Zusammenhang mit dem Bekenntnis zur Sowjetunion und zur Perestroika. Wurden da einzelne Genossen diesbezüglich bestraft oder wurden Parteiverfahren eingeleitet?

Erich Mückenberger: ... Nehmen wir die *Sputnik*-Geschichte. Der *Sputnik* war keine Zeitung, die die Gesellschaft für Deutsch-Sowjetische Freundschaft herausgab, diese Zeitschrift ging über den Zeitungsvertrieb. Ja, wir sind noch nicht einmal gefragt worden als Gesellschaft damals.

Abg. Weißgärber: Wer hat es denn verboten? ...

Erich Mückenberger: Der Generalsekretär und Herrmann ...

Abg. Prof. Klemm: Haben Sie Auseinandersetzungen in dieser Frage gehabt? ...

Erich Mückenberger: Es wurde gesagt: Hier hast du deine Freundschaft! Oder es wurde gesagt, wenn es etwas gab: Es ist so beschlossen worden, auch mit Gorbatschow, jedes Land und jede Partei ist für die Politik, die es betreibt, selbst verantwortlich.

Abg. Lesser: Als der *Sputnik* plötzlich nicht mehr zu haben war, weil angeblich der Postminister ihn von der Liste gestrichen hatte, da hat das doch gerade in der Gesellschaft für Deutsch-Sowjetische Freundschaft große Erregung hervorgerufen und dazu geführt, daß viele Mitglieder aus Protest ihr Mitgliedsbuch zurückgegeben haben. War das Anlaß, diese Frage im Politbüro noch einmal zur Sprache zu bringen?

Erich Mückenberger: Ich habe zumindestens darüber informiert. Aber es gab keine Debatte dazu ...

Abg. Krausch: Herr Mückenberger, aber diese Problematik, wie Sie sie uns dargestellt haben, kann ich nicht ganz so im Raum stehen lassen ... Wenn Sie heute sagen, daß Sie das zumindestens im Politbüro zur Sprache gebracht haben, haben Sie – wenn ich mich recht erinnere – zum gleichen Zeitpunkt aber der berechtigten Diskussion in der Gesellschaft keinen Spielraum gelassen, sondern haben mit Konsequenz diese Position der Parteiführung auch in der Gesellschaft für DSF verteidigt ...

Erich Mückenberger: Dem kann ich nicht widersprechen. Da kommt die verdammte Parteidisziplin durch. Wie soll ich mich nun ausdrücken? Ich hätte dann vor dieser Aufgabe gestanden, also in der Öffentlichkeit, in der Gesellschaft zu sagen: Hier gibt es zwei Auffassungen im Politbüro. Und ich war Mitglied des Politbüros. Vielleicht sagt man: Das ist falsch. Aber ich wünsche niemandem, in eine solche Situation zu kommen, zwei Seelen in einer Brust zu haben ...

Abg. Prof. Klemm: ... Sie wissen, daß uns in den letzten Tagen Veröffentlichungen über das ehemalige Ministerium für Staatssicherheit erreicht haben, nämlich, daß dieses Ministerium 85 000 hauptamtliche Mitarbeiter gehabt hat. Diese Zahl ist für uns erschreckend.

Erich Mückenberger: Ich höre sie auch das erste Mal.

Abg. Prof. Klemm: ... Wer hat dieses Ministerium überhaupt einmal kontrolliert? Wir haben den Eindruck, daß es keine Kontrolle gab, sondern daß Mielke machen konnte, was er wollte ... Welchen Einfluß hatte eventuell die Parteikontrollkommission?

Erich Mückenberger: Keinen.

Prof. Klemm: Absolut keinen?
Erich Mückenberger: Nein.
Abg. Prof. Klemm: Sind Sie nie mit dieser Frage konfrontiert worden?
Erich Mückenberger: Das war Sache des Vorsitzenden des Nationalen Verteidigungsrates und des Verteidigungsrates insgesamt.
Abg. Prof. Klemm: ... Herr Sindermann war am 12. Oktober 1989 von der großen Mehrheit der Abgeordneten der Volkskammer aufgefordert worden, ... unverzüglich die Volkskammer einzuberufen, um über die wichtigen Fragen des Landes zu sprechen. Wir haben Herrn Sindermann gefragt, warum er das nicht getan hat, und er hat uns gesagt, daß dazu eine Entscheidung im Politbüro gefallen sei, die Volkskammer nicht einzuberufen. Sie waren Mitglied des Präsidiums. Können Sie sich daran erinnern, ob diese Frage im Politbüro ... eine Rolle gespielt hat?
Abg. Weißgärber: Können Sie sich an eine Vorlage erinnern, die Herr Sindermann eingebracht hat?
Erich Mückenberger: Es gab nach meinem Wissen und meinen Kenntnissen keine solche Vorlage.
Abg. Prof. Klemm: ... Sie waren Mitglied des Präsidiums der Volkskammer. Hat diese Frage im Präsidium eine Rolle gespielt?
Erich Mückenberger: Das Präsidium ist dazu nicht zusammengekommen ... Ich will mich nicht festlegen, ich habe meinen Kalender vom vorigen Jahr nicht hier. Ich müßte in dieser Zeit etwa irgendwie unterwegs gewesen sein. Aber ich habe an einer Präsidiumssitzung zu dieser Frage nicht teilgenommen. Vielleicht darf ich das so sagen. Aber es gibt da noch andere Präsidiumsmitglieder. Wenn diese etwas anderes sagen, müßte ich mich korrigieren.
Abg. Prof. Klemm: Sie können sich daran nicht mehr erinnern?
Erich Mückenberger: Ich kann mich auch nicht an eine Vorlage erinnern. Es kann durchaus sein, daß man im Gespräch von Mann zu Mann im Politbüro die Sache behandelt hat, daß die Frage dann gestellt worden ist oder über den Tisch weg zum Generalsekretär. Aber als ordentlichen Tagesordnungspunkt kenne ich das nicht.
Abg. Bormann: Herr Mückenberger, war Ihnen wenigstens das Problem bekannt, daß sich Abgeordnete und Fraktionen an das Präsidium gewandt hatten mit der Forderung, eine Sondersitzung der Volkskammer einzuberufen? ...

Erich Mückenberger: Ich selbst habe dafür plädiert, daß wir bald zusammenkommen müßten als Volkskammer. Ich war auch dafür, daß man die Fraktionen zusammennehmen muß. Und da wurde gesagt: Warten wir erst einmal die ZK-Sachen ab...

Abg. Singer: Wie schätzen Sie die Arbeit des damaligen Präsidiums der Volkskammer ein? Wurde da immer erst auf die Beschlüsse des Politbüros gewartet oder war das Präsidium laut Geschäftsordnung ein Gremium, das Arbeitsfähigkeit hatte?...

Erich Mückenberger: Ich möchte sagen, hier gab es eine Wechselfunktion. Wenn ich z. B. an die Zeit von Friedrich Ebert denke, damals wurden Vorschläge gemacht für eine Volkskammersitzung, auch von Friedrich Ebert, oder es kamen auch Hinweise von der Abteilung Staat und Recht beim ZK, daß man zu dieser oder jener Frage eine Volkskammersitzung vorbereiten müßte. Diese Aktivitäten haben unter der letzten Führung des Präsidiums seitens des Präsidenten schwer nachgelassen. Vielleicht ist es mir einmal gestattet, meine persönliche Meinung zu sagen. Ich habe das immer sehr bedauert. Ich möchte einmal auf meine Erfahrungen aus der Weimarer Republik und von Anfang 1945 zurückgreifen. Wir haben – jetzt will ich das Wort einmal sagen – als ehemalige Sozialdemokraten den Parlamenten eine große Bedeutung zugemessen. Davon kann man nicht mehr sprechen. Wenn ich z. B. daran denke, und ich habe auch darauf aufmerksam gemacht, daß viel mehr außenpolitische Fragen gestellt werden müßten. Das gab es verdammt wenig, so gut wie gar nicht... aber die Abrechnung der Ausschüsse in der Volkskammer, durch die das Leben der Bevölkerung der Volkskammer nähergebracht werden sollte. Das ging soweit, daß die Ausschüsse schriftlich verzichtet und gesagt haben, daß sie einverstanden seien. Diese Sache hat mir nie zugesagt. Das habe ich auch mehrfach offen zu Sindermann gesagt, daß er in dieser Beziehung aktiver werden müßte, auch was die Informationen der Abgeordneten betraf. Hier wurde schwer gesündigt. Meistens war es nur eine Konsultation, wobei ich hier die Schuld nicht allein Sindermann in die Schuhe schieben will. Auf dieser Basis hatte Honecker wenig Interesse, und ich habe mir manchmal sagen lassen müssen: Was willst du mit der Fraktion? Lade die ein, die nicht im Politbüro sind, die im Politbüro sind, wissen es ja schon.

Abg. Singer: ... Sind die Probleme und Hinweise, die die 15 Aus-

schüsse der Volkskammer aus ihren einzelnen Sitzungen an das Präsidium herangetragen haben, dort nie behandelt worden? Z. B. die Schwerpunkte auf dem Gebiet von Handel und Versorgung, all die Probleme, die in Form von Eingaben von den Bürgern an die Abgeordneten herangetragen wurden?
Erich Mückenberger: Nein. Ich habe im Präsidium manchmal auch danach die Frage gestellt, aber dann wurde gesagt: Das ist nicht notwendig.
Abg. Weißgärber: Das Präsidium hat nur getagt in Vorbereitung einer Volkskammertagung, für zwei Stunden, und dann war Schluß?
Erich Mückenberger: Das war in der Regel in zwanzig Minuten erledigt.

**Anhörung von Werner Eberlein
(9. Januar 1990)**

Abg. Prof. Klemm: ... Ist Ihnen während Ihrer Tätigkeit als erster Sekretär der Bezirksleitung der SED in Magdeburg nicht bewußt geworden, daß sich das Land in einer Krise befindet?
Werner Eberlein: Ja, das ist mir bewußt geworden, daß wir uns in einer Krise befinden, wobei ich sagen muß, daß ich in meiner Tätigkeit in Magdeburg versuchte, den Krisenerscheinungen Rechnung zu tragen ... In unserer Arbeit sind wir davon ausgegangen: Wir befinden uns in einer Situation mit einem neuen Demokratieverständnis. Aber ich muß auch sagen, daß mein Fehler darin bestand, daß ich die Erscheinungen der Demokratieentwicklung gesehen habe, ohne das Wesen zu begreifen ...
Ich muß etwas weiter ausholen. Wie gesagt, ich bin Opfer des Stalinismus. 1953 war ich Parteihochschüler. Ich habe mich noch in den Kolonnensaal gedrängt, um Stalins Beerdigung zu sehen. Ich habe Stalin beerdigt. Ich habe dann am XX. Parteitag als Dolmetscher

teilgenommen. Da habe ich ihn politisch beerdigt. Und ich muß jetzt die Verantwortung mittragen, daß stalinistische Strukturen entstanden sind. In diesem Widerspruch lebe ich. Und ich war Delegierter des außerordentlichen Parteitages, wo ein Bruch mit diesen stalinistischen Strukturen vollzogen wurde. Das ist ein tiefer Widerspruch in mir selbst, und meine Absicht als Rentner besteht darin, meine Erkenntnisse jetzt niederzuschreiben, weil das eventuell von Nutzen sein könnte, zumindestens für meine Familie. Ich tue das auch, um diese Dinge mit mir selbst ins reine zu bringen.

Ich habe 1968 an den Ereignissen in der Tschechoslowakei teilgenommen. Ich habe Dubček übersetzt. Aus heutiger Sicht weiß ich, daß diese Erscheinungen in der Tschechoslowakei analog verlaufen sind wie in der DDR, das heißt, das Wesen ist gleich. Ich habe am XXVII. Parteitag teilgenommen. Ich habe Erscheinungen gesehen, habe Erscheinungen beurteilt, aber mir ist es nicht gelungen, das Wesen der Erscheinungen in der ganzen Tragweite zu erkennen. Diese Verantwortung sehe ich. Diese Verantwortung habe ich zu tragen. Diese Mitschuld habe ich auch zu tragen.

Abg. Prof. Klemm: Sie sagten, Sie haben diese Widersprüche gesehen. Was für Gründe würden Sie heute angeben, daß Sie nicht versucht haben, diese Widersprüche irgendwie zu klären?

Werner Eberlein: Wenn wir davon sprechen, daß es einen Unterschied gibt zwischen der Erscheinung und dem Wesen, dann liegt eine Hauptursache der Krisensituation, in der wir sind, darin, daß es die politische Führung nicht vermocht hat, über das Wesen, d. h. über die Probleme zu diskutieren. Es wurden Berge von Beschlüssen vorbereitet und durchgelesen, aber wir haben keine Problemdiskussion zu diesen Dingen durchgeführt. Und das ist eine der Hauptursachen dafür, daß es nicht rechtzeitig gelungen ist, Prozesse zu erfassen und auf Prozesse Einfluß zu nehmen. Dazu kommt, daß ich in der politischen Führung meine Verantwortung nicht im vollen Maße als Kollektivmitglied wahrgenommen habe, d. h. die Kollektivität der Führung wurde gründlichst vernachlässigt.

Abg. Prof. Klemm: Sie sagen, daß Sie diese Widersprüche, diese krisenhaften Erscheinungen in Magdeburg schon erkannt haben, daß Sie versucht haben, in der Bezirksleitung Magdeburg bestimmte Maßnahmen einzuleiten. Wann ist Ihrer Ansicht nach diese Krise besonders sichtbar und akut geworden? ...

Werner Eberlein: Da muß man, glaube ich, sehr weit zurückgreifen. Ich glaube, der Hauptfehler – das muß man sicher noch weiter analysieren – waren ökonomische Probleme. Das ist für meine Probleme noch gar nicht voll zum Tragen gekommen. Ich meine die ökonomischen Probleme, die schon mit dem VIII. Parteitag begonnen haben, als wir eine Politik eingeleitet haben, die zwar sozial gerechtfertigt erschien, die sozial sogar attraktiver erschien, die aber materiell in der Endkonsequenz nicht untersetzt war. Aber ich habe das nicht erkannt. Ich habe es auch begrüßt... Also wie gesagt, eine Ursache liegt schon im VIII. Parteitag begründet, mit der Sozialpolitik, die wir durchgeführt haben, die materiell nicht untersetzt war und die zu einer immer stärkeren Verschuldung geführt hat...

(Weiterhin) war – wenn ich das zeitlich einordnen soll – der XI. Parteitag ein grober Fehler, weil spätestens mit dem XI. Parteitag – wenn es nicht schon zu spät gewesen ist – eine Verjüngung der politischen Führung hätte einsetzen müssen, nicht nur im Politbüro, sondern auch in den Bezirken – inklusive Magdeburg, wo ich mich selbst verantwortlich fühlte, wo ich ja selbst aussteigen wollte.

Abg. Prof. Klemm: Sie sagten, daß Sie in Magdeburg versucht haben, zumindestens einige Dinge in Bewegung zu bringen, weil sie diese Diskrepanz erkannten... Sie sind aber nach dem XI. Parteitag vollwertiges Mitglied des Politbüros gewesen. Warum haben Sie die Erkenntnisse, die Sie zumindestens in Magdeburg versucht haben zu ändern oder einzuschränken, nicht innerhalb des Politbüros zum Ausdruck gebracht?

Werner Eberlein: Der Vorwurf besteht zu Recht. Es gibt im Grunde genommen keine Rechtfertigung dafür. Ich habe nicht versucht, eine Opposition herauszubilden, sondern habe mich auch hier der Parteidisziplin untergeordnet und Stillschweigen gewahrt bei Dingen, mit denen ich im Grunde genommen nicht einverstanden war.

Es gibt eine Diskrepanz. Ich möchte mich hier nicht ins positive Licht rücken. Das gehört sich nicht. Wir hatten z.B. in Magdeburg ein anderes Verhältnis zwischen Partei und Staatsapparat als hier im Politbüro. Den Unterschied würde ich darin sehen, daß der Spielraum der Staatsorgane viel größer war, daß es im Grunde genommen eine gewisse Trennung zwischen Partei und Staatsapparat gab...

Abg. Bormann: Sie sprachen über die Erkenntnisse, die Sie im Bezirk Magdeburg hatten. Diese müssen Sie doch in den Politbürositzungen irgendwie dargelegt haben. Welche Rolle spielten sie bei den Beratungen im Politbüro?

Werner Eberlein: Eine sehr geringe Rolle. Es war so: Man mußte sich ja melden, um erhört zu werden. Ich habe mich nicht oft gemeldet. Das muß ich auch sagen. Ich habe mich gemeldet, wenn Magdeburg auf der Tagesordnung stand, wenn es um Fragen des Bauwesens ging, wenn wir die Berichterstattung durchzuführen hatten, wenn wir bestimmte Dinge abrechnen konnten oder wenn es Probleme in der unmittelbaren Arbeit in den Grundorganisationen usw. gab. Aber zu den anderen, generellen Fragen habe ich mich da nicht geäußert.

Abg. Prof. Klemm: ... Sie waren im Politbüro von Herrn Krenz Leiter der Zentralen Parteikontrollkommission. Damit ergibt sich für uns natürlich die Frage, warum Sie in diesen drei Wochen, wo Sie dieses Amt ausgeübt haben, nicht entschiedener darauf gedrängt haben, die Wende zu forcieren ...

Werner Eberlein: Ja, der Vorwurf besteht zu Recht. Er wurde von vielen Seiten gemacht. Ich akzeptiere ihn voll und ganz. Zur Erklärung meiner Tätigkeit: Normalerweise hat ein Mensch, wenn er in eine vollkommen neue Tätigkeit berufen wird, eine Zeit von drei bis vier Wochen, um sich in die Funktion erst einmal einzuleben. Ich hatte keine Stunde Zeit, um mich in dieser Funktion einzuleben. Ich hatte täglich Sitzungen des Politbüros zu absolvieren. Ich bekam täglich 100 bis 120 Briefe, die ich durcharbeiten mußte. Und ich habe in den vierzehn Tagen Parteiverfahren durchgeführt gegen Erich Honecker, das Gespräch mit dem Arzt wegen Honeckers Verhandlungsunfähigkeit durchgeführt, die Veröffentlichungen in der Zeitung, die Sitzungen der ZPKK. Der Anruf von Honecker, das Gespräch mit ihm war ein halber Tag. Ich habe in Vorbereitung des Parteiverfahrens gegen Günter Mittag eine Beratung mit allen Abteilungsleitern Wirtschaft durchgeführt. Das hat vier oder mehr Stunden gedauert. Ich habe das Parteiverfahren gegen Günter Mittag durchgeführt, ihn im Ergebnis dessen aus der Partei ausgeschlossen. Ich habe auf Grund der Hinweise, die ich bekommen habe, dann Parteiverfahren gegen Gerhard Müller durchgeführt – dort ging es um Veruntreuung oder Umverteilung von Geldmitteln ... Es ist ja so: Es ist etwas getan worden.

Ich muß aber auch sagen, daß ich in Briefen viele Forderungen bekommen habe, daß alle, die in Wandlitz wohnen, aus der Partei ausgeschlossen werden müßten, daß allen, die im Politbüro sind, die Konten gesperrt werden sollen – also solche globalen Forderungen, die ich nicht akzeptiert habe, sondern ich ging davon aus: Auch in einer solchen Situation brauche ich eine Rechtsgrundlage, brauche ich Fakten, die dem zugrunde liegen müssen. Vielleicht war dieses Zu-sehr-Haften an der Rechtsgrundlage Anlaß dafür, daß ich in der Zeit nicht noch mehr Verfahren durchgeführt habe. Ich muß auch sagen, ich habe in dieser Zeit 16 bis 18 Stunden gearbeitet. Ich bin ja ein Greis. Als Greis war ich doch voll ausgelastet. Ich hätte sicherlich noch mehr tun müssen. Ich gestehe ein: Ja, der Vorwurf besteht zu Recht. Man hätte mehr tun müssen. Aber ich habe es nicht geschafft. Hinzu kamen noch die Rehabilitierungen, die ja auch in einer Größenordnung durchgeführt worden sind. Ich habe allein einen Dreivierteltag dafür gebraucht, um die Unterschriften für diese Rehabilitierungen, die in dieser Zeit durchgeführt worden sind, zu geben ...

Abg. Weißgärber: Sie sagten vorhin, Kollektivität im Politbüro war nicht gefragt. Wie würden Sie das aus der heutigen Sicht sehen? Sie waren Leiter der Untersuchungskommission, der Parteikontrollkommission. Wäre es nicht für die SED selbst und auch für die Öffentlichkeit besser gewesen, wenn zumindestens die Politbüromitglieder, von denen wir heute gesicherte Erkenntnisse haben und wissen, daß sie die Macht ausgeübt haben in unserem Lande – z.B. Honecker, Mielke, Mittag – selbst Strafanzeige gestellt hätten auf Grund der Delikte wegen derer ja heute ermittelt wird? ...

Werner Eberlein: Aus heutiger Sicht muß ich das absolut befürworten. Ja. Aber aus damaliger Sicht? Offensichtlich waren die Kenntnisse nicht in dem Maße vorhanden. Ich glaubte schon, mit einem Parteiverfahren und einem Parteiausschluß meine eigene Funktion auszufüllen. Diese meine Funktion bestand darin, als Parteiorgan die Parteizugehörigkeit zu regulieren. Darum habe ich das Parteiverfahren gegen Honecker und gegen Mittag geführt. Das habe ich getan. Aber, wie gesagt, einen weiteren Schritt in Richtung Kriminalisierung oder Staatsanwalt habe ich nicht getan. Ich hätte die Akte, die ich hatte, dem Staatsanwalt übergeben sollen. Aber einen solchen Schritt habe ich zum damaligen Zeitpunkt nicht getan. Aus heutiger Sicht sage ich: Ich hätte es tun sollen.

Abg. Bormann: Kannten Sie diese persönlichen zusätzlichen Privilegien, die sich Herr Honecker und Herr Mittag angeeignet hatten, zu diesem Zeitpunkt? ...

Werner Eberlein: Im Gegenteil. Als ich das Parteiverfahren gegen Honecker führte, ich hatte ihn telefonisch informiert, daß am nächsten Tage eine Information über die Sitzung der Zentralen Parteikontrollkommission und über das Parteiverfahren gegen ihn erscheint, und er sagte ja. Aber am nächsten Tag rief er wieder an, als er das in der Zeitung gelesen hatte, und bat darum, ob ich nicht zu ihm kommen könnte. Ich habe zugesagt und bin hingefahren. Ich habe bei ihm das Gespräch geführt, es war ein Monolog. Er hat vorgelesen, und er sagte, er habe Konzentrationsschwierigkeiten. Dabei habe ich ihm den Vorwurf wegen der Dotation gemacht, die er bekommen hat. Er sagte zu mir: Werner, guck dich doch einmal um, wie ich lebe. – Aus seinem Umkreis war nicht zu erkennen, daß es irgendwie luxuriös war. Es war ein muffiges Milieu in seinem Arbeitszimmer. Mehr war das nicht. Und den Vorwurf mit den 20 000 Mark von der Bauakademie, den ich gemacht habe, hat er entkräftet. Er sagte: »Ich habe nie in meinem Leben, das kannst du mir glauben, einen Pfennig Honorar genommen. Von der Bauakademie wußte ich nichts.« Worauf ich antwortete: Das glaubt dir niemand mehr, selbst wenn ich es glauben sollte. In der Öffentlichkeit wird dir das niemand abnehmen. – Aber aus dieser Situation in seinem Zimmer und auch sonst war für mich nirgends etwas zu erkennen, daß hier ein Luxus besteht, der anfechtbar wäre. Wie gesagt, es war wirklich ein muffiges Milieu in diesem Arbeitszimmer, mehr war das nicht ...

Abg. Frau Müller: Ich finde es außerordentlich interessant, daß hier jemand ist, der das Gespräch mit Mittag zu Wirtschaftsfragen geführt hat ... Nun möchte ich wirklich einmal fragen, wie war es denn, als die Wirtschaftssekretäre da waren in Vorbereitung des Parteiverfahrens, als die Abteilungsleiter Wirtschaft da waren, kam da mal ein Motiv dafür zur Sprache, daß versucht wurde, die Lage in der Wirtschaft so zu romantisieren, so zu beschönigen, so zu tun, als ob alles nur vorangeht? ...

Werner Eberlein: ... Exakt kann ich diese Frage nicht beantworten, aber in der Aussprache mit den Abteilungsleitern, die über vier Stunden gedauert hat, muß ich sagen, daß die Abteilungsleiter, wenn es eine globale Antwort gab, bestrebt waren, ihre eigenen Positionen deutlich zu machen. Dabei gingen sie davon aus, daß sie diese

Zusammenhänge nicht gesehen haben, daß es sozusagen nur Günter Mittag war, der verhindert hat, daß die Zusammenhänge deutlich wurden. Sie sagten, daß sie niemals als Kollektiv zusammengekommen seien, um über solche Probleme zu diskutieren. Es seien immer nur Einzelfragen behandelt worden. Das war ihre Reaktion auf die Fragen, die ich ihnen gestellt habe, um das Verfahren gegen Günter Mittag führen zu können. Einzelne Details kannten sie jeder, einzelne Fakten kannten sie, aber die Gesamtzusammenhänge waren ihnen nicht klar. So haben sie es wenigstens mir gegenüber in diesem Gespräch deutlich gemacht. In dem Gespräch, das ich mit Günter Mittag hatte, sagte er: »Was ist der Hauptvorwurf?« Darauf sagte ich: »Nichthinreichende Information des Politbüros.« Das hat er abgewiesen. Da habe ich gesagt: »Das stimmt nicht.« Er hat mir ein Papier in die Hand drücken wollen, worauf ich gesagt habe: Selbst wenn hier diese Zahlen genommen werden, die an Erich Honecker gerichtet sind, so sind sie aus heutiger Sicht – so, wie ich als Laie das erkenne – falsch. Das sind Falschinformationen. Er hat das geleugnet. Er hat nichts zugegeben in dem Parteiverfahren, hat seine Schuld nicht eingestanden, sondern hat sich herausgeredet, daß das saubere Informationen waren, echte Informationen waren, was offensichtlich nicht der Fall war. Günter Mittag hat nichts zugegeben und hat meinen Vorwurf, daß er das Politbüro falsch informiert hat und damit Mitschuld für die ökonomische Situation in unserem Lande trägt, zurückgewiesen.

Abg. Prof. Klemm: Haben Sie den Eindruck, daß er damals, als Sie ihn gefragt haben, den Überblick hatte?

Werner Eberlein: Die Frage ist schwer zu beantworten. Sicherlich nicht. Aber das ist eine Vermutung...

Abg. Prof. Klemm: ... Eine Frage zur Bezirksverwaltung für Staatssicherheit. Welchen Einfluß konnten Sie überhaupt auf die Tätigkeit und Organisation der Staatssicherheit ihres Bezirkes nehmen? Sie waren ja Leiter der Bezirkseinsatzleitung...

Werner Eberlein: Die Beratungen der Bezirkseinsatzleitung fanden zweimal oder dreimal im Jahr statt. Das sind Beratungen, wo viele routinemäßige Vorgänge stattfanden. In der Regel hat zuerst der Vorsitzende der Bezirksbehörde für Staatssicherheit einen Lagebericht gegeben, und dann wurden verschiedene Dinge – Bezirkswehrkommando und andere Dinge – behandelt. Aber es waren mehr

Routinedinge, auch Übungen, Einberufungen. Es ging um die Frage, wie hoch die Zahl der Offiziersbewerber ist. Es ging also um Dinge, die keine große politische Wertung gehabt haben, sondern mehr technische Vorgänge waren. Es war in dieser Bezirkseinsatzleitung so: Zum ersten Tagesordnungspunkt gab es eine politische Wertung, alles andere waren routinemäßige Vorgänge.

Abg. Prof. Klemm: Hatten Sie nicht dennoch die Möglichkeit, auf die Bezirksverwaltung einzuwirken?

Werner Eberlein: Sicher, ja. Zur damaligen Zeit gab es ja die sogenannten Antragsteller, wobei ich sagen muß, die Situation war in Magdeburg etwas anders... Das Schlimme ist, daß ich auch das nicht gewußt habe. Es gab keine Vergleiche. Wir wußten, daß wir in Magdeburg 1500 Antragsteller – mit 3000 Personen – hatten. Aber daß es in Karl-Marx-Stadt oder Dresden das Zehnfache ist, habe ich zwar gehört, aber gewußt habe ich es nicht. Ich muß sagen, daß im Politbüro niemals darüber diskutiert wurde.

Abg. Prof. Klemm: Das waren alles Ausreiseantragsteller?

Werner Eberlein: Ja. Damit standen ich und die Bezirkseinsatzleitung vor der Frage: Handeln wir richtig oder handeln die anderen richtig – fahren lassen oder nicht fahren lassen? Das war eine Frage, die wir uns nur selbst beantworten konnten. Da die Zahlen bei uns relativ gering waren, sind wir davon ausgegangen, daß wir doch eigentlich eine richtige Politik betreiben und die anderen eine falsche. Aber ob das so ist, hat weder das Politbüro noch eine andere Institution geklärt. Wir kannten es nur von Gerüchten her.

Abg. Prof. Klemm: Das heißt, daß die zuständige Bezirksverwaltung über Vorgänge, die sich in Ihrem Bereich abgespielt haben, nicht informiert hat?

Werner Eberlein: Das würde ich nicht so sagen. Sie haben bei der Bezirkseinsatzleitung eine Information gegeben, die ergänzt wurde vom Chef der BVP. Die Zahlen aus dem Bezirk waren uns bekannt. Antragsteller kamen ja auch in die Bezirksleitung, kamen zu mir nach Hause. Ich habe mit ihnen darüber diskutiert. Wir hatten auch veranlaßt, daß eine Gruppe gebildet wird, um die Ursachen zu erkunden, und ich selbst wollte daran teilnehmen. Ich habe mit einzelnen gesprochen. Es war sehr schwer. Es ist nicht gelungen, eine saubere, sachliche Analyse der Ursachen zu erarbeiten, warum Anträge gestellt werden. Es ging in den Diskussionen immer um Gesetze,

KSZE, Helsinki, Madrid, Wien usw. Aber auf die tieferen, DDR-eigenen Ursachen ist man leider nicht gekommen. Und es ist auch mir nicht gelungen, in den Aussprachen, die Stunden und länger dauerten, die eigenen Ursachen, Mängel und Fehler dabei zu erkennen. Wir blieben aber an dieser Oberfläche, und ich habe es nicht erwirkt, tiefer zu schürfen...

Abg. Prof. Klemm: Vielleicht noch eine letzte Frage innerhalb dieses Komplexes. Wir haben mit Erstaunen festgestellt, daß die Frage der Ausreiseanträge in den Beratungen des Politbüros nie eine Rolle gespielt hat. Das ist für uns außerordentlich erstaunlich...

Werner Eberlein: Die Zahlen wurden nicht einmal genannt, das ist das Schlimme.

Abg. Prof. Klemm: Dennoch wollen wir auf Ihre Tätigkeit im Politbüro noch einmal zurückkommen... Sie wissen, daß wir eine harte Diskussion mit Herrn Sindermann geführt haben über die Frage der Einberufung der Volkskammer... Es ist von einer großen Zahl von Abgeordneten bereits am 12. Oktober gedrängt worden, die Volkskammer unverzüglich einzuberufen, um über die Angelegenheiten dieses Landes ernsthaft zu beraten. Sindermann sagte uns, daß ein entsprechender Politbürobeschluß gefaßt worden ist, die Volkskammer nicht einzuberufen. Können Sie uns dazu etwas sagen?...

Abg. Weißgärber: Hat Herr Sindermann eine Vorlage zur Einberufung der Volkskammer eingebracht?

Werner Eberlein: Ich muß jetzt aufpassen, daß ich nichts Falsches sage. Eine solche Vorlage ist mir nicht bekannt. Ich weiß, daß... darüber diskutiert worden ist. Ich weiß, daß Sindermann im Vorgespräch zu den Sitzungen gesagt hat: Das ist ein Disziplinbruch usw. Nach meiner Kenntnis hat es eine solche Vorlage nicht gegeben...

Abg. Frau Müller: Es ist für mich unverständlich, wie in einer Zeit, wo wir voller Entsetzen, was aus unserer DDR wird, die Vorgänge beobachtet haben, das Politbüro gar nicht darüber redet. Das ist für mich heute noch unfaßbar.

Werner Eberlein: Es ist für mich schwer, darüber zu sprechen, weil ich da auf Details und Interna eingehen muß, die auch mir sehr, sehr schwer fallen. Man muß sehen, dieses Politbüro war nicht imstande, politische Entscheidungen zu treffen. Dieses Politbüro hat sich mit sich selbst beschäftigt. Dieses Politbüro hat eingeredet auf Sindermann: Horst, hör endlich auf. Lege deine Funktion nieder! Nein. –

Also das war ein Hin und Her in diesem Politbüro. Das Politbüro war nicht verhandlungsfähig. Darum kann man von diesem Politbüro, dem auch ich angehörte und wofür ich die volle Verantwortung mittragen muß, keine politische Entscheidung mehr erwarten. Ich muß dafür auch geradestehen und die Verantwortung voll mittragen.

Abg. Prof. Klemm: Wir wollen nun zu einem zweiten Teil übergehen: persönliche Privilegien. Die erste Frage in diesem Zusammenhang: Wieviele Mitglieder der Familie Eberlein durften in Wandlitz in diesem berühmt-berüchtigten Geschäft in der Waldsiedlung einkaufen? In welchem Umfang haben Sie eingekauft?

Werner Eberlein: Ich muß dazu folgendes sagen: Seitdem ich Mitglied des Politbüros war, habe ich Privilegien, also Sonderrechte in Anspruch genommen. Ich habe drei Kinder ...

Abg. Prof. Klemm: Wieviele Mitglieder Ihrer Familie hatten das Recht, in dem Laden einzukaufen?

Werner Eberlein: Alle.

Abg. Prof. Klemm: Waren das vierzehn Personen?

Werner Eberlein: Nein. So viele waren es nicht.

Abg. Prof. Klemm: Wir haben auf der Liste: Werner Eberlein und Gattin Erika, Viktor Eberlein und Gattin, zwei Töchter mit Gatten sowie vier Kindern. Das waren also alle? Dann ist das hier offensichtlich doppelt aufgeführt worden.

Werner Eberlein: Ja, ich muß noch einmal sagen, daß die eine Tochter im Jahr nur drei bis vier Wochen da war. Die andere Tochter – Ärztin – hatte keinen Ausweis. Ich habe nie einen Ausweis für sie beantragt. Sie ist mal mit uns mitgefahren, um einzukaufen ...

Abg. Prof. Klemm: Können Sie uns etwas über den Umfang der Käufe sagen? Wir haben mit Herrn Sindermann eine sehr ausführliche Debatte über dieses Problem geführt.

Werner Eberlein: Ich muß dazu folgendes sagen: Ich bin dienstags nach Berlin gefahren – aus Magdeburg. Meine Frau ist in der Regel mitgefahren. Sie leidet an Knochenschwund und hat in Wandlitz das Privileg in Anspruch genommen, dort behandelt zu werden ... Ich muß sagen, daß die Situation für einen Bezirkssekretär vielleicht doch etwas anders ist, denn bei mir verkehrten ja nun Nachbarn und andere Leute. Ich konnte und habe auch nicht Waschpulver usw. aus westlichen Produktionen gekauft, auch keine Seife usw. Das war unsere Produktion. Sonst hätten mich die Leute mit dem Knüppel hinausgejagt, wenn ich diese Dinge dort eingekauft hätte. Margarine, Butter usw. haben wir aus unserer Produktion gekauft. Ich schließe nicht aus, daß unter den Einkäufen, die wir getätigt haben, auch Rasierklingen und andere Dinge waren ...

Abg. Frau Köckeritz: Ich möchte an das anknüpfen, was Sie sagten, als wir Sie fragten, was für Einkaufsmöglichkeiten Sie in Wandlitz genutzt haben. Für mich war erkenntlich, daß Sie aus dem dort angebotenen Warensortiment auswählten, was Sie mit nach Hause, nach Magdeburg nehmen konnten, ohne dort zu demonstrieren, in welchem Milieu Politbürokader, Parteikader leben, welches Umfeld sie sich geschaffen haben im Verhältnis dazu, wie die Bürger in unseren Kreisen und Städten leben. Bei Ihnen selbst ist also die Erkenntnis gekommen. Hat das niemals eine Rolle gespielt, daß man sich dort ein Milieu, ein Umfeld des Lebensstandards geschaffen hat, das für die Bevölkerung nur mit großem Differenzabstand möglich war?

Werner Eberlein: Ich muß dazu sagen, daß ich darauf geachtet habe, daß auch meine Kinder ähnlich verfahren, daß sie nicht irgendwelche Büchsen Bier einkaufen. Ich habe verhindert, daß wir so etwas in Anspruch nehmen. Daß es aber dort solche Möglichkeiten gegeben hat, habe ich erkannt. Ich möchte auch sagen, daß an Wandlitz für mich das Schlimmere war, daß es eine Art Ghetto war, in der die Menschen in einer Isolierung gelebt haben, die Politbüromitglieder. Das war für mich viel schlimmer als die Westzahnpasta, obwohl das auch nicht gut war. Aber das war für mich das Dramatische, das viel Schlimmere, daß dort Menschen lebten, die keine Ahnung davon hatten, was es im Konsum an der Ecke zu kaufen gibt und was nicht. Das ist das größte Problem für mich gewesen. Ich habe es ja erkannt, ich habe auch anfangs gesagt, daß ich mich von diesen Privilegien distanziere, die ich auch in Anspruch genommen habe.

Abg. Härtel: Und sind Sie nicht zu dem Schluß gekommen, als ebenbürtiges Mitglied des Politbüros, also auf einer Ebene dem Nachbarn zu sagen: Was machst du hier? Das zu kennen und nicht in Anspruch zu nehmen, ist die eine Seite. Aber die Verantwortung gegenüber den Genossen der Partei und dem Rest des Volkes die andere, ohne daß ich hier eine Wertung vornehmen will.

Werner Eberlein: Ich muß eingestehen, daß ich das nicht getan habe, und muß auch sagen, daß ich mich als Neuling betrachtet habe, der nicht dorthin gekommen ist, um alles zu verändern. Ich habe nicht diese innere Kraft gehabt, da ich neu hinzugekommen war. Ich konnte nicht sagen: Jetzt stülpe ich alles um. Diese innere Kraft habe ich nicht gehabt. Das habe ich nicht getan. Diese Schuld muß ich eingestehen.

Anhörung von Joachim Herrmann (17. Januar 1990)

Abg. Dr. Toeplitz: Sie waren also als Sekretär eingeordnet. Wer war ihr Chef oder Kontrolleur? Nur der Generalsekretär oder ...?

Joachim Herrmann: Es gab ein absolutes Gesetz der Anleitung der Massenmedien durch den Generalsekretär. Ich betone nochmals, daß ich damit nicht eine Spur von Verantwortung von meiner eigenen Handlungsweise und Person wegwischen will. Aber der Generalsekretär hatte – wie auch vorher Generalsekretäre – einen großen Wert auf die Medien und ihre Anleitung gelegt und auf die unbedingte Einhaltung der Parteidisziplin und die Durchsetzung der Beschlüsse der Parteitage, der Zentralkomiteetagungen und vor allen Dingen der Tagungen des Politbüros sowie seiner eigenen Weisungen, die bis ins Detail erfolgten, insbesondere, was das *Neue Deutschland* betraf. Er ist dabei gewiß von der Rolle ausgegangen, die die Medien spielen ...

Abg. Dr. Toeplitz: Kommen wir jetzt zur Sache, und zwar möchten wir mit der Medienpolitik beginnen. Wir haben uns ja als Volkskammerausschuß für unsere Fragestellung sehr intensiv damit beschäftigt, inwieweit sich die von uns Anzuhörenden an die Artikel der Verfassung gehalten haben. Ich möchte Ihnen zwei Artikel vorhalten. Das eine ist der Artikel 48, wo es heißt: »Die Volkskammer ist das oberste staatliche Machtorgan der DDR. Sie entscheidet in ihren Plenarsitzungen über die Grundfragen der Staatspolitik. Die Volkskammer ist das einzige verfassungs- und gesetzgebende Organ der

DDR. Niemand kann ihre Rechte einschränken.« Und Artikel 27, der jetzt sehr viel diskutiert wird: »Jeder Bürger hat das Recht, den Grundsätzen dieser Verfassung gemäß seine Meinung frei und öffentlich zu äußern. Die Freiheit der Presse, des Rundfunks und des Fernsehens ist gewährleistet.«

Wie sehen Sie heute Ihre Tätigkeit und die Art der Ausübung der Tätigkeit im Verhältnis zu diesen Verfassungsartikeln?

Joachim Herrmann: Erstens anerkenne ich diese Verfassungsartikel. Das ist selbstverständlich. Zweitens sehe ich die Medienpolitik, wie sie damals betrieben wurde, als diesen Verfassungsgrundsätzen nicht entsprechend. Allerdings erlauben Sie mir, folgendes hinzuzufügen: Ich kann den Artikel 1 der Verfassung, der inzwischen gestrichen worden ist, natürlich nicht außer Acht lassen.

Abg. Dr. Toeplitz: Es ist nur eine Passage gestrichen worden.

Joachim Herrmann: Ich meine die führende Rolle der Partei. Und ich meine, daß es eine Partei- und Staatsführung gab. Ich beurteile das jetzt nicht, sondern ich sage nur: So war das. Die Folgen, die diese Festlegungen hatten, haben zu einer Verletzung des von Ihnen hier zitierten Artikels geführt...

Abg. Prof. Klemm: Herr Herrmann, Sie sind doch ein erfahrener Journalist... Ist Ihnen jemals der Widerspruch zum Bewußtsein gekommen, der zwischen den Artikeln 1 und 27 bestanden hat?...

Joachim Herrmann: Ich habe vorhin gesagt, daß ich zutiefst bedaure, nicht zum Wesen dieses Widerspruchs vorgedrungen zu sein und durch eine intensive Arbeit versucht habe... Es gab die Erfolgspropaganda als ein Gesetz. Ich will das mal hier ohne Umschweife so sagen; und zwar mit dem Argument – wenn man das nicht mit einem Argument versieht, kann man darüber nicht zu Schlüssen kommen –, daß, wenn man daran etwas ändert, der Gegner – ich meine der politische Gegner, ich meine jetzt nicht irgendwelche Kräfte in der DDR, ich meine den politischen Gegner, der damals wie heute die DDR nicht gedeihen lassen will – ich gehe davon aus, daß das als Tatbestand doch unfraglich ist, daß es solche politischen Kräfte gibt, die kein Interesse an einem guten Gedeihen der DDR haben –, damit der davon nicht profitiert, wenn wir selbst Eingeständnisse unserer Unzulänglichkeiten, unserer Probleme, unserer Schwierigkeiten machen, würden wir selbst dazu beitragen, ihm Material zu geben und diesen Prozeß zu erleichtern. Die tiefe Erkenntnis, die da hinzukommt, ist, daß das Gegenteil eingetreten ist, daß der Gegner die Propaganda in die Haushalte der DDR gebracht hat und daß dadurch praktisch unsere Stellung, unsere selbstkritische Haltung, all das, was aus den Artikeln der Verfassung zitiert wurde, entfallen ist und damit eine Unglaubwürdigkeit eingetreten ist, ein Widerspruch zwischen der Wirklichkeit und dem, was wir in den Medien propagiert haben. In dem guten Glauben, damit etwas für die DDR zu tun, hat sich das gegen die DDR ausgewirkt. Wenn ich diesen Widerspruch hier nicht nenne, dann muß ich sagen, ich habe bewußt gegen die DDR gearbeitet, und das kann ich nicht. Ich kann nicht sagen, ich habe bewußt gegen die DDR gearbeitet ...

Ich habe mit den Vertretern der Medien über Jahrzehnte hinweg bis in die jüngste Vergangenheit kameradschaftlich zusammengearbeitet. Das ist nicht ohne Widerspruch geschehen. Die Leiter der Medien – ich habe mit den Leitern der Medien gesprochen – haben Widerspruch angemeldet. Es hat Diskussionen darüber gegeben, es hat besonders in bezug auf die Wirtschaftspolitik und insbesondere der Sprachlosigkeit angesichts der Flucht von DDR-Bürgern in andere Länder wirklich Auseinandersetzungen gegeben. Es gab eine Sprachlosigkeit dazu. Es ist ein großer Vorwurf gegen jeden, der Mitverantwortung getragen hatte, auf welchem Gebiet auch immer. Ich beziehe mich dabei in bezug auf die Medien voll mit ein, daß wir auf diese Sache ohne eine Konzeption geantwortet haben. Es gab keine richtige Konzeption, und deshalb gab es keine richtige Politik, und deshalb gab es auch keine richtige Orientierung an die Medien ...

Abg. Prof. Klemm: Herr Herrmann, Sie haben erst davon gesprochen, daß dieser Widerspruch zwischen Wirklichkeit und Medienberichterstattung sich daraus erklärt, daß eine klare Agitationsstrategie fehlte, daß es keine Konzeption gab ... Warum haben Sie nicht eine solche Konzeption in das Politbüro eingebracht? Was sind die Gründe dafür?

Joachim Herrmann: Der letzte Satz ist mir völlig verständlich. Die andere Sache ist so, das habe ich versucht, deutlich zu machen. Was heißt keine Strategie? Es hat eine politische Strategie gegeben, festgelegt durch den Parteitag, festgelegt durch die Plenartagungen des Zentralkomitees, durch die aktuellen Beschlüsse des Politbüros und die Weisungen des Generalsekretärs. Das ist die politische Linie gewesen. Auf Grund dessen haben die verschiedenen Medien ihre

Pläne gemacht usw., aber ich will jetzt nicht in arbeitsmäßige Einzelheiten gehen. Jetzt könnten Sie sagen: Warum bist du nicht gegen diese Linie aufgetreten? Das habe ich Ihnen vorhin gesagt – weil es einen Widerspruch, einen Widerspruch gab in den Meinungen, wie man mit den Problemen, die immer stärker aufgetreten sind, in der Form, wie sie hier genannt wurden aus den Parteiorganisationen usw., wo das natürlich auch nicht Berichte waren aus den Parteiorganisationen, die in die Führung gekommen sind, die schon einige Bearbeitungsstufen hinter sich hatten. Ich will nicht leugnen, daß man das nicht gespürt hat. Man brauchte nicht nur die Briefe zu lesen, man hat das auch empfunden, daß etwas nicht richtig war.

Abg. Prof. Klemm: Ist Ihnen das nicht selbst ...

Joachim Herrmann: Nein, ich, bitte, ich. Also sage ich: Ich habe das nicht empfunden. Ich muß sogar sagen: Ich bin mit mir oft zu Gericht gegangen – das hört sich zu pathetisch an –, ich habe mir über verschiedene Dinge ernsthaft Gedanken gemacht, habe das verdrängt und habe gesagt: Man muß die Arbeit weiter verbessern, damit die Probleme gelöst werden, statt zu erkennen, daß strukturelle Fragen, grundlegende Veränderungen auf der Tagesordnung stehen, wie sie dann später eingetreten sind. Das ist ein Zeitverzug, der unzulässig ist. Aber die Einreichung einer Konzeption für die Argumentation hätte bedeutet die Einreichung einer Konzeption. Es wäre gut gewesen, wenn es mehrere gemacht hätten, ich auch, in einer Änderung der Politik nicht wegen Folge, sondern ich sage, das ist nur im Zusammenhang zu sehen ...

Abg. Singer: Wie war der Arbeitsstil im Zentralkomitee? ... Gab es Unterschiede, gab es eine Teilung oder Zersplitterung? Oder wie war das mit den Bezirkssekretären? ...

Joachim Herrmann: Erst einmal gab es keine – ich habe darüber gelesen, daß es unterschiedliche Gruppen usw. gab. Es gab einen unterschiedlichen Kenntnisstand, und es gab unterschiedliche Entscheidungsmöglichkeiten. Das will ich nicht leugnen. Außerhalb der im Kollektiv gefaßten Beschlüsse gab es in der Weisungsarbeit unterschiedliche Möglichkeiten. Ich glaube, darüber sind andere befragt worden. Der Generalsekretär hatte absolutes Weisungsrecht.

Abg. Singer: Also sagen wir so: Erich Honecker, Günter Mittag, Joachim Herrmann, Willi Stoph, Horst Sindermann, dann eine Weile nichts, die Bezirkssekretäre und dann ...

Joachim Herrmann: Dem kann ich nicht folgen. Dann müßte ich anführen, wie die einzelnen die Politik mitgetragen haben und mit welchem persönlichen Engagement sie sie mitgetragen haben. Ich kann z. B. nicht sagen: Die Bezirkssekretäre im Politbüro; denn das entspricht nicht den Tatsachen. Den Tatsachen entspricht, daß es, was mich betrifft, um die Frage der Medien usw. ging. Aber ansonsten, was die entscheidenden Fragen der Wirtschaftspolitik, der Sicherheitspolitik betrifft, sind die anderen Mitglieder des Politbüros gar nicht in dem Maße befaßt worden, aber ich auch nicht. Bei mir trifft es voll zu auf die Medien. Ich habe auch etwas gelesen von solchen, die nur mitgestimmt haben, und solchen Mitgliedern des ehemaligen Politbüros, die äußerst aktiv gewesen sind und plötzlich nur »Mitstimmer« gewesen sind. Das ist keine realistische Widerspiegelung der Wirklichkeit. Diese Politik wurde sehr stark geprägt von der Person des Generalsekretärs. In einigen entscheidenden Bereichen ist sie sehr stark unterstützt und durch eigenes starkes Weisungsrecht abgestützt worden. Im wesentlichen aber gab es keine irgendwie gearteten Widerstände gegen diese Politik. Das muß ich hier sagen ...

Abg. Jaskulla: Ich wollte eine Frage zur Vorbereitung der Veröffentlichungen sagen. Wo, wie und wann sind Endfassungen von Veröffentlichungen hergestellt oder erstellt worden? Wurden Veröffentlichungen, Meldungen in der Abteilung Agitation gewissermaßen redigiert? Wenn ja, kann eine solche Redaktion als Zensur bezeichnet werden?

Joachim Herrmann: Es wurden Entwürfe für Beiträge in nicht häufigen Fällen uns zugeleitet von ADN, ich nehme ein Beispiel. Wir haben uns per Telefon über die Sache verständigt und auch Veränderungen vorgenommen, aber das ging nicht – ich muß das wirklich hier sagen, weil das sonst ein falsches Bild gibt – in Form einer, ich kenne noch die Zensur..., so daß man da Striche macht und unterschreibt und stempelt. So war das nicht; aber das wäre eine rein formale Angelegenheit, sondern letzten Endes läuft es hinaus auf eine Verständigung über den Text, auf den man sich einigt. Das hört sich sehr geglättet an, wie ich es sage. Aber daß es Diskussionen darüber gegeben hätte, das müsen wir ... Ich will sagen, wo es eine Diskussion gegeben hat, das ist allerdings schon sehr spät gewesen: Über die Frage der Demonstranten in Leipzig, als verhindert wurde, und zwar von beiden Seiten unterlassen wurde, die Sache mit Gewalt zu machen. Da gab es eine Formulierung, wo erst nur »dank der Sicherheitsorgane« stand und dann hinzugefügt wurde, nach einem kurzen Gespräch zwischen ADN und uns, »dank der Demonstranten und Sicherheitsorgane«. Das heißt, so hat sich das abgespielt in Form einer – ich sage wirklich, vorher wurde das, wie gesagt, nicht wohlmeinend quittiert – kooperativen Zusammenarbeit, weil die Chefs der Medien auch auf diese Linie eingeschworen waren. Wenn man aber letzten Endes diese Behandlung der Beiträge nimmt, kann man natürlich sagen: Jawohl, das war eine Art von Zensur, nur das war eine Art zum Teil auch von Selbstzensur. Das ist nicht so, hat sich nicht in Formen abgespielt. Es gab eine Debatte hin und her über verschiedene Dinge, und man einigte sich auf die Fassung. Und die Nachrichten, die wichtigsten Meldungen des Tages, hat sich der Generalsekretär – und damit leugne ich nicht meine eigene Verantwortung – persönlich vorlegen lassen.

Abg. Prof. Klemm: Inzwischen waren die Journalisten so diszipliniert, daß sie sich diese Selbstzensur auferlegt haben, und das ist ein Ergebnis dieser Medienpolitik gewesen. Das wollen wir nicht vergessen ...

Abg. Frau Kralowetz: Wie stehen Sie selbst zur Frage der Berichterstattung, insbesondere zum politischen Herangehen in Ihrer damaligen Funktion, aber auch insbesondere zur Schnelligkeit der Informationen? Die wachsende Unzufriedenheit der Bevölkerung bestand auch darin, daß sie die Informationen in den meisten Fällen schneller von den westlichen Medien erfahren konnte. Es ging gerade auch um Informationen, die über Sachen, die in der Republik gelaufen sind, kamen, daß praktisch eine Information über andere Medien lief, sprich über die *Prawda* und andere Organe, und daß wir uns danach erst selber geäußert haben. Ich möchte als Beispiel nur die Sache mit dem *Sputnik* anführen. Wie stehen Sie dazu?

Joachim Herrmann: Es gab ein Bestreben, bei allem so schnell wie möglich mit Informationen zu sein. Das schließt nicht aus, daß Informationen ausgespart wurden. Das hatten wir vorhin schon gesagt. Ich meine die Schnelligkeit der Informationen. Wenn eine Sache, sagen wir mal, nach Möglichkeit nicht breit behandelt werden sollte, haben in der Tat die westlichen Medien, die Nachrichtenagenturen, das Fernsehen und der Rundfunk einen Druck ausgeübt, daß wir dann auch nachgezogen haben. Und ich sage: Jeder Nachzug, den

wir gemacht haben, hat mir wehgetan, weil das einfach gegen meine ganze Einstellung zur Informationspolitik war. Aber ich muß sagen: So war das. Und, was den *Sputnik* anbetrifft, das ist eine Extrafrage. Soll ich darauf antworten?
Abg. Dr. Toeplitz: Bitte.
Joachim Herrmann: Die frühere Abteilung Agitation hat im *Neuen Deutschland* dazu eine Erklärung abgegeben, die der Wahrheit entspricht. Das heißt, es gab in dieser betreffenden Ausgabe des *Sputnik* einige Beiträge, über deren Richtigkeit ich auch noch heute ernsthaft diskutieren würde. Aber es gab eine Aufforderung, sogar von sowjetischen Genossen: Dann meldet euch doch zu Wort, und wir werden diese Sache veröffentlichen. – Dagegen gab es eine Einstellung: Eine öffentliche Diskussion mit der Sowjetunion würde nur negative Auswirkungen auf unsere Beziehungen zur Sowjetunion haben. So war das. Es gab den Vorschlag konkret zu dieser Ausgabe des *Sputnik*, daß einige Autoren gesucht werden, die dieser Meinung sind und dazu im *Sputnik* eine Veröffentlichung vornehmen. Dieser Vorschlag wurde gestrichen, und es erfolgte die Weisung des Generalsekretärs, den *Sputnik* von der Liste des Postzeitungsvertriebes zu streichen und in ADN eine Meldung zu veröffentlichen.
Abg. Dr. Toeplitz: Und wer verantwortet die Lüge dieser Meldung, daß das Postministerium diese Zeitschrift gestrichen habe?
Joachim Herrmann: Das sind dann zwei: der sie diktiert hat, und der – letzterer bin ich –, der sie an ADN weitergeleitet hat.
Abg. Dr. Toeplitz: Denn es war eine Lüge. Der Postminister ... hat es über Rundfunk erfahren, daß die Zeitung abgesetzt wurde.
Abg. Frau Köckritz: Ich möchte eine Frage zur Tätigkeit der Journalisten stellen ... Ich kann mir nicht vorstellen, daß sie nur das Zubehör bekommen haben, was dann veröffentlicht wurde, wo aus dem Rahmen der Planerfüllung heraus alles rosig dargestellt wurde, das Erfolgserlebnis im Kollektivleben usw. Sie haben doch sicherlich auch andere Dinge gehört und erfahren und haben das nicht gebracht. Dieses Wirken des Apparats würde mich interessieren.
Abg. Bormann: Ich möchte die Frage erweitern bis hin zu der Tatsache, daß in der Pressemeldung vom *Neuen Deutschland* vom 10. Januar Journalisten gezwungen wurden, entgegen ihren Absichten und Zielen ihre Berichterstattung vorzunehmen, zu schreiben, bis hin zu der Tatsache, daß Sie kurz vor der Berichterstattung der

»Aktuellen Kamera« und während der Sendung der »Aktuellen Kamera« in der Redaktion anriefen und Veränderungen erwirkten...

Joachim Herrmann: Die Tatsache, daß wir über einen großen und guten Stamm von Journalisten verfügen, hat sich darin gezeigt, daß es in kurzer Zeit zu einer Wendung in der Darstellung des Lebens durch die Journalisten kam. In der Tat ist es so, daß diese Journalisten vorhanden waren und daß wir ununterbrochen mit diesen Journalisten gearbeitet haben. Ich zähle die Leiter auch dazu. Einige von ihnen sind ja noch als Leiter da, und mit Recht glaube ich, weil es einfach sehr fähige Kräfte sind. In der Tat hat es solche Fälle gegeben, daß man in Sendungen oder in den Produktionsprozeß eingegriffen hat.

Abg. Bormann: Nicht »man«, sondern es geht darum, wie Sie persönlich eingegriffen haben.

Joachim Herrmann: Ich habe das getan und die, die mit mir zusammengearbeitet haben. Aber ich sage noch einmal: Das ist im Einvernehmen geschehen, das aber auf keinen soliden Fundamenten stand. Das ist die Antwort auf die Frage, die eben gestellt worden ist. Ich könnte sagen: Ich habe auch, während die »Aktuelle Kamera« lief, Anrufe bekommen und dann dort angerufen. Ich kann mich allerdings nicht an sehr viele Fälle erinnern.

Abg. Bormann: Ich möchte feststellen, daß eindeutig Journalisten der Presse wie auch Redakteure von Fernsehen und Rundfunk seit August 1989 von Ihnen massiv an ihrer Tätigkeit gehindert wurden, bis hin zu Verboten. Das möchte ich feststellen, da wir seit August über die Probleme in Auseinandersetzungen mit der ungarischen Ausreisewelle und mit den späteren Ereignissen in anderen sozialistischen Ländern und Botschaften nur über Westmedien erfahren haben und über unsere Medien – weder Zeitung, noch Fernsehen, noch Rundfunk – solche Informationen nicht an die Bevölkerung gelangt sind... Und das ist mein persönlicher Vorwurf, den ich an Sie richte.

Joachim Herrmann: Da möchte ich dazu sagen: Das akzeptiere ich voll und ganz. Es gab eine Konzeptions- und Sprachlosigkeit, und die ist nicht auf irgendeinen Journalisten zurückzuführen, sondern nur auf die Struktur des Apparates. Ich muß wirklich sagen, wir standen dieser Angelegenheit deshalb hilflos gegenüber, weil es dazu keine Konzeption gab... In dem Zusammenhang sind auch Journalisten behindert worden, obwohl ich jetzt keinen Fall X, Y oder Z habe. Ich wäre dankbar dafür, wenn man ihn nenne würde. Ich habe keinen Fall, in dem ich das personifizieren könnte. Aber es gab eine Anweisung, darüber nicht zu schreiben, weil die Frage stand: In welcher Weise? Und dazu hätte man die Politik ändern müssen.

Abg. Bormann: Woher stammte denn Ihr Spitzname »Platzanweiser«?

Joachim Herrmann: Vom *Neuen Deutschland*.

Abg. Bormann: Aber doch nicht ohne Untergrund?

Joachim Herrmann: Natürlich nicht. Das habe ich doch vorher erklärt, daß es jeden Tag Absprachen darüber gab, was zu tun ist, und daß ich das ausgeführt habe, statt zu erkennen, daß das falsch ist und dagegen aufzutreten. Das habe ich doch gesagt. Aber der Kommentar, wenn ich das hinzufügen darf, der in vielen Dingen den Tatsachen entspricht, was die tatsächliche Festlegung von Prioritäten im *Neuen Deutschland* usw. betrifft, ist in einer Art und Weise geschehen, wie ich das niemals mit einem anderen gemacht hätte. Oder haben Sie einen konkreten Fall? Können Sie mir nicht einen konkreten Fall nennen? Sie reden immer allgemein. Sie greifen mein »man« an, aber reden allgemein ...

Abg. Dr. Toeplitz: Ich möchte, Herr Herrmann, ein Beispiel anführen, das große Empörung ausgelöst hat. Nachdem die Massenflucht über Ungarn eingesetzt hatte, gab es in dem ADN-Kommentar die zynische Bemerkung: Wir trauern ihnen nicht nach, diesen Tausenden von jungen Menschen. Wer trägt dafür die Verantwortung für diesen Zynismus? Da war nicht Sprachlosigkeit, sondern Zynismus gefordert.

Joachim Herrmann: Der Kommentar ist dem Generalsekretär vorgelegt worden ohne diesen Satz. Er ist reingeschrieben worden. Ich habe nichts dagegen getan, sondern habe den Kommentar an ADN weitergegeben.

Fachberater Richterin Ewald: Ich möchte noch einmal unbedingt zu dem Faktor zurückkommen: Mir war es nicht bewußt, heute ist es mir bewußt. Und insofern stärkt offensichtlich die ehemaligen Führungskader wirklich die Kollektivität, wie sie sie damals gestärkt hat, im Kollektiv abzutauchen und nicht die eigene Meinung auch mal dem Honecker gegenüber fest zu vertreten. Offensichtlich im Nachhinein spielt die Kollektivität noch eine Rolle. Wir waren auch kollektiv mitverantwortlich. Ich möchte mal von Ihnen wissen – komme zurück zum Gesetz der Erfolgsmeldungen, das hier herrschte –, Sie sagten vorhin, dazu muß man das Argument wissen, wie so ein Gesetz zustande kommt. Das Argument war, daß, wenn wir in unseren Medien offen über unsere Probleme reden, der Gegner es gegen uns, gegen die DDR, verwenden oder ihr dadurch schaden könnte. Wer hat eigentlich diese Argumentation geglaubt dort oben, daß sie wirksam sein konnte, und welchen Schaden haben Sie konkret vor Augen gehabt, wenn Sie meinen, der Gegner könnte uns, wenn wir offen über uns selber berichten, schaden? ...

Joachim Herrmann: Zur Kollektivität: Ich kann nur für mich sprechen. Ich will nicht in einer Kollektivität untertauchen, sondern folgendes sagen: Jeder in diesem Kollektiv trägt die Mitverantwortung für die entstandene Lage, wie ich das eingangs dargestellt habe. Es bedeutet, daß niemand, auch ich nicht, von seiner persönlichen Verantwortung zu entbinden ist. Jeder muß diese persönliche Verantwortung tragen, aber es wäre eine Unaufrichtigkeit gegenüber diesem Ausschuß und gegenüber der Wahrheit, wenn man nicht sagen würde, daß das getragen war von seinem Kollektiv mit unterschiedlichen Dingen, über die wir schon gesprochen haben. Daraus ergibt sich auch der Glaube an diese Argumentation. Es ist in der Tat so, es sind Beiträge erschienen, die kritische Fragen aufgeworfen haben, dann allerdings nicht mit der notwendigen Konsequenz und nicht in der Weise, wie Sie das in Ihrer Frage enthalten. Ich sage, Ansätze dazu. Ich hatte vorher schon einmal gesagt, im Ansatz waren solche Beiträge da, sie wurden nachher rigoros unterbunden. Dann hat natürlich der politische Gegner, ich meine insbesondere die Medien im Westen, sofort, weil das eine Art Ausnahmeerscheinung war, daß solche Beiträge erschienen sind, sich darauf gestürzt und Riesenschlagzeilen gemacht usw. Das hat eine falsche Schlußfolgerung gehabt, denn, wenn man das zur Regel gemacht hätte, wie ich das aus heutiger Sicht sehe, daß man mit der Wirklichkeit, ohne sie zu beschönigen, darzustellen beginnt, kann der Gegner überhaupt nicht mehr auf so viele Ereignisse eingehen. Und außerdem: Er hat praktisch die kritische Sonde an die DDR angelegt und damit beim Volk der DDR Einfluß gewonnen, den wir verspielt haben durch diese Art, wie Sie sagen, von falsch geglaubter Furcht vor gegnerischen Attakken oder vor dem Auswerten des Materials. Ich kann mich nur voll dazu bekennen, daß es im Interesse des Volkes der DDR richtig gewesen wäre, wenn man diese Medienpolitik und die Politik überhaupt anders gemacht hätte.

Abg. Lesser: Eine Bemerkung: Sie bezieht sich auf die Kollektive. Darunter versteht man im allgemeinen eine Gruppe von Menschen, die gemeinsam eine Arbeit vollbringt. Aber eine Gemeinsamkeit kann sich hier nicht herstellen, wenn vorgelegte Beschlüsse bejaht oder verneint werden. Eine Kollektivität kann sich nur herstellen aus einer um Wahrheit ringenden Gemeinschaft. Aber wenn es eine Problemdiskussion gegeben hat, weiß ich nicht, ob der Begriff Kollektiv so sonderlich gerechtfertigt ist ...

Joachim Herrmann: Ich muß sagen: Das mit dem Kollektiv stimmt. Aber ich muß auch sagen: Es war nicht immer so. Ich rede jetzt nicht von vierzig Jahren und den Ergebnissen, sondern ich rede von einer längeren Periode, die ich allerdings erst persönlich beurteilen kann, seit ich im Politbüro und im Sekretariat Mitglied bin. Ich kann mich in der Vergangenheit an mehr, sicher nicht ausreichende, aber mehr Diskussionen erinnern, die immer mehr nachließen. Das ist keine Entschuldigung, sondern ich sage nur, daß das eine Sache ist, die durchaus zum Nachteil der Führungsmöglichkeit und Führungsqualität gewesen ist. Früher waren manche Dinge, die mit einem Ja oder Nein oder auch schon einem vorgefaßten Ja ins Politbüro gekommen sind, noch Gegenstand größerer Auseinandersetzungen gewesen. Das ist ohne Zweifel eine zutiefst negative Erscheinung der Entwicklung dieses Kollektivs – jetzt bin ich ja nach dem Kollektiv gefragt –, und daran hat nun wieder jeder einzelne in diesem Kollektiv seine Mitschuld. Insbesondere muß ich auch von jenen sagen, die altersmäßig noch nicht in einer Situation waren, wo das vielleicht für sie ... Ich will das Alter nicht vorschieben. Jeder ist unterschiedlich in der Lage, seine Arbeit zu machen. Aber ich muß sagen: Ja, die Diskussion hat abgenommen. Und das hat die Folgen gehabt, die wir vorhin ... schon festgestellt haben ... Und der größte Fehler war, daß keiner dagegen aufgetreten ist ...

Abg. Prof. Klemm: Kommen wir noch einmal zu dem Problem Diskussion im Politbüro zurück ... Über Massenflucht ist nicht diskutiert worden, über ökonomische Schwierigkeiten im großen und ganzen auch nicht, über Ablehnung der Informationspolitik durch die Bevölkerung auch nicht. Wie ist es mit dem Gesundheitswesen gewesen? ... Ist über dieses Problem wenigstens einmal gesprochen worden? Wir fragen Sie deswegen, weil wir andere Politbüromitglieder ebenfalls schon gefragt haben. Ist über die Bildungssituation, wie kompliziert sie sich in den letzten Jahren gestaltet hat, gesprochen worden? Es geht auch um das Problem, das uns unendlich viele Schwierigkeiten macht und an den Rand des Zusammenbruchs in unserem Lande führt, das ganze Problem der Staatssicherheit. Ist so etwas mal im Politbüro als Problem diskutiert worden? ...

Joachim Herrmann: Über ökonomische Probleme ist diskutiert worden. Meist war es so – ich nehme mal den Plan zu ökonomischen Fragen –, daß dieser vorgelegen hat. Er war nicht bilanziert, wie sich erwiesen hat, ist zurückgewiesen worden, ist in mehrere Sonderberatungen dieses sogenannten kleinen Kreises, also der mit ökonomischen Fragen beschäftigten Politbüromitglieder, gegangen, ist zurückgekommen ins Politbüro und dann meistens bestätigt worden, war aber ein, wie sich jetzt herausgestellt hat, nicht bilanzierter Plan. Über diesen Plan hat es nicht die notwendigen Auseinandersetzungen gegeben.

Über das Gesundheitswesen hat es nicht zuletzt auf Grund der Initiative einiger Mitglieder des Politbüros Diskussionen gegeben, z. B. über den Mangel an Geräten, über den Mangel an Plätzen, auch über die Frage des Mangels an medizinischem Personal, medizinischem Hilfspersonal usw. Nur in diesem Zusammenhang wurde die Ausreisefrage behandelt. Es ist so – das war in Abwesenheit des Generalsekretärs –, daß über mehrere Sitzungen des Politbüros hinweg eine Diskussion über diese Erscheinungen der Ausreise stattgefunden hat, aber es gab keine Konzeption, wie man dem entgegentritt. Es hat keine Antwort gegeben auf die Frage, und somit war Führungslosigkeit und die Folge Sprachlosigkeit. Ich muß das mal so sagen, wie es ist. Aber daß nicht darüber diskutiert worden ist, kann man nicht sagen, nur ohne den Effekt, der notwendig gewesen wäre, um die Dinge anzupacken und zu ändern.

Abg. Dr. Toeplitz: Wie standen Sie zur Frage der Staatssicherheit?

Joachim Herrmann: Über die Frage der Staatssicherheit ist im Politbüro nicht gesprochen worden.

Abg. Prof. Klemm: Wer hat denn überhaupt die Staatssicherheit mal kontrolliert, daß sie nicht ein Staat im Staate sein konnte? ... Wie ist Ihre Meinung dazu?

Joachim Herrmann: Das war eine direkte Zusammenarbeit natürlich zwischen dem für Staatssicherheit zuständigen Minister und Politbüromitglied Erich Mielke in Abstimmung mit dem Generalsekretär.
Prof. Klemm: War es wirklich nur der Generalsekretär?
Joachim Herrmann: Was gab es? Es gab Informationen über diese und jene Dinge, wenn es den eigenen Bereich betraf. Bei mir waren das z. B. Hinweise – das würde ich jetzt bitten, wenn es möglich ist, Herr Vorsitzender, nicht zu protokollieren –, das waren, das gehört mit zur Aufklärung, wenn bestimmte Absichten vorlagen, gegen uns über bestimmte Medien bestimmte Dinge zu machen, also solche Dinge, das halte ich für eine absolut... Jedes zivilisierte Land der Welt hat solche Einrichtungen und gibt diese Informationen an bestimmte Leute, die sie in ihrer Arbeit verwenden können. Das ist meiner Meinung nach ein Staatsinteresse, das auch heute gilt und das man nicht in die Öffentlichkeit bringen sollte. Das ist meine Meinung. Das hat mit den anderen Sachen, wie es auch am Runden Tisch diskutiert worden ist, nichts zu tun, mit dieser... flächendeckenden Überwachung.
Abg. Dr. Toeplitz: Ist nicht diskutiert worden die Frage dieser Konzeption? – Ich möchte mal zugespitzt sagen »Andersdenkende bedeuten drohende Konterrevolution«?...
Joachim Herrmann: Wissen Sie, wann diese Frage eine Rolle gespielt hat? Im Zusammenhang mit der Gedenkdemonstration Liebknecht/Luxemburg, als das auf einem Transparent stand... Da hat es eine Diskussion gegeben über: Wenn wir dazu kommen, daß wir das sozusagen sich entfalten lassen, wird es zu unkontrollierbaren Resultaten führen. Das war im wesentlichen der Kern der Diskussion, aber nicht von irgendwelchen Maßnahmen, von irgendwelchen näheren Einschätzungen usw.
Abg. Dr. Toeplitz: In den späteren Monaten hat es keine Diskussion dieser Art mehr gegeben? Ich denke an die Geschichte Zionskirche, Druckerzeugnisse und all diese verschiedenen Fakten, die sich zugetragen haben. Ist darüber im Politbüro nie diskutiert worden?
Joachim Herrmann: Sie verstehen unter Diskussion, daß es auf die Tagesordnung gesetzt und richtig diskutiert wurde mit Schlußfolgerungen usw. Das war im wesentlichen eine Sache von operativen Maßnahmen und nicht von Grundsatzdiskussionen im Politbüro.

**Anhörung von Hans Reichelt
(18. Januar 1990)**

Abg. Knöfler: Die bisherige Umweltpolitik und ihre Ergebnisse in der DDR zeichneten sich durch eine starke Simplifizierung der Probleme und Verschönerung der außerordentlich kritischen Fakten aus. Sie selbst, Herr Dr. Reichelt, haben durch Ihr öffentliches Auftreten während Ihrer Ministertätigkeit maßgeblich zu diesem negativen Image beigetragen. Was haben Sie getan, um den Ministerratsbeschluß aus dem Jahre 1982 zu verhindern, der die Geheimhaltung von Umweltdaten festlegte und damit Probleme des Umweltschutzes in der DDR der öffentlichen Kontrolle entzog?

Hans Reichelt: Ihre Frage zielt auf ein einziges Symptom der Umweltpolitik, die von der ehemaligen Führung der Sozialistischen Einheitspartei Deutschlands durchgeführt worden ist. Ich bitte um die Zustimmung, daß ich mich grundsätzlich zunächst einmal zu der Umweltpolitik äußern kann, weil nur aus dem Gesamtzusammenhang einzelne Maßnahmen zu verstehen sind ... Als ich das Ministerium 1972 übernahm, waren die Hauptanstrengungen sofort darauf gerichtet, einmal den Umweltschutz auf keinen Fall als einen Bereich neben anderen Bereichen bestehen und dahinwelken zu lassen, sondern den Umweltschutz unbedingt zu verbinden mit der Gesamtpolitik, der Wirtschaftspolitik, der Wissenschaftspolitik, der Bildungspolitik und auch mit der internationalen Arbeit. Die zweite Aufgabe war, unbedingt den Umweltschutz in die Planung hineinzubekommen, d. h., die Industrie und Landwirtschaft in den Rahmen der Pläne mit Umweltschutzmaßnahmen zu konkretisieren und diese auch durchzuführen. Die dritte Seite der Umweltpolitik war, die Umwelterziehung aufzubauen und zu entwickeln und auch die Wissenschaftspolitik, gleichzeitig die Bürgerinitiativen zu fördern. Und die vierte Seite war die Entwicklung der internationalen Arbeit. Bereits

bei der Profilierung dieser Arbeit gab es Meinungsverschiedenheiten, weil hier die Auffassung entsprechender Organe und vor allen Dingen der zuständigen Fachorgane im damaligen Zentralkomitee der SED darauf gerichtet war, nur internationale Arbeit zu betreiben.
Die Arbeit war von vornherein mit einer Reihe von Problemen behaftet und zeigte vor allem im Prozeß der Arbeit eine ganze Reihe wachsender Schwierigkeiten aus folgenden Gründen: Das erste Problem war, daß die SED seinerzeit keinerlei Strategie für den Umweltschutz in diesem Land hatte. Es gibt weder auf dem VIII., IX. oder X. Parteitag konzeptionelle Aussagen zur Umweltpolitik im Lande. Es gibt einige Äußerungen, aber keine Strategie. Ich habe mich vor dem XI. Parteitag in einem Brief an den damaligen Sekretär gewandt und ihm den Vorschlag unterbreitet, vor dem XI. Parteitag auf alle Fälle ein Umweltprogramm ausarbeiten zu lassen und mit zur Diskussion zu stellen, obwohl das sicherlich Angelegenheit der Sozialistischen Einheitspartei Deutschlands selber war. Dieser Hinweis wurde nicht beachtet, genauso wenig wie zum damaligen Zeitpunkt auch die Vorschläge der Demokratischen Bauernpartei Deutschlands und der CDU, hier in der Volkskammer einen Ausschuß für Umwelt zu bilden, den ich auch befürwortet habe als Umweltminister, abgelehnt worden waren.
Es gibt in diesem Zeitraum von über achtzehn Jahren nicht ein einziges Plenum der SED, auf dem die Umweltpolitik dieses Landes behandelt worden wäre. Es gibt auch nicht eine Rede eines Berliner Politbüromitgliedes, die sich mit Fragen der Umweltpolitik befaßt hätte. Der für die Umweltpolitik im Zentralkomitee verantwortliche Sekretär, der gleichzeitig auch für die Wirtschaftspolitik verantwortlich war, hat sich zur Ökologie nicht ein einziges Mal geäußert. Für ihn war das ein absolutes Fremdwort. Umweltschutz wurde von ihm nur angesprochen, um Verbote auszusprechen, Beeinträchtigungen, Einschränkungen vorzunehmen oder kritische Auseinandersetzungen zu führen. Es gibt nicht eine einzige Rede vor den Wirtschaftsfunktionären. Dementsprechend reagierten sämtliche führende Wirtschaftswissenschaftler in diesem Lande, die Ökonomen in diesem Lande und leider auch ein Teil der Massenorganisationen, was ich besonders bedaure – z.B. die Gewerkschaften –, die sich ganz besonders um den Umweltschutz und auch ökologische Aufgaben in der Industrie hätten kümmern müssen. Das ist leider bis heute nicht

geändert worden und offenbar nicht zu ändern gewesen... Die SED ... hat nicht eine einzige Veranstaltung, nicht eine einzige wissenschaftliche Konferenz, nicht einen einzigen Erfahrungsaustausch zum Umweltschutz durchgeführt, während die anderen Parteien in unserem Lande, die Demokratische Bauernpartei Deutschlands, die CDU, die LDPD und die NDPD in den letzten vier Jahren – man kann sagen seit Anfang der achtziger Jahre – begonnen haben, sich sehr engagiert mit ökologischen Fragen auseinanderzusetzen. Was mich persönlich betraf, habe ich sie bei dieser Arbeit unterstützen können. Im ehemaligen Politbüro, das sich ja bekanntlich zur Partei- und Staatsführung emporgeschwungen hatte, war keinerlei Sachkompetenz zu umweltpolitischen Fragen vorhanden, so daß trotz einer Vielzahl von Informationen, die wir übergeben haben, nicht entsprechend reagiert wurde.

Die Umweltpolitik bekam international Ende der siebziger Jahre, Anfang der achtziger Jahre auf Grund der wachsenden Bedrohung – national, regional und auch global – einen immer größeren Stellenwert. Die ökologischen Bewegungen unter der Bevölkerung wuchsen in großer Zahl. Diese Bewegungen wuchsen vor allem durch engagierte Kräfte, vor allem in der Gesellschaft für Natur und Umwelt des Kulturbundes der DDR, durch eine Vielzahl von Veranstaltungen, die wir organisierten. Ich denke an die Landschaftstage, Umweltkonferenzen und ähnliches. Dadurch wuchs auch hier das Engagement. Besonders in der Mitte der achtziger Jahre wuchs das Engagement kirchlicher Kreise und auch ökologischer Gruppen. Die Unterstützung dieser Bewegungen war gleich Null. Sobald sie kritisch wurden und Auseinandersetzungen führten, wurde sogar ein Teil von ihnen kriminalisiert.

Ausgehend von dieser Situation, möchte ich die Frage nach dem Umgang mit den Umweltdaten in diesem Lande beantworten. Das Umweltgesetz in diesem Lande gehörte zu den Gesetzen, die in einem breiten demokratischen Konsens erarbeitet und von der Volkskammer angenommen worden sind ... Wir haben damit angefangen, dieses Gesetz zu verwirklichen, daß Umweltberichte im Jahre 1971 – noch vor meiner Arbeitsaufnahme –, 1972 und 1973 in der Regierung behandelt worden sind, von mir auf den Pressekonferenzen erläutert worden sind sowie in der Woche der Landeskultur breit erörtert wurden. Diese Arbeit, die demokratisch, breit und offen war, hat uns seinerzeit ein wachsendes Verständnis sowohl unter den Bürgern als auch unter den Organen des Staates und bei den gesellschaftlichen Kräften unseres Landes für die Umweltprobleme gebracht. Sie brachten naturgemäß auch eine Reihe kritischer Hinweise und kritischer Auseinandersetzungen zu vorhandenen Rückständen. Das war offensichtlich der Anlaß dafür gewesen, daß ab 1974 verboten wurde, den Umweltbericht der Regierung vorzulegen, daß die Behandlung der umweltpolitischen Fragen untersagt wurde, die Pressekonferenzen wegfielen und auch die Woche der Landeskultur in Wegfall kam. Statt dessen wurde der Geheimhaltungsgrad für den Umweltbericht, der weiter angefertigt worden ist, so erhöht, daß der Bericht ausschließlich Mittag und – in zwei, drei Jahren – auch dem Vorsitzenden des Ministerrates und dem Vorsitzenden der Staatlichen Plankommission vorgelegt wurde. Auf Grund der Vorlage dieses Berichtes ist im wesentlichen nichts mehr erschienen.

Die zweite Richtung bestand darin, die Arbeit mit der Planung zu verbinden. Ab 1973 werden in die Planung dieses Landes 60 bis 70 zentrale Umweltinvestitionsvorhaben aufgenommen und von uns kontrolliert. Die gesellschaftlichen Aktivitäten, die sich entwickelten, und ganz besonders die internationale Bewegung, waren Ende der siebziger Jahre bereits Veranlassung, uns zu beauftragen, eine neue Ordnung für den Umgang mit Umweltdaten auszuarbeiten. Diese Ordnung wurde von uns nicht ausgearbeitet, so daß im Jahre 1982 auf Grund einer gründlichen Einschätzung, einer umfassenden Einschätzung der Sicherheitsorgane, die auch dem Ministerrat vorgelegt wurde, aus drei Gründen eine neue Ordnung für den Umgang mit Umweltdaten gefördert wurde.

Der erste Grund war, daß Daten über den Umweltschutz das Bild des real existierenden Sozialismus in Mißkredit bringen. Das heißt, es paßte nicht zu der Schönheit der Landschaft, der politischen Landschaft in unserem Lande. Als zweites wurde festgestellt, daß die Veröffentlichung von Umweltdaten zu ökonomischen Forderungen an die Deutsche Demokratische Republik von Nachbarstaaten führen könnte ... Die dritte Frage war, daß die Veröffentlichung von Umweltdaten dazu führen könnte, in unserem Lande Unwillen unter der Bevölkerung über die Mißstände im Umweltschutz hervorzurufen. Dieser Bericht und eine Reihe von Veröffentlichungen – sowohl in unserer Fachpresse als auch vor allen Dingen in der internationalen

Presse – waren Anlaß für Mittag, uns im Auftrag der Regierung zu übermitteln, eine Ordnung für den Datenschutz auszuarbeiten. Ich habe mich zunächst einmal gegen die Ordnung ausgesprochen, weil ich es für unmöglich hielt, daß der Umweltminister, der Öffentlichkeit braucht, eine Ordnung für den Datenschutz ausarbeitet. Daraufhin wurde ich verwiesen auf Regelungen, die analog der Minister für Wissenschaft und Technik und andere Minister für ihre Bereiche auszuarbeiten hatten ...
Trotzdem muß gesagt werden, daß diese Regelung, die vor allem eine scharfe Reglementierung der Datenveröffentlichung in den Ballungsgebieten, in den hochbelasteten Gebieten vorsah, schädlich war, daß sie statt zur Beruhigung zur Beunruhigung der Bürger führte, zu neuen Unsicherheiten und – ich muß das sagen aus der internationalen Arbeit – auch die Gefahr der internationalen Isolierung der Deutschen Demokratischen Republik in sich barg ...
Abg. Knöfler: Welche Rolle haben im Ministerrat diese ganzen Fragen gespielt, und welche Abhängigkeiten haben zu Politbüromitgliedern, zum Kollektiv des Politbüros oder zu einzelnen Personen bestanden, weil uns auch die ganzen Strukturen und Mechanismen in diesem Zusammenhang interessieren? ...
Hans Reichelt: Der Mechanismus ist außerordentlich kompliziert, aber vielleicht folgendermaßen zusammengesetzt: Es konnte in der Regierung grundsätzlich keine Vorlage eingereicht werden, die nicht vorher im Apparat des Zentralkomitees – diese Abstimmung wurde immer komplizierter, im letzten Jahr war kaum noch innerhalb von ein paar Monaten eine Übereinstimmung zu erreichen – und von dem zuständigen Sekretär bestätigt worden war. Wenn man die Frage an mich stellt: Gibt es Vorlagen, die in der Regierung behandelt worden sind und von der damaligen Parteiführung zurückgewiesen worden sind, so kann ich sagen: eine Fülle. Ich möchte hier nicht alle nennen. Ich darf aber einige entscheidende nennen. Wir haben Ende der siebziger Jahre für den Fünfjahrplan 1981 bis 1985 mit dem Magistrat von Berlin und einigen Industrieministern ein Programm für die Verbesserung der Umweltbedingungen in Berlin vorbereitet. Das haben wir zuerst – und jetzt kommt nochmals eine Antwort zum Mechanismus – in der Regierung behandelt, beschlossen und dann im Politbüro eingereicht, weil jede Vorlage der Regierung vom Politbüro bestätigt werden mußte. Es gab also keine Zustimmung

von Mittag. Sie wurde gar nicht im Politbüro vorgelegt, sie wurde zurückgewiesen. Und demzufolge wurde sie nicht wirksam... Wir haben Anfang der siebziger Jahre auf Vorschlag der Kammer der Technik und mit Unterstützung einiger Kombinatsdirektoren, Generaldirektoren und einiger Industrieministerien ... eine Regelung ausgearbeitet, die den Einsatz von Umweltbeauftragten in Kombinaten und Betrieben fordert. Das war höchste Zeit, weil zu diesem Zeitpunkt in den entwickelten Industrieländern bereits zu den Parteiprogrammen etablierter Parteien die Grundsätze für eine ökologische Wirtschaftsführung gehörten. In unserem Lande gab es so etwas nicht, und gibt es bis heute noch nicht.

Wir haben damals diese Regelung ausgearbeitet, in Kombinaten diskutiert, im Umweltbeirat des Ministerrates zweimal diskutiert, in der Regierung beschlossen. Sie wurde dann eingereicht zur Bestätigung im Politbüro und von Mittag abgelehnt. Es gab eine große kritische Auseinandersetzung. Sie ist bis heute nicht in Kraft getreten... Beschlüsse der Regierung, die sich mit kritischen Problemen auseinandersetzten, wurden eigentlich grundsätzlich nicht behandelt. Ich möchte hier erst einmal betonen, daß ich niemals aufgehalten worden bin, im Ministerrat meine Fragen zu stellen. Aber ob sie dann bestätigt worden sind, entschied ja letztlich das Politbüro...

Abg. Prof. Klemm: Können Sie uns sagen, was es dafür für Gründe gab?

Hans Reichelt: ... Wir haben nach den großen internationalen Havarien, die es am Rhein gegeben hat, die große Sandoz-Havarie in der Schweiz und eine weitere Wasserschadstoffhavarie an der Elboder, die zu Grenzstreitigkeiten zwischen Polen und der ČSSR geführt hat, eine komplexe Untersuchung in 1450 Industriebetrieben durchgeführt. Es ging also um die Agrochemischen Zentren der Landwirtschaft, die mit Wasserschadstoffen umgehen. Das war eine Arbeit, die über ein Jahr dauerte. Wir hatten dann eine zusammenfassende komplexe Übersicht. In deren Zusammenhang wurde eine Reihe Bestrafungen vorgenommen. Sanktionen wurden verhängt, 21 Überprüfungsergebnisse wurden der Staatsanwaltschaft übergeben. Der Bericht wurde im Ministerrat behandelt und wurde nicht dem Politbüro vorgelegt. Die Ursachen dafür sind zusammengefaßt so zu nennen: Es gab eine krankhafte Angst, daß der Umweltschutz, also Maßnahmen des Umweltschutzes in der Ökonomie den Vorrang vor der Ökonomie, vor der wirtschaftlichen Entwicklung bekämen. Es war sogar so gewesen, daß Mittag sogar Angst hatte, die Wahrheit seinem eigenen Parteikollektiv vorzulegen. Sonst wäre der Jahresbericht des Umweltschutzes, der kritisch war, im Politbüro vorzulegen gewesen als ein Bericht, den man natürlich ernst zu nehmen hatte...

Abg. Bormann: Herr Reichelt... Da Sie als Minister dieser Regierung vom Parlament, der Volkskammer gewählt wurden, haben Sie ja die Möglichkeit gehabt, sich in zahlreichen Ausschüssen der Volkskammer – ich denke an den Ausschuß für Land-, Forst- und Nahrungsgüterwirtschaft, den Ausschuß für Gesundheitswesen, den Ausschuß für Arbeit und Sozialpolitik – an die Abgeordneten zu wenden. Ich gehe sogar so weit, weil Sie vorher in Ihren Ausführungen die Rolle der Gewerkschaften hinsichtlich der Umweltprobleme bemängelten –, daß Sie sich auch an den Ausschuß für Eingaben der Bürger hätten wenden können, um Ihre Rechte als Minister geltend zu machen. Warum haben Sie das nicht gemacht?...

Hans Reichelt: Zum Auftreten vor den Ausschüssen: Ich hatte vorhin schon deutlich gemacht, daß ein Umweltausschuß nicht gebildet worden war. Das war von Mittag abgelehnt worden. Den Ausschuß für Industrie, Bauwesen und Verkehr leitete Mittag selbst. In diesem Ausschuß war das zu sagen, was vorgegeben war. Ich kann ganz offen sagen: Ich habe anläßlich der Behandlung des Wassergesetzes eine kritische Auseinandersetzung gehabt wegen der Anwendung von Sanktionen. Das war die einzige kritische Auseinandersetzung. Eine Reihe Industriebetriebe forderte, daß mit dem neuen Wassergesetz die Verhängung von Sanktionen – weil sie nicht genügend oder selten wirksam werden – aufgehoben wird. Das war die einzige Chance, die ich im Ausschuß seinerzeit hatte, meinen Standpunkt engagiert vorzutragen. Und es blieb bei den Sanktionen...

Abg. Prof. Klemm: Herr Reichelt, Sie haben jetzt sehr deutlich gesagt, welche Entscheidungsgewalt dieses Ministerium und Sie selbst hatten. Ich habe fast den Eindruck, als wenn diese ganze Institution mehr eine Alibifunktion hatte... Eine zweite Frage dazu: Ich habe Sie in der Vergangenheit öfter zu Problemen der Umwelt sprechen hören... Aber Sie machten immer den Eindruck, als hätten wir die Dinge im Griff. Und das muß ich Ihnen vorwerfen... Sie wußten, daß wir die Dinge nicht im Griff haben, und Sie haben nie den Weg in die Öffentlichkeit angetreten...

Hans Reichelt: Zur Beantwortung dieser Frage muß man einige Zusammenhänge darstellen. Ob eine Parteiführung der SED das Ministerium als Alibi genutzt hat, würde ich möglicherweise mit Ja beantworten. Wenn die Frage zu beantworten ist, ob ich das Ministerium nur als Alibifunktion angesehen habe, muß ich das entschieden verneinen, und zwar aus folgendem Grunde, – und jetzt werde ich über die Arbeit etwas sagen müssen, die das Ministerium ohne Öffentlichkeitsarbeit geführt hat und durchführen mußte. Vielleicht darf ich den Abgeordneten vorweg noch etwas sagen. Es gab nicht eine Veröffentlichung von mir, die Mittag nicht abgezeichnet hätte ...

Abg. Prof. Klemm: Ging das nur über Mittags Tisch oder auch über Herrmanns Tisch?

Hans Reichelt: Es gab keine Veröffentlichung von mir, die nur über Herrmann gegangen wäre. Wenn sie über Herrmann ging, mußte sie Mittag abzeichnen. Das ist ein Protokollvermerk. Jedes Treffen mit einem Minister, das ich hatte, und ich hatte im Laufe der Zeit mindestens über 100, wurde von Mittag abgezeichnet, jeder Vermerk wurde vorher abgezeichnet. Die Methode bei Mittag bestand überhaupt darin, daß das, womit er einverstanden war, schriftlich gemacht wurde mit »Einverstanden«. Ich habe Hunderte solcher Zettel. Wo Mittag dagegen war, wurde telefonisch Nein gesagt. Jedes Referat ging über Mittags Tisch. Ich spreche nicht von Referaten, die grundsätzlichen Charakter hatten oder internationale Erklärungen, die selbstverständlich der Vorsitzende des Ministerrates bestätigen mußte oder auch der zuständige Sekretär im Zentralkomitee. Die meine ich nicht. Das halte ich für selbstverständlich; wenn ich im Namen der Regierung eine Erklärung abgebe. Was ich an Vorträgen in diesem Lande gehalten habe – und das war ein mühsamer Weg –, was dort an Streichungen war. Jede Zahl wurde herausgestrichen. Jede halbkritische Bemerkung wurde herausgestrichen. Und es wurde sogar Jahr für Jahr schlimmer in der letzten Zeit. Nun möchte ich zu dem Teil sprechen, den das Ministerium durchgeführt hat ...

Ein Teil der Arbeit des Ministeriums, der keinerlei Öffentlichkeit hatte und auch keinerlei Öffentlichkeit haben durfte, war folgender ... Wir haben 1981/82 500 Industriebetriebe durchgearbeitet, zum Teil auch bestimmte landwirtschaftliche Betriebe. Wir haben das gemeinsam gemacht mit den Räten der Bezirke, dann auch schon mit dem Zentrum für Umweltgestaltung ... Ich habe diese Analyse damals – das war ein umfangreiches Material – Mittag übergeben mit dem Vorschlag, sie zur Grundlage für den Fünfjahrplan zu nehmen. Ich bekam nach Monaten eine Rückäußerung, die hieß: höchste Geheimhaltungsstufe – GVS. Damit kann man kaum noch arbeiten. Und es wurde mir anheimgestellt, mit den Industrieministern und der Plankommission eine Einordnung der notwendigen Maßnahmen in den Fünfjahrplan zu vereinbaren ... Ich spreche über Programme für die Reinhaltung des oberen Elbtales, für den Schutz der Gewässer zwischen Pirna und Riesa. Ich spreche über Programme für die Stadt Erfurt, über Programme, die ausgearbeitet worden sind für Saale und Pleiße. Ich spreche über Programme, die wir für Elektrokohle in Berlin ausgearbeitet haben, für die gesamte Rekonstruktion von Elektrokohle Berlin. Ich meine hier Programme, die wir für Buna ausgearbeitet haben. Ich spreche über das ganze Programm, das unter Federführung meines Ministeriums in zwei Jahren ausgearbeitet worden ist zur Senkung der Fluorchlorkohlenwasserstoffproduktion in unserem Land und des Verbrauchs oder über das Programm zur Senkung der Stickoxidbelastung in diesem Land, von denen nicht ein einziges in den Plan eingeordnet worden ist ... Ich war fast zu Hause in Bitterfeld. Ich kenne Wolfen und das CKB Bitterfeld. Ich habe Kontrollberatungen jährlich mit den Direktoren der die Elbe belastenden Schwermetallbetriebe in Dresden durchgeführt. Ich weiß also, worüber ich rede. Aber niemand wußte und weiß bis heute vom Umweltminister, daß es seine Hauptarbeit gewesen war. Ich habe mehr Arbeit gemacht für Umweltinvestitionen wie mancher Industrieminister, der Verursacher war ...

Abg. Bormann: ... Warum haben Sie diesen Weg nicht einfach umgangen? Es ist ja schließlich nur der Parteiapparat gewesen. Sie waren in der Regierung und verantwortlich gegenüber dem Parlament und nicht gegenüber dem Politbüro. Sie verweisen jetzt darauf, nach der Wende war es erst möglich. Aber das Parlament wurde von Ihnen in allen Jahren – obwohl Sie von diesem Parlament gewählter Minister waren – eliminiert, also außer Kraft gesetzt. Ich glaube, diese Antwort steht noch aus ...

Hans Reichelt: In meinem Auftreten werden Sie, wenn man die Reden verfolgt, folgendes Grundsätzliche feststellen. Ich habe die gesellschaftlichen Grundlagen dargelegt, ich habe die Beschlüsse dazu, die schwach waren, dargelegt. In der Regel mußte ich mich auf die Verfassung und das Landeskulturgesetz stützen. Ich habe behandelt die Strategie – das muß ich deutlich sagen – des Ministeriums, nicht die Strategie der Parteiführung, der SED, sondern das, was wir ... erarbeitet haben. Ich habe ... hierbei die Aufgaben, die Erfahrungen und die notwendigen Maßnahmen behandelt. Und ich habe dabei weder über- noch untertrieben. Ich habe nicht behandelt und nie behandeln dürfen: die tatsächliche Lage. Das werden Sie in keiner Rede finden können – und wer konnte das zu dieser Zeit? Eine solche Rede wäre einfach gestrichen worden... Mittag hat große Angst gehabt, daß die Ökologie zu teuer würde für dieses Land, und er hat alles getan, ... daß die Ökologie nicht in die Ökonomie hineinkommt...

Sie haben die Frage gestellt: Warum sind wir nicht ins Parlament gegangen? Wer konnte in dieser Zeit ins Parlament gehen – ohne Zustimmung – zu einer offenen Darstellung der Lage? Welcher Ausschuß im Parlament hätte die Frage behandelt? Ich habe meiner Partei die Frage gestellt. Wenn ich die Frage in meiner Partei so offen gestellt hätte, hätte man höchstens Unverständnis für mein Unvermögen, die Probleme selber zu klären, gehabt...

Abg. Lesser: ... Sie haben uns erzählt von der unsagbaren Gängelei und der schikanösen Behandlung von Mittag und seinem Bereich. Das hing in einigen Fällen auch zusammen mit der Beratung und Beschlußfassung im Ministerrat, was weitergeleitet oder nicht weitergeleitet worden ist an das Politbüro. Mich würde folgendes interessieren: Was für eine Rolle hat in all diesen Beziehungen Stoph als Vorsitzender des Ministerrates und Mitglied des Politbüros gespielt? ...

Hans Reichelt: Die Frage ist eigentlich nur so zu beantworten: Stoph war persönlich engagiert. Ich möchte ihn persönlich so einschätzen, daß er im Gegensatz zu Mittag den umweltpolitischen Fragen Interesse entgegenbrachte. Und es wird auch festzustellen sein, daß er im Unterschied zu Mittag in jeder Rede vor der Volkskammer zur Begründung des Volkswirtschaftsplanes ganz bestimmt einige Sätze zum Umweltschutz und zur Wasserwirtschaft drin hatte. Das möchte ich hervorheben. Was aber die Durchsetzung umweltpolitischer Fragen anbetrifft – das ist das zweite –, so stützt er sich voll auch darauf, daß ich vorher alles mit dem Apparat des Zentralkomitees oder mit Mittag persönlich geklärt hatte. Wenn das geklärt war,

war es klar. Ich nenne z.B., was mich heute noch ärgert, diese Verordnung über die Umweltbeauftragten der Industrie, die die Industrie selber gefordert hatte. Sie wurde im Politbüro von Mittag zurückgewiesen. Das hätte man sagen können: Das mindeste ist, daß man mit Reichelt und mit der Industrie sprechen muß, oder man hätte gesagt, wir haben es in der Regierung behandelt, man muß sich noch einmal damit auseinandersetzen. Vielleicht ist es nicht ausreichend genug gewesen.

Ich würde das so sehen. Insgesamt habe ich von Stoph Unterstützung gehabt in den Fragen der Trinkwasserversorgung beim Schutz der Wasserressourcen. Hier hat sich Stoph sehr stark engagiert und uns energisch geholfen, auch bestimmte Investitionsfragen zu lösen und bestimmte Ausrüstungen zu beschaffen. Ansonsten war es eben so: Man wartete auf das, was aus dem großen Haus kam oder nicht, was dort bestätigt war oder nicht ...

Abg. Frau Köckritz: ... Aus Ihren Darlegungen ist ersichtlich, daß Ihnen bereits beginnend Mitte der siebziger Jahre die Differenz zwischen Ihrem eigenen Wissen zur Umweltproblematik, zu Faktoren der Umweltbelastung bewußt waren. Gleichzeitig erkannten Sie schon zu diesem Zeitpunkt die Wirkung des Politbüros mit seinem Entscheidungsgremium und mit Mittag, durch welche eine konstruktive Arbeit für Sie als Minister von vornherein eingeschränkt und behindert war. Dennoch ist durch Sie als Minister für Umweltschutz die Politik mitgetragen worden ... Sie haben trotz Ihres Wissens darüber, daß auf dem Gebiet der Umweltpolitik Schritte eingeleitet hätten werden müssen, die Politik mitgetragen. Wenn ich in einen solchen Gewissenskonflikt geraten wäre, dann hätte ich Konsequenzen gezogen.

Hans Reichelt: Selbstverständlich ist ein solcher Erkenntnisprozeß nicht in den siebziger Jahren vor sich gegangen. Ich will ganz offen sagen: Das, was ich bis zum Oktober vorigen Jahres für eine Fehlentscheidung in dem einen oder anderen Fall gehalten habe, erweist sich jetzt, nachdem die ganze Methode, die ganze Art und Weise der dirigistischen Leitung von Staat und Wirtschaft deutlich wird, als eine Linie, als ein Gesamtkonzept, als eine Gesamtpolitik. Natürlich habe ich gemerkt, und zwar besonders in den letzten Jahren, nicht in den siebziger Jahren, vor allem unter dem Einfluß internationaler Arbeit, daß eine Reihe von Entscheidungen herangereift ist, die getroffen werden müssen, um Änderungen zu erreichen. Es gab zwei Möglichkeiten: Man konnte zurücktreten – so, wie Sie das sagen –, was nichts geändert hätte. Der nächste hätte das genauso machen müssen. Der zweite Weg wäre gewesen, und für den habe ich mich entschieden: Immer wieder die Fragen, die herangereift sind, auf die Tagesordnung zu stellen und sich immer wieder damit auseinanderzusetzen. Das habe ich bei den Zahlen gemacht. Das habe ich bei den Investitionen gemacht, und das habe ich zum Beispiel auch bei einer dritten Sache gemacht. Ich möchte hier als Beispiel die Smoglage in unserem Lande nennen.

Wir haben 1986 in unserem Lande eine Smoglage gehabt. Der Gesundheitsminister und ich haben versucht, bei der Parteiführung eine Entscheidung zu bewirken, daß wir zumindestens warnen können. Das wurde abgelehnt. Wir haben daraufhin gemeinsam ... die 5. Durchführungsverordnung, die gerade in Überarbeitung war, so verändert und nach vielen Auseinandersetzungen im Apparat des Zentralkomitees so formuliert, daß sie uns den Anhalt bot, eine Smogwarnung in der DDR herbeizuführen. Sie wurde im März 1987 verabschiedet.

Und jetzt will ich noch einmal etwas zu dem Mechanismus sagen. Wir haben hineinformuliert, daß wir bis zum Herbst 1987 kein Kriterium für die Alarmierung bei Smoglagen erlassen können. Gleichzeitig haben wir beschließen lassen, daß in der Industrie Einsatzpläne erarbeitet werden. Wir haben die Fassung termingerecht übergeben. Ich bekam das erst einmal von der Abteilung mit dem Hinweis zurück: Sie wird nicht eingereicht. Ich habe sie das zweite, dritte und vierte Mal eingereicht, bis ich im Februar 1989 die Mitteilung bekam, daß ich aufhören sollte, sie einzureichen. Sie würde sowieso nicht beschlossen werden. Wir haben weiter an der Vorlage gearbeitet, haben mit der Industrie die Einsatzpläne ausgearbeitet, haben das Warnsystem ausgearbeitet, weil ich genau wußte, daß es bei der nächsten Smoglage in Westberlin oder in Westdeutschland in der DDR zu Auseinandersetzungen mit der Bevölkerung in Größenordnungen kommen mußte. Ich habe dann den Ministerpräsidenten informiert. Wir haben alles so vorbereitet, daß bei einer Smoglage die Smogordnung in Kraft gesetzt werden konnte. Sie wäre in Kraft gesetzt worden. Wir haben sie in Kraft gesetzt, nachdem durch den Umbruch bei uns die Möglichkeit dazu da war. Wir haben das in diesem Jahr gemacht. Und zufällig haben wir – seit drei Jahren wieder – in der DDR Smoglagen gehabt. Die kamen gleich ein paar Tage danach. Wir haben in diesem Jahr wenigstens die Möglichkeit gehabt, sie zu erproben. Sie hat noch Mängel. Sie wird sicher im Frühjahr ausgewertet werden.

Ich habe mir in der Zwischenzeit folgendermaßen geholfen. Ich will das einmal schildern, um zu zeigen, wie der Mechanismus war. Ich habe im vergangenen Jahr mit dem Umweltminister der BRD Töpfer vereinbart ..., daß wir mit der BRD gemeinsam ein Frühwarnsystem errichten, das hieß auf gut Deutsch, wir mußten die Zahlen bei uns auch veröffentlichen. Wir haben dann noch mit dem Senat von Westberlin ein Frühwarnsystem vereinbart. Damit hatte ich neue Ansatzpunkte, um eine eigene Smogwarnung hervorzubringen.

Ich habe mich für diesen Weg entschieden. Man kann heute die Frage stellen, ob es nicht besser gewesen wäre, wenn ich zurückgetreten wäre. Ich glaube nicht, daß sich damit viel verändert hätte. Ich übernehme die Verantwortung für alles das, was ich auf meinem Gebiet zu tun hatte. Aber ich möchte deutlich machen, daß ich mich dabei niemals auf einen dritten Weg habe drängen lassen, nämlich zu resignieren. Den Weg, den viele andere Politiker und auch viele Mitarbeiter in den Organen des Staates gegangen sind, nur damit sie Ruhe hatten, den Weg bin ich nicht gegangen. Das kann ich auch mit Fug und Recht vor diesem Ausschuß sagen.

Anhörung von Wolfgang Herger und Fritz Streletz (18. Januar 1990)

Abg. Dr. Toeplitz: ... Ich möchte mich an Herrn Streletz wenden, der lange Zeit auch Sekretär des Nationalen Verteidigungsrates war. Wie war der Verteidigungsrat personell zusammengesetzt? ... Wie wurden die Mitglieder bestimmt? Es wurde ja wohl nur der Vorsitzende von der Volkskammer gewählt. Gab es Verantwortungsbereiche? Nach welchen Grundsätzen wurde gearbeitet? Gab es einen eigenen Apparat?

Fritz Streletz: ... In Verwirklichung eines Beschlusses der Volkskammer vom 10. 2. 1960 über das Gesetz zur Bildung des Nationalen Verteidigungsrates konstituierte sich erstmalig im März 1960 ein Nationaler Verteidigungsrat der Deutschen Demokratischen Republik. Was waren die Grundlagen der Arbeit des Nationalen Verteidigungsrates? Das waren vor allem die Artikel 73, 49 und 50 der Verfassung der Deutschen Demokratischen Republik. Das waren zweitens das Gesetz über die Landesverteidigung der Deutschen Demokratischen Republik vom 13. 10. 1978 sowie drittens das Statut des Nationalen Verteidigungsrates. Die letzte Fassung ist vom 27. 10. 1981 ... Danach oblag dem Nationalen Verteidigungsrat die zentrale Leitung der Verteidigungs- und Sicherheitsmaßnahmen, insbesondere die Gewährleistung der Landesverteidigung ... Entsprechend dem Verteidigungsgesetz Artikel 2 Absatz 2 mußte der Nationale Verteidigungsrat aus einem Vorsitzenden und mindestens zwölf Mitgliedern bestehen. Von der Funktion im Staat bzw. in der Sozialistischen Einheitspartei Deutschlands her zählten zu den Mitgliedern des Nationalen Verteidigungsrates: der Präsident der Volkskammer, der Vorsitzende des Ministerrates und seine beiden ersten Stellvertreter, die Minister für Nationale Verteidigung, des Innern und für Staatssicherheit, die Sekretäre des ZK der SED für Wirtschaft, Landwirtschaft, Sicherheit und Ideologie.

Es gab ständig zwei Vorsitzende von Bezirkseinsatzleitungen. Das war, solange ich das gemacht habe, immer Magdeburg und Suhl, unabhängig davon, wer dort erster Sekretär war, sowie der Chef des Hauptstabes der Nationalen Volksarmee, der Chef der politischen Hauptverwaltung der Nationalen Volksarmee und der Leiter der Abteilung Sicherheitsfragen des ZK der SED, also zuletzt der Genosse Herger. Die Wahl des Vorsitzenden durch die Volkskammer und die Berufung der Mitglieder des Nationalen Verteidigungsrates durch den Staatsrat erfolgte jeweilig nach den durchgeführten Volkskammerwahlen ... Für die nach den Wahlen 1986 durchgeführte Amtsperiode wurden in den Nationalen Verteidigungsrat gewählt bzw. berufen: Herr Erich Honecker als Vorsitzender; als Mitglieder die Herren Werner Eberlein, Werner Felfe, Kurt Hager, Heinz Keßler,

Egon Krenz, Werner Krolikowski, Erich Mielke, Günter Mittag, Alfred Neumann, Horst Sindermann, Willi Stoph sowie Hans Albrecht, Horst Brünner, Friedrich Dickel, Wolfgang Herger und als Sekretär Fritz Streletz. In dieser Funktion war ich, wie bereits dargelegt, seit 1971 tätig. Für den 1988 verstorbenen Werner Felfe wurde mit Beschluß des Staatsrates vom 9.11. 1988 Günter Kleiber als Mitglied des Nationalen Verteidigungsrates berufen... Entscheidungen des Nationalen Verteidigungsrates wurden getroffen in Form von Beschlüssen und Anordnungen zu den zu beratenden Problemen. Der Vorsitzende war darüber hinaus gemäß Statut berechtigt, Befehle und Weisungen zu erteilen. Jährlich führte der Nationale Verteidigungsrat in der Regel zwei bis drei Sitzungen durch. Die letzte Sitzung fand am 16.6. 1989 statt, das heißt, bevor dann die Krankheit des damaligen Vorsitzenden begann.

Im Mittelpunkt der Beratungen des Nationalen Verteidigungsrates standen vorwiegend: Entwicklungskonzeptionen der bewaffneten Organe, Fragen der gesamten Landesverteidigung, Berichterstattung staatlicher Leiter und Vorsitzender der Bezirkseinsatzleitungen, Kaderfragen zu Veränderungen von Nomenklaturernennungen und -beförderungen von Generalen sowie Verleihung staatlicher Auszeichnungen...

In diesem Zusammenhang kann ich Ihnen, meine Damen und Herren, melden, daß solche Fragen, wie beispielsweise die Finanzhaushalte der bewaffneten Organe, die Bestätigung bestimmter Territorien als Sperrgebiete der Landesverteidigung, der Einsatz von Baukapazitäten der bewaffneten Organe für Sonderbauten der ehemaligen Führung sowie Probleme der staatlichen Sicherheit, d.h. des Ministeriums für Staatssicherheit und seiner Organe, zu keiner Zeit Gegenstand von Erörterungen im Nationalen Verteidigungsrat waren. Durch das Ministerium für Staatssicherheit wurde keine Zuarbeit zum jährlichen Plan der Maßnahmen des Nationalen Verteidigungsrates geleistet. Es wurden keine eigenen Vorlagen – außer zu Kaderfragen – eingebracht. Zuarbeit durch das Ministerium für Staatssicherheit wurde lediglich zu Vorlagen des Ministers für Nationale Verteidigung über NATO-Übungen, zum Stand der Entwicklung der Streitkräfte der NATO bzw. zur Vorbereitung des zivilen Bereiches der NATO-Staaten auf den Kriegszustand geleistet.

Zu den Aufgaben des Ministeriums für Staatssicherheit und seiner

Organe, zu deren strukturellen Entwicklung, zur Bewaffnung und Ausrüstung sowie zu finanziellen Aufwendungen für das Ministerium für Staatssicherheit wurde nie im Nationalen Verteidigungsrat entschieden. Diese Fragen legte der ehemalige Minister für Staatssicherheit nur persönlich dem Vorsitzenden des Nationalen Verteidigungsrates zur Entscheidung bzw. Bestätigung vor.

Auf Beschluß des Nationalen Verteidigungsrates wurden in den Bezirken und Kreisen der Deutschen Demokratischen Republik Bezirks- und Kreiseinsatzleitungen gebildet, die die Aufgabe hatten, die Planung, Kontrolle und Realisierung der Maßnahmen der Landesverteidigung zu koordinieren und einheitlich durchzusetzen. Entsprechend dem vom Nationalen Verteidigungsrat erlassenen Statut waren diese verpflichtet, die durch den Vorsitzenden des Ministerrates, den Minister für Nationale Verteidigung, den Minister für Staatssicherheit und den Minister des Innern und ihre nachgeordneten Organe in den Bezirken direkt oder über Beauftragte gestellten Aufgaben, die einer Koordinierung bedürfen, durchzusetzen. Der Vorsitzende des Nationalen Verteidigungsrates war gegenüber den Vorsitzenden der Bezirkseinsatzleitungen weisungsberechtigt...

Ich darf Ihnen abschließend noch melden, daß bisher kein einziges Dokument des Nationalen Verteidigungsrates vernichtet wurde. Die gesamten Protokolle von der ersten Sitzung im März 1960 bis zur letzten Sitzung am 16. 6. 1989 sowie die gesamte andere Dokumentation, einschließlich der bis November 1989 erlassenen Befehle wurden durch die Kontrollgruppen im Objekt des Ministeriums für Nationale Verteidigung in Straußberg vollständig aufbewahrt und sind jederzeit für Befugte und dazu Bevollmächtigte einsehbar...

Abg. Dr. Toeplitz: Eine Frage, Herr Streletz... Erhielten die Mitglieder des Verteidigungsrates auf Grund ihrer Mitgliedschaft irgendwelche Vergütungen oder sonstige Privilegien?

Fritz Streletz: Nein, Herr Vorsitzender, darauf kann ich Ihnen antworten. Keiner von den Mitgliedern des Nationalen Verteidigungsrates hatte dadurch, daß er in diesem Gremium war, irgendwelche finanziellen oder anderen Vorteile. Auch der Sekretär des Nationalen Verteidigungsrates erhielt sein Gehalt als Chef des Hauptstabes der Nationalen Volksarmee...

Abg. Prof. Klemm: Eine... Frage dazu: Herr Eberlein sagte uns in der Anhörung, daß er im Grunde genommen nur zu einer Gruppe der

Zustimmenden gehört habe, die keinen besonderen Einfluß in Diskussionen zu den Problemstellungen im Politbüro hatten. Wie war die Situation im Verteidigungsrat? War die Stellung von Herrn Honecker so überragend, oder gab es echte Diskussionen, echte Auseinandersetzungen?

Fritz Streletz: Ich möchte darauf so antworten. Herr Honecker legte Wert darauf, daß alles das, was in den Nationalen Verteidigungsrat zur Beratung kam, vorher mit den zuständigen Bereichen abgestimmt war. Das heißt, es ist nie etwas in den Nationalen Verteidigungsrat gegeben worden – solange ich Sekretär bin –, von dem man sagte: Die Dreie möchten das so, die Dreie so und die Dreie so, sondern jede Vorlage – Sie können gern herauskommen zu uns, sich das ansehen – war immer so, daß alle zugestimmt haben. Selbst dann, wenn nur 5 Prozent oder 10 Prozent mit der Vorlage etwas zu tun hatten, mußten alle dieser Vorlage ihre Zustimmung geben bzw. haben im Prozeß der Erarbeitung ihre Vorschläge dazu unterbreitet.

Unabhängig davon kam es natürlich bei vielen Vorlagen auch zu einer breiten Diskussion, an der sich oft fast alle Mitglieder beteiligt haben. Das waren z.B. Vorlagen über die NATO-Kommandostabsübungen oder über Ausbildungsmaßnahmen, die wir mit den leitenden Kadern durchgeführt haben, oder jetzt z.B. über die Abrüstungsmaßnahmen. Da möchte ich sagen, haben 60 bis 70 Prozent der Mitglieder immer dazu Stellung genommen, und auch Herr Eberlein hat dazu gesprochen.

Abg. Dr. Toeplitz: Sie haben vorher zu der Frage Staatssicherheit etwas gesagt. Gibt es da Befugnisse über Nomenklaturkader des Ministeriums für Staatssicherheit?

Fritz Streletz: Jawohl. Der Nationale Verteidigungsrat war grundsätzlich verantwortlich für die Nomenklaturkader von Generalen und Admiralen an aufwärts, für die Ernennung von Generalen und Admiralen oder ihre Beförderung. Der Unterschied besteht darin, den ersten Generaldienstgrad erhalte ich durch Ernennung, dann erfolgt die Beförderung. Das war die Aufgabe des Nationalen Verteidigungsrates, wobei ich einschränkend sagen möchte, daß in der Regel die Funktionen dieser Generale bei der Staatssicherheit verschlüsselt waren. Es war also der Chef der Verwaltung 20, oder er war Leiter des Bereiches 7 oder, was weiß ich. Also nicht wie jetzt bei uns: Divisionskommandeur der 4. Mot.-Schützendivision oder Chef des

Militärbezirkes 3, sondern sie hatten ihre Nomenklatur gehabt, wobei alles andere, die Beurteilung, die Stellungnahmen usw. wie bei jedem anderen waren ...

Abg. Krausch: Ich möchte in diesem Zusammenhang eine etwas vertiefende Frage zum Komplex Kenntnisse der Teilnehmer, der Mitglieder des Nationalen Verteidigungsrates über Aufgabenstellungen, Inhalte usw. im Ministerium für Staatssicherheit, und zwar außerhalb der Kaderbestätigung, der Nomenklaturkader, an Herrn Herger richten. Waren Sie in Ihrer Funktion als Abteilungsleiter für Sicherheitsfragen und Mitglied des Nationalen Verteidigungsrates zumindestens in Kenntnis der Dinge, die durch den Vorsitzenden des Staatsrates auf diesem Gebiet entschieden oder bestätigt wurden?

Wolfgang Herger: Das muß ich mit einem klaren Nein beantworten. Ich möchte das gleich mit folgender Sache belegen: Ich bin im März 1985 Leiter der Abteilung Sicherheitsfragen geworden und hatte mich damals persönlich bei allen Ministern vorstellen wollen. Ich war auch bei Minister Hoffmann, bei Minister Dickel, und ich hatte ein Telefongespräch mit Erich Mielke. Ich hatte ihn gebeten, daß ich mich auch vorstellen kann. Er sagte mir fast wörtlich – das habe ich mir über Jahre hinweg gemerkt –, jetzt erst recht: Du bist verantwortlich für die politische Arbeit, für die Parteiarbeit. Um die operativen Dinge im Ministerium für Staatssicherheit hast du dich nicht zu kümmern ...

Abg. Prof. Klemm: Noch eine Frage zum Verhältnis Nationaler Verteidigungsrat und Staatssicherheit. Sie haben uns gesagt, Herr Streletz, daß im Verteidigungsrat diese Probleme absolut keine Rolle spielten. Sie haben auch gesagt, daß es die Aufgabe des Nationalen Verteidigungsrates war, über die zentrale Landesverteidigung und über Sicherheitsfragen zu entscheiden. Deshalb noch eine Zusatzfrage: War der Nationale Verteidigungsrat informiert über den Gesamtpersonalbestand der Staatssicherheit? Spielte das in solchen Verteidigungsüberlegungen nicht eine Rolle? Außerdem gehörten doch zum Staatssicherheitsapparat auch militärische Verbände. Spielte das wirklich absolut keine Rolle in den Beratungen des Nationalen Verteidigungsrates?

Fritz Streletz: Dazu kann ich Ihnen ehrlichen Herzens antworten ...: Über die Stärke, die Bewaffnung, die Aufgaben sowie finanzielle Ausgaben des Ministeriums für Staatssicherheit wurde im

Nationalen Verteidigungsrat nie gesprochen. Es wurde gesprochen über die Stärke der Nationalen Volksarmee, ihre Entwicklung, über die Stärke der Grenztruppen und ihre Entwicklung, über die Entwicklung der Deutschen Volkspolizei, dort aber schwerpunktmäßig über die Bereitschaftspolizei, nicht über die anderen Bereiche. Aber was das Ministerium für Staatssicherheit betraf, ich habe hier eingangs dargelegt: Es hat keine eignen Vorlagen eingereicht. Diese Problematik Staatssicherheit wurde durch den Minister für Staatssicherheit individuell mit dem Vorsitzenden des Nationalen Verteidigungsrates gelöst. Und wenn Sie mich heute fragen als Chef des früheren Hauptstabes und als Sekretär des Nationalen Verteidigungsrates nach der Stärke des Ministeriums für Staatssicherheit, dann muß ich Ihnen ehrlich sagen, daß ich Ihnen nur das antworten kann, was ich jetzt durch die Veröffentlichungen gehört habe. Die Stärke war für jeden tabu. Sicherlich werden Sie mit dem Minister für Nationale Verteidigung schon gesprochen haben oder noch mit ihm sprechen. Fragen Sie ihn, er wird Ihnen sicherlich dasselbe sagen, daß auch für ihn die Stärke der Kräfte und der Mittel der Staatssicherheit tabu war.

Abg. Dr. Toeplitz: Sie haben vorhin gesagt, daß Herr Herger Mitglied des Verteidigungsrates war und auch Ausschußvorsitzender. Er konnte informieren. Herr Herger, inwieweit haben Sie das in eigener Verantwortung getan, inwieweit haben Sie informiert?

Wolfgang Herger: Da gab es keine Festlegung. Das war durch die Personalunion meine Verantwortung. Aber da die Tätigkeit des Nationalen Verteidigungsrates und meine Mitgliedschaft Geheime Kommandosache war, habe ich im Ausschuß für Nationale Verteidigung der Volkskammer nie direkt über Sitzungen des Nationalen Verteidigungsrates informiert. Aber z.B., als es den Bericht über Wintex und Cimex 1989 gegeben hat, habe ich dieses Wissen in den Ausschuß für Nationale Verteidigung der Volkskammer eingebracht...

Abg. Dr. Toeplitz: Ich möchte noch einmal auf einige inhaltliche Fragen der Tätigkeit des Verteidigungsausschusses zurückkommen. Gab es im Verteidigungsrat Einschätzungen der internationalen Lage oder der jeweiligen Situation in der DDR? Immerhin tauchten ja da ab 1985 wesentliche Probleme auf, die auch in irgendeiner Form die Sicherheitslage beeinträchtigten. Ist darüber gesprochen worden?

Fritz Streletz: Zur internationalen Lage, ja, weil periodisch der Chef der Aufklärung des Ministeriums für Nationale Verteidigung in Abstimmung mit dem Ministerium für Staatssicherheit den Nationalen Verteidigungsrat über die Situation in Krisengebieten informiert und daraus notwendige Schlußfolgerungen abgeleitet hat. Informationen oder Beratungen über die innere politische Lage in der Deutschen Demokratischen Republik und irgendwelche Erscheinungen hat es im Nationalen Verteidigungsrat nicht gegeben, außer bei bestimmten Vorlagen, wenn die ersten Sekretäre der Bezirksleitungen und die Vorsitzenden der Bezirkseinsatzleitungen über ihre Bezirke berichteten, die dann darlegten, wie der politische Zustand ist, welche Stimmungs- und Meinungsbilder es dort gibt. Ich möchte hier aber sagen, daß das überwiegend vom positiven Gesichtspunkt aus dargestellt worden ist.

Abg. Prof. Klemm: Sie hatten den Eindruck, daß ab 1985 krisenhafte Situationen in der DDR entstanden?

Fritz Streletz: Darüber wurde im Nationalen Verteidigungsrat nicht gesprochen und auch nicht beraten. Sicherlich war es so, daß diese Probleme zwischen Minister Mielke und dem Vorsitzenden behandelt worden sind. Aber sie waren nicht offiziell im Nationalen Verteidigungsrat auf die Tagesordnung gesetzt. In den Beratungen stand diese Problematik nicht zur Debatte ...

Abg. Prof. Klemm: Herr Streletz, Sie sagten, daß bei vielen Fragen Herr Honecker und Herr Mielke eine dominierende Rolle innerhalb des Verteidigungsrates gespielt haben. Sie sagten, daß viele Fragen durch sie allein entschieden wurden, besonders was innere Sicherheitsfragen betraf.

Fritz Streletz: Dann haben wir uns mißverstanden. So habe ich das nicht formuliert. Ich habe dargelegt, daß nach meiner Meinung die Fragen der inneren Sicherheit zwischen beiden abgesprochen und beraten worden sind. Das ist meine persönliche Meinung.

Abg. Dr. Toeplitz: Und nicht im Kollektiv?

Fritz Streletz: Ich kann nur soviel sagen, daß von jeder Sitzung aus – und ich glaube, es gab keine Sitzung, wo das nicht so war –, wenn die Heimfahrt von Straußberg angetreten wurde, Herr Honecker und Herr Mielke in ein Auto eingestiegen sind und die Dreiviertelstunde von Straußberg nach Berlin genutzt haben. Sicherlich, das kann ich beweisen, das ist nachweisbar, daß die beiden immer zusammen gefahren sind. Sie kamen zwar getrennt, weil sie von unterschiedlichen Objekten kamen, aber wenn wir die Sitzung gegen dreizehn bzw. vierzehn Uhr beendet haben, fuhren sie immer beide in einem Fahrzeug nach Hause.

Abg. Prof. Klemm: Gab es darüber Diskussionen unter den anderen Mitgliedern des Verteidigungsrates? Diskussionen darüber, daß sich da etwas herausbildete, daß man sagte: So geht das nicht. Wir müssen diese Dinge stärker in die Diskussion nehmen. War das so, daß es beispielsweise bei Diskussionen über die Militär- und Sicherheitsdoktrin unterschiedliche Auffassungen gab?

Fritz Streletz: In meinem Beisein nicht. Ich weiß nicht, ob das im Beisein von Dr. Herger der Fall war. Dann müßte er sich dazu äußern.

Abg. Dr. Toeplitz: Dr. Herger, Sie haben gesagt, wie das mit Ihrem mißglückten Antrittsbesuch bei Erich Mielke gewesen ist. Welchen Auftrag hatte die Sicherheitsabteilung des ZK? Meines Wissens hatten Sie auch einen Sektor, der sich auf die Staatssicherheit bezog.

Wolfgang Herger: Die Abteilung Sicherheitsfragen beschäftigte sich mit der politischen und Parteiarbeit in verschiedenen Bereichen der bewaffneten Organe, Nationale Volksarmee, Grenztruppen der DDR, Ministerium des Innern und andere Einrichtungen des Ministeriums des Innern, Ministerium für Staatssicherheit, Zollverwaltung, Zivilverteidigung und Gesellschaft für Sport und Technik. Unsere Abteilung hatte 37 politische Mitarbeiter. Und unter ihnen waren vier, die für die Parteiarbeit im Ministerium für Staatssicherheit verantwortlich waren. Das war ein spezieller Sektor. Gleichzeitig haben sie Parteiarbeit gemacht gegenüber der Zollverwaltung der DDR, weil das eine ziemliche Verflechtung zwischen dem Ministerium für Staatssicherheit und der Zollverwaltung gab.

Abg. Dr. Toeplitz: Zoll- und Paßkontrolle waren eine Einheit?

Wolfgang Herger: Ja.

Abg. Dr. Toeplitz: Welche Funktionen und Möglichkeiten hatten diese Mitarbeiter?

Wolfgang Herger: Diese Mitarbeiter hatten genauso wie der Leiter der Abteilung keinerlei Weisungsrechte, weil wir in dem Sinne ein Parteiorgan waren. Und wenn auf einem spezifischen Gebiet eine klare Trennung zwischen Parteiarbeit und operativer Arbeit war, dann war es gerade auf dem Gebiet des Ministeriums für Staatssicherheit so. Ich möchte etwas scherzhaft sagen, als ich diese Funktionen übernommen habe, hatte ich gedacht, jetzt erfährst du etwas mehr über die Arbeit des Ministeriums für Staatssicherheit; und als ich die ersten Berichte über Parteiversammlungen, über Parteilehrjahre las, las ich eigentlich ähnliche Dinge wie die, die ich vorher als Leiter der Abteilung Jugend hatte, also wie gegenüber dem Zentralkomitee die allgemeinen politischen Beschlüsse ausgewertet werden, wie die politische Erziehung der Mitarbeiter vor sich geht. Und auch diese vier Mitarbeiter der Abteilung Sicherheitsfragen, obwohl sie selbst Offiziere des Ministeriums für Staatssicherheit waren, hatten keinen Einfluß auf die Ausarbeitung operativer Dinge ...

Abg. Prof. Klemm: Ich möchte auf die Ausgangsfrage noch einmal zurückkommen, auf Ihre Verantwortung, Herr Dr. Herger, für Sicherheitsfragen. Es berührt uns natürlich alle etwas eigenartig. Wir haben ja etliche ehemalige Politbüromitglieder hier gehört. Die hatten eigentlich den Eindruck, daß Sie sich in hohem Maße in staatliche Belange mit eingemischt haben und staatliche Belange mit dirigiert haben ... Nun tritt hier die Kuriosität auf, daß ausgerechnet in der Abteilung, die dringend notwendig gewesen wäre, sie einer zusätzlichen Kontrolle zu unterziehen, es völlig anders gewesen ist. Können Sie erklären, wie dieser Zustand möglich war?

Wolfgang Herger: Ich kann es nur so erklären, daß die Hauptverbindung auf dem Gebiete des Ministeriums für Staatssicherheit zwischen Erich Honecker und Erich Mielke lag. Das war von Anfang an so. Ich habe das auch so kennengelernt. Und neben den bilateralen Beratungen, die es auf dem Gebiet gegeben hat, z. B. auf der Fahrt von Sitzungen des Nationalen Verteidigungsrates nach Berlin war es auch jeden Dienstag nach den Sitzungen im Politbüro so, daß sich dort Erich Honecker und Erich Mielke ausgetauscht haben. Sie haben sich offensichtlich über bestimmte Probleme der Sicherheitsfragen verständigt, sicherlich auch über globale Dinge, aber eben auch über Detailfragen. Das lief dann als sogenannte zentrale Entscheidung in das Ministerium für Staatssicherheit hinein. Ich muß hier ganz klar sagen, als ich diese Funktion übernommen habe, daß ich da zunächst nicht einmal wußte, was eine zentrale Entscheidung ist. Das wußten auch seine Mitarbeiter nicht, so daß ich mich mühselig durchgefragt habe, wer diese zentrale Entscheidung ist, wo der Beschluß des Politbüros oder des Verteidigungsrates oder der Ministerratsbeschluß ist, bis ich dann – ich habe sehr lange gebraucht – zu der

Erkenntnis gekommen bin, daß zentrale Entscheidungen – ich kann es bis heute nicht beschwören – offensichtlich die waren, wenn Erich Mielke sich bestimmte Dinge von Erich Honecker bestätigen ließ.

Abg. Prof. Klemm: Haben Sie selbst einmal versucht, diesem Zustand entgegenzuwirken?

Wolfgang Herger: Nein, das habe ich einfach als gegeben hingenommen.

Abg. Dr. Toeplitz: Das wirft die Frage auf: Wer kontrollierte überhaupt die Institution der Staatssicherheit? ... Der Nationale Verteidigungsrat tat es nicht.

Abg. Prof. Klemm: Sie konnten es nicht tun.

Abg. Dr. Toeplitz: Der Volkskammerausschuß auch nicht.

Wolfgang Herger: Das gehörte gar nicht zur Kompetenz des Ausschusses für Nationale Verteidigung. Weder Staatssicherheit, noch Volkspolizei, noch andere Probleme der inneren Sicherheit gehörten in die Kompetenz des Ausschusses für Nationale Verteidigung der Volkskammer ...

Abg. Dr. Toeplitz: Also praktisch nur programmiert auf die Armeelinie?

Wolfgang Herger: Auf die Verteidigungslinie, Armeefragen, GST-Fragen, internationale Fragen und abrüstungspolitische Fragen.

Abg. Dr. Toeplitz: Das heißt also weder das Politbüro noch sonstige Einrichtungen des ZK oder der Regierung hatten irgendwelche Kontrollrechte gegenüber der Staatssicherheit?

Wolfgang Herger: Nein.

Abg. Härtel: Es wurde gesagt, daß Berichte über den Stand der politisch-ideologischen Entwicklung aus Kreis- und Bezirksleitungen kamen, nur zum Teil aus dem Bericht an Erich Honecker von Erich Mielke über die Staatssicherheit. Gab es da widersprüchliche Aussagen in den Berichten, wenn wir sie pauschal vergleichen? ...

Wolfgang Herger: Was die Berichte für die Staatssicherheit betrifft, wieder ein Kuriosum. Berichte des Ministeriums für Staatssicherheit haben Erich Honecker bekommen, der zuständige Sekretär des Zentralkomitees, aber auch nicht alle, bestimmte andere Mitglieder des Politbüros, glaube ich; das kann ich nicht hundertprozentig belegen.

Abg. Dr. Toeplitz: Und der Vorsitzende des Ministerrates?

Wolfgang Herger: Das weiß ich nicht. Ich kenne den Verteiler nicht. Ich muß nur bestätigen, daß das für mich auch so eine Eigenart war.

Ich wußte von solchen Berichten, weil Genosse Krenz mir ab und an einen gegeben hat. Aber der Leiter der Abteilung Sicherheitsfragen war entweder überhaupt nicht im Verteiler für die Berichte des Ministeriums für Staatssicherheit drin oder nur zu ganz ausgewählten Problemen. Ich kann das deswegen bestätigen, weil ich in der letzten Zeit, vor allem im Zusammenhang mit dem Zeitpunkt, wo ich mit anderen Genossen bereits daran gedacht habe, daß wir einen Führungswechsel brauchen und wußte, daß das Ministerium für Staatssicherheit genauere Informationen über oppositionelle Bewegungen usw. hat, direkt verlangt habe, das zu bekommen, und danach bekam ich einige solcher Informationen.

Es ging besonders um oppositionelle Gruppierungen. Was die Stimmung in den Kampfgruppen betraf, so haben wir das vor allen Dingen über unsere operative Tätigkeit in den Bezirks- und Kreisleitungen selbst in Erfahrung gebracht... Vor allen Dingen in den letzten Monaten war mir bekannt, daß sie zunehmend darüber beunruhigt waren, nach innen eingesetzt zu werden...

Zum Kontrollrecht: Natürlich haben wir Kontrollen gemacht, aber wir hatten kein Kontrollrecht gegenüber operativen Entscheidungen oder operativen Vorgängen. Es waren Kontrollen in der Parteiorganisation, Kontrollen über die Durchführung von Beschlüssen des Politbüros zu politischen Fragen. Ich kann mich z. B. an einen Bericht über die Durchführung des Parteilehrjahres in verschiedenen Grundorganisationen des Ministeriums für Staatssicherheit erinnern. Ich muß das ähnlich sagen, wie Herr Streletz das zum Ausdruck gebracht hat, so unglaublich das klingt, aber auch der Leiter für Sicherheitsfragen im Zentralkomitee der SED hat aus dem Bericht von Herrn Sauer vor dem Runden Tisch das meiste über die innere Struktur und über die Zusammensetzung, was die Zahlen betrifft, überhaupt das erste Mal erfahren. Ich wußte zwar, daß es inoffizielle Mitarbeiter gibt, aber ich kannte deren Zahl nicht. Ich kannte die Zahl von 40 000 bis 41 000 Parteimitgliedern im Ministerium für Staatssicherheit, aber als die Zahl 85 000 veröffentlicht worden ist, war das für mich eine neue Erkenntnis...

Abg. Dr. Toeplitz: Das heißt, alle diese Fragen der Finanzen, die Gehaltsfestlegungen, die in bestimmten Zusammenhängen eine Rolle spielen, die Renten usw. all das wurde nirgends beraten oder kontrolliert außerhalb des Ministeriums für Staatssicherheit? ... Ich denke auch an eine solche Frage wie die Gehaltsordnung, die sehr hohen Gehälter im Ministerium für Staatssicherheit. Das muß doch irgendwo beraten, beschlossen oder bestätigt worden sein. Ich bin persönlich darüber informiert, ... daß ein General der Nationalen Volksarmee ein ständiges Gehalt in der Höhe hatte wie ein Oberstleutnant im Ministerium für Staatssicherheit. Diese Disproportionen müssen doch irgendwo entstanden sein.

Wolfgang Herger: Diese Disproportionen sind immer durch Einzelentscheidungen gegenüber den jeweiligen bewaffneten Organen entstanden. Wenn z.B. der Innenminister eine Gehaltsaufbesserung haben wollte für seine Genossen, dann hat er an den Vorsitzenden des Nationalen Verteidigungsrates einen Vorschlag unterbreitet, und der wurde dann bestätigt. Und wenn der Minister für Staatssicherheit irgendwelche Vorschläge in der Richtung gemacht hat, war das genauso. Aber da kannte ich das als Leiter dieser Abteilung nicht, während ich es bei Fritz Dickel kannte. Mielke hat das offensichtlich Erich Honecker zur Bestätigung vorgelegt. Was mich betrifft, so wollte ich einen Vorstoß machen, um herauszubekommen, warum es diese unterschiedlichen Gehälter gab. Aber es führte kein Weg hinein, daß eine Klärung herbeigeführt werden konnte. Ich habe das für ungerecht gehalten ...

Abg. Dr. Toeplitz: Sie haben gesagt, daß Sie als Leiter der Abteilung Sicherheitsfragen im Grunde genommen eine sehr untergeordnete Position im Verhältnis zu Erich Mielke hatten. Nun gab es noch einen zuständigen Sekretär, Egon Krenz. Hatte der auch keine Möglichkeit, mit Erich Mielke selbständig zu sprechen?

Wolfgang Herger: ... Aus meiner Sicht ist es so, daß der zuständige Sekretär Egon Krenz keine Weisungsbefugnisse in bezug auf die operativen Fragen hatte. Allerdings muß ich sagen, das wird Herr Krenz bestätigen, daß er natürlich Verbindungen zu Erich Mielke hatte. Das ist ganz klar.

Abg. Dr. Toeplitz: Hatte der auch keine Weisungsbefugnis, hatte auch der Sekretär keinerlei Möglichkeiten, jetzt ins Politbüro, in den Verteidigungsrat, ins Sekretariat zu gehen und zu sagen: Jetzt müssen wir einige Fragen diskutieren? ...

Wolfgang Herger: Das ist so. Egon Krenz hat genauso versucht wie ich, bestimmte herangereifte Probleme auf die Tagesordnung, in dem Falle der Parteiführung, zu setzen. Er könnte eine sehr lange Geschichte erzählen, wie das jetzt beschlossene Reisegesetz entstanden ist. Das war ein solches Problem. Aus vielen, vielen Eingaben wußte ich bereits im Laufe des Jahres 1988, daß wir die Reiseordnung auf dem Gebiet der Reisenden ins kapitalistische Ausland so nicht weiter halten können. Deswegen haben wir immer wieder Vorschläge gemacht, hier eine gewisse Erleichterung zu schaffen, auch im Vorfeld der Wiener Verhandlungen. Daraufhin entstand dann in mühseliger und langer Arbeit die erste Verordnung über die Reisen, und sie war noch gar nicht richtig veröffentlicht, gab es schon das nächste Problem.

Ich habe es für mich das Tanten-und-Onkel-Syndrom genannt, weil ich unmittelbar danach Briefe aus der Bevölkerung bekommen habe: Was ist nun? Ist Tante noch Tante, Onkel noch Onkel? Daraufhin habe ich mich persönlich dafür eingesetzt, vor allem zusammen mit Friedrich Dickel, dem damaligen Minister des Innern, wenigstens eine erste Durchführungsbestimmung zusammen zustande zu bringen, die Klarheit in diese Probleme bringt, und diese Probleme dann auch ins Politbüro und ins Sekretariat des Zentralkomitees gebracht. Egon Krenz war hierfür ein guter Partner, weil er auch über Informationen vom Ministerium für Staatssicherheit über die Lage auf diesem Gebiet verfügte ...

Es war einfach schwer, möglicherweise auch gegenüber Erich Honecker, einen Gedanken über größere Reisefreiheit durchzusetzen, weil das Sicherheitskonzept in die andere Richtung gelaufen ist.

Abg. Singer: ... Ich möchte zurückkehren zu der Volkskammertagung, wo es zum Abgang von Erich Mielke kam. War der Mann bei persönlichen Gesprächen überhaupt noch geistesgegenwärtig oder nur Minister für Staatssicherheit, und dahinter hat sich eine Gruppierung verschanzt? Hat er noch richtig aufgenommen?

Wolfgang Herger: Ich gehe schon davon aus, daß Erich Mielke, abgesehen von der letzten Zeit, doch voll bei geistigen Kräften war. Allerdings im Zusammenhang mit der Volkskammertagung hatte ich doch den Eindruck, daß es einfach nicht mehr faßbar für ihn ...

Abg. Prof. Klemm: Herr Herger, Sie sagten, daß Sie ein besseres Verhältnis im Ministerium für Staatssicherheit zu Herrn Mittig, zu Schwanitz und zu Kienberg gehabt haben. Wie war die Situation dieser drei Herren zum Herrn Mielke? Da muß es doch auch mal kritische Äußerungen ... gegeben haben?

Wolfgang Herger: Das ist ein nächstes Problem. Da würde ich Sie bitten, diese Herren selbst zu fragen. Mein Eindruck und mein klares Wissen über das, was ich mit Rudi Mittig abgesprochen habe, ist: Er war über bestimmte Dinge auch als Erster Stellvertreter des Ministers nicht informiert, obwohl ich mit ihm oft darüber diskutiert habe, gerade in den letzten Monaten vor dem 9. Plenum, wie wir das bloß schaffen, daß wir nicht auf einen gewaltsamen Zustand in diesem Lande zusteuern, hat er mich immer auf die Kompliziertheit des Umganges mit Erich Mielke verwiesen, auf seinen doch sehr autoritativen Leitungsstil, auf sein Setzen auf unbedingte Befehlstreue und Befehlsgehorsam. Diese Einzelleitung in übersteigertem Sinne war im Ministerium für Staatssicherheit vor allem bei Erich Mielke absolut ausgeprägt. Das war mein Eindruck...

Abg. Dr. Toeplitz: Herr Herger! Sie wissen selbst aus langen Diskussionen im Berliner Ausschuß, daß im Grunde genommen diese Fragen des Einsatzes am 7. und 8. Oktober in Berlin und vergleichbare Dinge in Dresden bis heute nicht befriedigend geklärt worden sind. Ich habe am 1. Dezember dem früheren Generalstaatsanwalt zwei Fragen gestellt, der die Antwort schuldig geblieben ist, weil doch ein solches Unternehmen, auch gewaltsames Vorgehen, eine Motivierung der Einsatzkräfte ... gehabt haben muß.

Die zweite Frage, die ich auch gestellt habe und die noch viel weniger beantwortet ist, ist die, nachdem Tausende zugeführt worden sind in völlig hilflosem Zustand, da wurden sie nach dem gleichen Strickmuster, muß ich schon sagen, in Bautzen und Dresden, in Basdorf und in Rummelsburg behandelt. Ich sage ganz offen, ich habe es auch an anderer Stelle gesagt, in einer Form, die an die SA-Keller von 1933 erinnert. Sie mußten sich ausziehen und mit gespreizten Beinen stundenlang stehen. Ich sage das, weil das die Bevölkerung nach wie vor bewegt...

Wolfgang Herger: Ich bin mir des Ernstes der Lage voll bewußt. Ich war gestern auch vor dem Berliner Ausschuß. Es ist immer wieder eine schlimme Situation, auch für mich persönlich, weil ich von dieser Art der Übergriffe, und ich muß immer wieder dasselbe wiederholen, weil es so gewesen ist, nicht durch einen offiziellen Bericht erfahren habe, nicht durch einen offiziellen Bericht der zuständigen Schutz- und Sicherheitsorgane. Ich hatte die normalen Polizeiberichte, daß es am 7. und 8. über 500 Zuführungen gegeben hat, am 9. wieder 500

Zuführungen. Dann erfuhr ich durch einen Brief von Manfred Weckwerth, der mich vorher angerufen hatte, am 10. Oktober eine sehr lebensnahe Schilderung, was dort vor sich gegangen ist. Natürlich habe ich daraufhin auch reagiert, wie jeder reagieren würde. Ich habe sofort mit Manfred Weckwerth gesprochen, was die Ernsthaftigkeit der Information betrifft. Er hat bestätigt, das kann nur so gewesen sein, wie es vom Genossen Magirus geschildert wird. Ich habe sofort einen Mitarbeiter meiner Abteilung ins Präsidium der Volkspolizei geschickt und gebeten, sofort mit dem Präsidenten der Volkspolizei oder dem Stellvertreter die Sache zu überprüfen. Es hat sich leider auch durch solche Überprüfung von Briefen an mich persönlich bewiesen, daß es tatsächlich solche schweren Übergriffe gegeben hat. Das war auch ein Grund, warum ich die Initiative ergriffen habe, in irgendeiner Art und Weise meine Position vor der Öffentlichkeit deutlich zu machen. Das war die Idee der Rede am 24.10. vor der Volkskammer.

Abg. Dr. Toeplitz: Dr. Herger, ich sehe das Problem einfach darin, und ich möchte den Ausdruck gebrauchen, daß das gewissermaßen flächendeckend passiert ist. Das heißt, daß diese Übergriffe sich zufällig gleichen, nimmt mir keiner ab ...

Wolfgang Herger: Ich kann mir bis heute nicht vorstellen, daß es Befehle oder Weisungen gegeben hat, in solcher Art mit zugeführten Bürgern umzugehen. Ich kann mir das bis heute nicht vorstellen. Ich kenne die Grundsatzbefehle von Erich Honecker als Vorsitzenden des Nationalen Verteidigungsrates, ich glaube, er ist [sie sind] vom 25. Oktober [Sept.], über Maßnahmen zur Aufrechterhaltung von Ordnung und Sicherheit zum 40. Jahrestag der DDR. Dort stehen solche Dinge nicht drin. Da steht, daß operative Maßnahmen ergriffen werden sollen, um Ruhe und öffentliche Ordnung aufrechtzuerhalten. Aber das ist keine Aufforderung zur Gewalt oder dazu, gewaltsam einzuschreiten. Ich kann mir das immer wieder nur so erklären, daß durch diese starke emotionale Situation auf beiden Seiten ...

Abg. Dr. Toeplitz: Das ist doch nicht mehr mit Emotionen zu erklären. Und das ist der Punkt, der mir nicht erklärbar ist. Ich kann nur wiederholen, was ich gestern im Berliner Ausschuß gesagt habe, das paßt einfach nicht in mein Bild über ein sozialistisches Sicherheitsorgan und auch nicht in mein Bild über eine sozialistische Polizei, daß mit solchen Methoden gearbeitet werden soll ...

Abg. Lesser: ... Ich habe andere Fragen. Es sind doch nach den Ereignissen um den Republiksfeiertag herum viele Dinge passiert. Mich würde interessieren, welche Kontakte es in diesem unmittelbaren Zusammenhang mit Erich Honecker oder Erich Mielke gegeben hat. Sind da irgendwelche Befehle erteilt worden? Darüber hätte ich gern Aufklärung...

Fritz Streletz: ... Zu der Frage nach den Befehlen: Es wurden zu dieser Zeit einige Befehle vom Vorsitzenden des Nationalen Verteidigungsrates herausgegeben. Wenn Sie gestatten, möchte ich auf Details eingehen. Am 26. 9. 1989 wurde ein Befehl herausgegeben vom damaligen Vorsitzenden, Herrn Honecker, über Maßnahmen zur Gewährleistung der Sicherheit und Ordnung in der Hauptstadt der DDR, Berlin, anläßlich des 40. Jahrestages der DDR. Dieser Befehl beinhaltete nur die Aufgaben der Bezirkseinsatzleitung und bezog sich auf die Sicherung der vorgesehenen Großveranstaltungen und die reibungslose Gewährleistung des Aufenthaltes dieser 80 hochrangigen Delegationen. Da ist von einem Einsatz von anderen Kräften und Mitteln überhaupt nicht die Rede, sondern nur von vorbeugenden Maßnahmen zur Gewährleistung der Gesamtaufgaben.

Ein etwas konkreterer Befehl wurde erarbeitet am 13. 10. 1989 für Leipzig, und dort wurden folgende Hauptaufgaben gestellt. Das ist der Befehl Nummer 9.

(Zwischenruf: Das ist der, den Masur diskutiert.)

Die Diskussion bei Masur ging um den 9. 10. Dazu hat es keinen Befehl und kein Dokument gegeben. Dazu bin ich auch gefragt worden und zu dieser Problematik aufgetreten.

Nachdem Herr Krenz, Herr Herger, ich und einige andere persönlich in Leipzig waren, haben wir am 13. 10. 1989 den Befehl für Leipzig fertig gemacht. In diesem Befehl steht klipp und klar drin, daß die Hauptaufgabe darin besteht, die ständige Analyse der politischen Lage vorzunehmen und die Feststellung der erforderlichen politisch-ideologischen und politisch-operativen Maßnahmen zur Gewährleistung einer hohen Sicherheit und Ordnung auf dem Territorium der Stadt Leipzig, die Organisation einer zielgerichteten politisch-ideologischen Arbeit in allen gesellschaftlichen Bereichen und eines offensiven Reagierens auf provokatorische Erscheinungen und Haltungen. Dann steht drin: Es sind alle Maßnahmen vorzusehen, um geplante Demonstrationen im Entstehen zu verhindern. Der aktive Einsatz polizeilicher Kräfte und Mittel erfolgt nur bei Gewaltanwendung von seiten der Demonstranten gegenüber den eingesetzten Sicherheitskräften bzw. bei Gewaltanwendung gegenüber Objekten auf Befehl des Vorsitzenden der Bezirkseinsatzleitung Leipzig. Der Einsatz der Schußwaffe im Zusammenhang mit möglichen Demonstrationen ist grundsätzlich verboten. – Das war der Befehl Nr. 9 für Leipzig...

Abg. Lesser: Der erste Befehl, der zitiert worden ist, war doch der vom 26. 9. Hat es in den Folgetagen, sagen wir mal bis zum 9. Oktober, irgendwelchen direkten Kontakt von Honecker zu Ihnen oder von Mielke zu Ihnen gegeben?

Fritz Streletz: Zu mir hat es persönlichen Kontakt gegeben am 26. 9. 1989. Da hat mich Herr Honecker angerufen und mir... die Aufgabe gestellt, diesen Befehl zu erarbeiten, denn er war zu diesem Zeitpunkt noch krank. Danach hat es bis nach dem Oktober zwischen Herrn Honecker und mir keinen persönlichen Kontakt mehr gegeben. Ich erhielt alle weiteren Aufgaben dann über Herrn Krenz, weil sich Herr Honecker dann mit Delegationen beschäftigt hat. Alles andere ist mit Herrn Krenz gemacht worden. Nur am 13. 10., als wir von Leipzig zurückkamen, waren Herr Krenz und ich eine Stunde bei Herrn Honecker, haben mit ihm diesen Befehl durchgesprochen und ihn über die Lage in Leipzig informiert, haben ihn davon überzeugt, daß der Befehl so aussehen müßte.

Abg. Lesser: Aber es waren doch vorher schon Bereitstellungen von Truppen erfolgt. Sicherung der Grenze in Berlin, ja, aber in Leipzig und Berlin sind doch auch Truppen eingesetzt worden, die allerdings meistens nicht zum Einsatz kamen. Aber durch wen ist das veranlaßt worden? Wer hat das ausgelöst? Wer hat die Befehle entgegengenommen und das veranlaßt?

Fritz Streletz: Der Einsatz der Kräfte der Nationalen Volksarmee und der Grenztruppen der DDR war nur möglich auf Befehl des Ministers für Nationale Verteidigung, auf Einsatzbefehl. Wohin und in welchen Raum sie gehen sollten, was sie absperren sollten, das zu sagen, wäre Aufgabe der Bezirkseinsatzleitung gewesen, weil das von Straußberg aus nicht reguliert werden kann. Dafür war der Chef des jeweiligen Bezirkskommandos verantwortlich, ob nun Leipzig, Dresden oder Berlin.

Abg. Lesser: Das heißt, es muß eine Absprache oder eine Befehlskette gegeben haben. Entweder Honecker-Keßler oder Mielke-Keß-

ler. Es muß eine Absprache gegeben haben, die zum Einsatz der Truppen führte.
Fritz Streletz: Nicht zum Einsatz, sondern zu seiner Vorbereitung. Das hat es gegeben zwischen Minister Keßler und Herrn Egon Krenz, der mit dieser Aufgabe betraut war.
Wolfgang Herger: Ich möchte dazu einen Kommentar geben, weil der nach meiner Meinung nach wichtig ist. Gerade weil Egon Krenz und ich wußten, welche Truppen und bewaffneten Kräfte bereitgestellt worden waren – ich kannte nicht die Gesamtzahl, kann mir aber vorstellen, daß es in Leipzig entsprechend der zu erwartenden Demonstration sehr viele waren –, haben wir beide, Krenz und ich, am 9. Oktober mehrfach Verbindung mit Leipzig gehabt.

Wir haben darum gebeten, äußerste Zurückhaltung bei einem möglichen Einsatz von bewaffneten Kräften zu üben, wenn es zu einer Demonstration kommt. Dazu möchte ich ergänzen, daß es am 8. Oktober um 11.00 Uhr nur noch ein Fernschreiben von Erich Honecker an die ersten Sekretäre der Bezirksleitungen gegeben hat, in dem Ähnliches steht. Die Grundkonzeption bestand darin, daß nach Möglichkeit weitere Demonstrationen verhindert werden, daß sie gar nicht erst zustande kommen sollen, damit es nicht zu gewaltsamen Ausschreitungen kommt. In dem Fernschreiben wurde unter anderem darauf orientiert, daß die Bezirks- und Kreisleitungen Parteikräfte, Kräfte der FDJ, der Gewerkschaft bereitstellten, um mit auf die Straße zu gehen und mit möglichen Demonstranten Diskussionen über ihre Probleme zu führen, damit es nicht zu weiteren Demonstrationen kommt.

In diesem Fernschreiben ist auch festgelegt worden, daß in der Bezirkspresse über solche möglichen Demonstrationen auch öffentlich berichtet wird, damit die Bevölkerung Bescheid weiß ... Wir wollten einfach – ich hatte dieses Fernschreiben mit vorbereitet –, daß die Öffentlichkeit Bescheid weiß über die Entwicklung solcher Demonstrationen, zumal in meinem Bewußtsein immer klarer wurde, wenn jetzt nicht gehandelt wird an der Spitze der Partei- und Staatsführung, dann kommt es zu einer eruptiven Lösung, und spätestens bei den chinesischen Ereignissen hatte ich mir geschworen, alles zu tun, damit es nicht in der DDR zu einer solchen Entwicklung kommt. Und es reifte bei mir immer mehr die Erkenntnis, das ist nicht mit irgendwelchen Detaillösungen zu machen, sondern das ist nur zu machen, indem eine Änderung an der Spitze herbeigeführt wird, weil ich merkte, auch aus vielen Gesprächen und Begegnungen mit Erich Honecker persönlich, er wollte die wahre Entwicklung in der DDR entweder nicht wahrhaben, oder er hat sie nicht begriffen. Das war der Punkt, warum Egon Krenz, ich, Siegfried Lorenz, später dann Günter Schabowski, ich auf meiner Ebene mit mehreren Mitgliedern des Zentralkomitees, unter anderem im Flugzeug am 13. Oktober auch mit Genossen Fritz Streletz, ganz offen darüber sprachen, daß es jetzt nicht mehr so weitergehen kann...

Abg. Krausch: Ich bin jetzt nach den Informationen von Herrn Streletz unglaublich verwundert darüber, daß es für die Situation am 9. 10. keinen Befehl gegeben hat... Wenn ich aber richtig informiert bin, und wenn ich auch die Nachrichten und Rundfunksendungen dazu vor Augen habe, dann waren am Einsatzort in oder bei Leipzig auch Einheiten der Nationalen Volksarmee. Daraus muß ich schlußfolgern, daß die entweder eigenständig ohne Befehl oder mit einem Sonderbefehl, den sie sich selbst gegeben haben, in Bewegung gesetzt wurden. Erster Teil der Frage: Was hat die Führung der Nationalen Volksarmee zur Abordnung von Truppenteilen – in welcher Stärke auch immer – an den Einsatzort Leipzig bewogen? Zweite Frage: Sie formulierten, daß die dort oder wo auch immer zum Einsatz kommenden Kräfte der Bezirksleitung unterstellt waren. Wenn ich richtig informiert bin, war nicht nur zu diesem Zeitpunkt, sondern auch schon geraume Zeit vorher bereits der von Ihnen benannte Leiter, der bezirkliche Einsatzleiter als erster Bezirkssekretär persönlich gar nicht in der Funktion. Wenn ich richtig informiert bin, ist an diesem Tage möglicherweise – aber ich kann sagen, nur wenn ich richtig informiert bin – auch der zweite Sekretär der Bezirksleitung Leipzig nicht unmittelbar in Leipzig, wohl aber im Bezirk gewesen. Uns stellt sich hier die Frage: Wer hat an diesem Tag die Leitung für die bezirkliche Einsatzleitung gehabt?...

Fritz Streletz: ... Für Leipzig ist durch den Nationalen Verteidigungsrat für die Demonstration am 9. 10. kein Befehl erarbeitet worden, was sicherlich mit darin begründet liegt, daß der 7. Oktober der Feiertag war, daß sie am 8. Oktober mit den Delegationen beschäftigt waren, und dann waren noch die ganzen anderen Maßnahmen, so daß zu diesem Zeitpunkt kein Befehl erarbeitet worden ist. Offenbar ist das, was dort in Leipzig gemacht worden ist, auf der

Linie der Partei, Herr Krenz, Staatssicherheit, Herr Mielke, Ministerium des Innern, Herr Dickel, und Nationale Volksarmee, Minister Keßler, gemacht worden. Von uns waren in Delitzsch Hundertschaften gebildet, in der Unteroffiziersschule, die bereit waren, auf Anforderung der Bezirkseinsatzleitung eingesetzt zu werden. Aber ich unterstreiche noch einmal: Nicht gegenüber den Demonstranten, sondern zur Sicherung von Objekten und Anlagen, weil die Kräfte der Volkspolizei bei einer Demonstration von 150 000 oder 200 000 nicht ausreichen würden. Die Kräfte wurden, das war in der Demonstration ersichtlich, ohne Waffen eingesetzt. Sie erhielten dafür, d. h., einige von ihnen erhielten dafür Schutzschilde und Schlagstöcke mit der Anweisung, daß das für die eigene Sicherheit ist, damit sie sich wehren können.

Wenn sie eingesetzt worden wären, wäre der Einsatz erfolgt durch die Bezirkseinsatzleitung, wo der Chef des Wehrbezirkskommandos, Generalmajor Dietrich, in Leipzig Stellvertreter des Vorsitzenden der Bezirksleitung ist. Ihre Information wegen Herrn Hackenberg ist offensichtlich nicht ganz richtig. Während der Dokumentation im Fernsehen hat man gesehen, daß er telefonisch mit Herrn Krenz gesprochen hat. Das heißt, Herr Hackenberg war als 2. Sekretär Vorsitzender der Bezirkseinsatzleitung, weil Herr Schumann bereits über ein halbes Jahr krank war. Wenn jetzt ein Einsatzbefehl gekommen wäre, wäre auf Bitten des Vorsitzenden dem Generalmajor Dietrich vorgetragen worden, der hätte im Ministerium angerufen, und der Minister hätte dazu die Genehmigung gegeben...

Abg. Knöfler: Ich muß noch etwas anzweifeln. Ich bin am 9. Oktober nachmittags um 14.00 Uhr in Leipzig vor Ort gewesen. Die ganze Angelegenheit war generalstabsmäßig vorbereitet, mit Schußwaffen, nicht bloß mit Schlagstöcken, mit Hundestaffeln, die sicher nicht nur Gassi geführt werden sollten. Es sind auch nicht nur Objekte gesichert worden, sondern dort sind zur Androhung von Gewalt die Bereitschaftspolizisten und auch andere bewaffnete Organe aufmarschiert, voll ausgerüstet, bürgerkriegsmäßig, bis hin zur Gasmaske. Man hat sicher nicht angenommen, daß das Tränengas von den Demonstranten geschossen wird. Das ist so vorbereitet gewesen, daß bereits am Vormittag sämtliche Geschäftsinhaber der Innenstadt um die Nikolaikirche herum zum Rat der Stadt bestellt wurden mit der Aufforderung, ab 16.00 Uhr ihre Geschäfte zu schließen. Über die

Parteilinie ist in allen Betrieben Leipzigs, in Klein- und Großbetrieben, am 9. mitgeteilt worden, daß heute zugeschlagen, daß heute aufgeräumt wird, daß von der Schußwaffe Gebrauch gemacht wird. So ist in den Betrieben orientiert worden, und die Werktätigen sollten es vermeiden, in die Innenstadt zu gehen. Es hat Bereitstellungen von Betten in Krankenhäusern Leipzigs gegeben, und es sind Kampfgruppen von außerhalb Leipzigs in die Stadt Leipzig gebracht worden. Als ich um 14.00 Uhr vor Ort war, marschierten die Einheiten auf. Da begann die Demonstration, die sich dann auf über 150 000 Mann erhöhte. Es war eine Situation, wo man Gänsehaut schon in der Vorbereitung der ganzen Angelegenheit bekam. Ich glaube nicht, daß das eine Sache der bezirklichen Einsatzleitung war, sondern generalstabsmäßig von der Zentrale vorbereitet wurde.

Ich hatte nach dem 9. Oktober ein Vieraugengespräch mit dem Chef der Volkspolizei der Stadt Leipzig. Ich habe ihm zugesichert, ganz bestimmte Fakten nicht in der Öffentlichkeit zu nennen. Jedenfalls ging daraus hervor, daß das nicht eine bezirkliche Angelegenheit gewesen ist, sondern daß er von der Zentrale, von Berlin aus als Feigling usw. telefonisch beschimpft worden ist, weil er sich in letzter Minute doch noch mit Masur und Wötzel in Verbindung gesetzt hat oder die sich mit ihm in Verbindung gesetzt haben und er dafür gesorgt hat, daß bestimmte Offiziere, die an bestimmten Schwerpunkten eingesetzt waren, ... abgeholt wurden, damit es nicht zur Konfrontation kommt, denn er konnte nicht garantieren, daß nicht einigen dieser Offiziere die Nerven durchgehen.

Fritz Streletz: Ich bin mit Ihnen voll einverstanden. Ich spreche über die Armee, nicht über die Bereitschaftspolizei oder über die Führung der Bereitschaftspolizei, daß die nicht eingesetzt war. Ich bin mit Ihnen voll einverstanden, die Armee war nicht in der Stadt.

Abg. Singer: Welche Rolle spielte dabei die Truppe der sowjetischen Streitkräfte?

Fritz Streletz: Darauf kann ich eine Antwort geben, weil ich der Verantwortliche für das Zusammenwirken mit ihnen war. Die Gruppe der sowjetischen Streitkräfte hier hatte mit dieser Problematik in der ganzen Periode nichts zu tun. Das kann ich mit ehrlichem Herzen sagen, und ich bin bereit zu erklären – ich hatte jeden Tag mit den Genossen Kontakt, habe sie jeweils informiert – zu erklären, ein Einsatz der sowjetischen Streitkräfte war nie vorgesehen. Ich habe auch dazu Stellung genommen, was Herr Brandt gesagt hat, daß ein sowjetischer General das Blutvergießen irgendwie verhindert habe. Dafür fehlt jede Grundlage. Er müßte mal sagen, welcher sowjetische General das gewesen sein soll oder was dort aufgetreten ist. Ich sage noch einmal, der Verantwortliche für das Zusammenwirken mit der Gruppe war ich. Und ich habe ständig die Kontakte gehabt...

Oberst Seidel: Herr Vorsitzender, ich bin Mitglied des im Ministerium für Nationale Verteidigung von Admiral Hofmann, unserem Verteidigungsminister, eingesetzten Untersuchungsausschusses... Hier sind eine Reihe von Fragen oder Angaben genannt worden. Es wurde von Herrn Keßler, Krenz usw. gesprochen. Es gibt aber eine Personalunion des Sekretärs des Nationalen Verteidigungsrates und des Chefs des Hauptstabes, und die hat es gegeben. Ich würde gerne bitten, die Frage an Herrn Streletz zu richten, welche Rolle in der Befehlskette vom Minister an alle Nachgeordneten im Ministerium für Nationale Verteidigung der Chef des Hauptstabes gespielt hat, ob es bei uns einen Befehl gegeben hat, der dem Minister für Nationale Verteidigung vorgelegt worden ist, den der Chef des Hauptstabes nicht gesehen hat, oder ob die Chefs des Wehrbezirkskommandos, das ist hier Generalmajor Dietrich, mündlich geführt worden sind. Ich würde wirklich darum bitten, daß Herr Streletz mal über seine Rolle und Funktion in der Befehlskette spricht.

Fritz Streletz: Ich kann dem Herrn Oberst Seidel darauf sofort antworten. Der Hauptstab war oder ist das Führungsorgan des Ministers für Nationale Verteidigung und auch das Führungsorgan des Nationalen Verteidigungsrates. Auf den Hauptstab hat sich sowohl der Minister als auch der Vorsitzende des Nationalen Verteidigungsrates gestützt. Und dort wurden grundsätzlich alle Dokumente vorbereitet, das heißt, Befehle, die vom Minister nach draußen gehen, werden grundsätzlich, wenn sie nicht politische Arbeit oder spezifische Sachen betreffen, durch den Chef des Hauptstabes oder bei seiner Abwesenheit durch den Chef des operativen Bereiches unterzeichnet bzw. vorbereitet und dem Minister zur Unterzeichnung vorgelegt... Vom 2. bis 6. Oktober war ich in Polen zur Sitzung des Militärrates. Das weiß Herr Seidel. In dieser Zeitspanne war ich nicht da, und da hat mein Stellvertreter gearbeitet.

Was Herrn Dietrich betrifft, so möchte ich sagen, daß Herr Generalmajor Dietrich von mir am 14. persönlich eingewiesen worden ist in den Befehl des Herrn Honecker für die Maßnahmen in Leipzig. Am 14. Oktober war Herr Generalmajor Dietrich bei mir, und mit Genehmigung auch Herr Herger, Leiter der Abteilung für Sicherheit im ZK. Diese beiden Herren wurden von mir mit allen Details eingewiesen, weil es zu diesem Befehl eine Erläuterung geben mußte, denn der Befehl des Vorsitzenden des Nationalen Verteidigungsrates hatte nur eine grobe Linie, so daß Generalmajor Dietrich und der Leiter der Abteilung Sicherheit am 14. bei mir persönlich waren. Wenn Herrn Seidel interessiert, was dort gesagt worden ist, das ist sogar schriftlich hier, in was sie eingewiesen worden sind, damit sie eine klare Linie für ihre Arbeit haben. Wobei Herr Oberst Seidel – ich möchte unterstreichen, wir beide kennen uns seit zwanzig Jahren. Und wenn jemand Verantwortung trägt, dann trägt er sie voll. Und wenn ich eine Verantwortung übernehme, dann übernehme ich sie mit voller Garantie und schiebe sie nicht auf einen anderen.

Abg. Prof. Klemm: Sie sagten, Sie seien nicht im Lande gewesen. Gab es zwischen dem 6. und dem 13. 10. noch einen ähnlichen Befehl mündlicher Art?

Fritz Streletz: Von mir nicht. Vom 6. bis 13., nein. Ich möchte betonen, ich bekam – damit Klarheit ist auch für Herrn Seidel –, ich bekam am 13. morgens neun Uhr den Befehl, mich um 12.00 Uhr in Schönefeld auf dem Flugplatz zu melden. Ich wußte nicht, worum es geht. Auf dem Flugplatz habe ich getroffen Herrn Krenz, Herrn Mittig, Herrn Wagner vom MdI und Herrn Wolfgang Herger. Wir flogen gemeinsam nach Leipzig, haben in Leipzig mit der Bezirkseinsatzleitung ein Gespräch gehabt, die Lage real eingeschätzt und sind zurückgeflogen. Im Flugzeug selbst habe ich den Befehl vorbereitet, nach meiner Rückkehr im ZK den Befehl schreiben lassen. Dann waren wir von 17.00 Uhr bis 18.00 Uhr etwa bei Herrn Honecker, haben ihm diesen Befehl – Herr Krenz und ich – vorgetragen, darüber diskutiert über die ganze Geschichte. Und am Abend ist der Befehl mit Sonderkurier sofort rausgegangen.

Wolfgang Herger: Es hat keinen Befehl gegeben, sondern am 8. 10. gab es um 11.00 Uhr ein Fernschreiben von Honecker an alle Bezirkssekretäre, auch unter dem Eindruck der Demonstration am Vortag in Berlin und in anderen Städten. Es hatte ja nicht nur in Berlin Demonstrationen gegeben. Wenn ich das richtig zusammenbringe, hat es in Plauen in diesen Tagen die Demonstration gegeben, in der die ersten Fensterscheiben zu Bruch gegangen sind. Das war das, was ich vorhin gesagt habe. Das Fernschreiben beginnt mit der Mitteilung, daß es in verschiedenen Städten zu Demonstrationen gekommen ist und daß solche Demonstrationen unterbunden werden sollten, und daß dazu die und die Maßnahmen zu ergreifen sind.

Abg. Prof. Klemm: Und vom 6. bis 13.10. hat es keinen solchen Befehl vom Nationalen Verteidigungsrat gegeben?

Fritz Streletz: Nein. Was auf der Parteilinie gelaufen ist, hat Herr Herger gesagt.

Oberst Mader: Ministerium für Nationale Verteidigung, Untersuchungsausschuß. Es wurde deutlich gesagt: Vom Nationalen Verteidigungsrat, nein. Von wem dann? Von der Parteiführung?

Wolfgang Herger: Das war ein Fernschreiben, daß war kein Befehl.

Oberst Mader: Es wurde für mich deutlich, daß die Maßnahmen vom 9. Oktober militärisch exakt organisiert waren. Wer hat für diese Maßnahmen am 9.10. in Leipzig den Befehl erteilt?

Fritz Streletz: Der Minister für Nationale Verteidigung.

(Zwischenruf: Also damals Herr Keßler.)

Oberst Mader: Hat er das persönlich gemacht?

Fritz Streletz: Er hat mit dem Chef des Militärbezirks darüber gesprochen bzw. mit dem Chef der Landstreitkräfte. Aber ein schriftlicher Befehl dazu ist nicht rausgegangen.

Abg. Lesser: Würde sich das nur auf Einheiten der Armee beziehen?

Fritz Streletz: Nur auf die Hundertschaften der Armee, die gebildet worden sind.

Abg. Prof. Klemm: Weil das ganz klar sein muß, das ist für Sie ganz wichtig: Dieser Befehl ist nicht mehr über den Nationalen Verteidigungsrat gegangen?

Abg. Lesser: Nicht über den Hauptstab?

Fritz Streletz: Schriftlich ist kein Befehl dazu herausgegeben worden.

Oberst Mader: Es wurde aber mit Ihnen am 8. oder 9.10. mündlich besprochen.

Fritz Streletz: Ja, am 8. mündlich besprochen mit mir und den anderen wurde der Einsatz der Kräfte, die für Leipzig vorgesehen waren.

Abg. Dr. Toeplitz: Kann man also mit der Möglichkeit rechnen ... Wir haben verschiedene Fragen nicht klären können, und das ist vielleicht letzten Endes nicht unsere Aufgabe. Kann man mit der Möglichkeit rechnen – ich nehme die Schilderung meines Kollegen über die Verhältnisse in Leipzig –, daß über Keßler im Grunde genommen nur die Bereitstellung dieser Hundertschaften angeordnet werden konnte?

Fritz Streletz: Mehr nicht.

Abg. Dr. Toeplitz: Ich habe versucht, die Zuständigkeit zu sehen. Ist es möglich, daß über den Nationalen Verteidigungsrat nichts erfolgt ist? Die Partei hat sich an die ersten Sekretäre gewandt. Das ist aber kein Grund, um mit Schutzschilden aufzumarschieren. Kann mit der Möglichkeit gerechnet werden, daß es von der Leitung des ehemaligen Ministeriums für Staatssicherheit, von Minister Mielke, einen Komplexbefehl gegeben hat, der den Gesamtmechanismus in Bewegung gesetzt hat, wobei die Bereitstellung der Hundertschaften über Keßler nur ein kleines Rädchen war?

Wolfgang Herger: Ob es einen solchen Befehl für den 9. Oktober gegeben hat, weiß ich nicht. Ich muß davon ausgehen, daß es auf der jeweiligen Linie diesen Befehl gegeben hat, MdI, MfS, NVA. Gerade, weil wir das wußten, haben wir mehrfach in Leipzig angerufen. Wir haben gesagt: Heute kann es zu ganz schlimmen Folgerungen für die DDR kommen, nimm bitte darauf Einfluß mit deinen Möglichkeiten. – Ich hatte aber keine Befehlsgewalt. Deswegen habe ich gesagt: Nimm mit deinen Möglichkeiten darauf Einfluß, daß die bewaffneten Kräfte mit äußerster Zurückhaltung handeln. Wir waren am Abend des 9. Oktober alle sehr erleichtert, daß es bei einer friedlichen Demonstration geblieben war. Auch das habe ich schon oft gesagt, daß von seiten der Demonstranten Losungen verbreitet worden waren – ich wußte sogar, daß Flugblätter verbreitet waren – mit der Aufforderung, es zu keiner Gewaltanwendung der Demonstranten kommen zu lassen.

Abg. Knöfler: Die Losung hieß: Laßt die Steine liegen!

Wolfgang Herger: Es war am Nachmittag eine Demonstration vor der Nikolaikirche, dort war ein riesengroßes Transparent mit der Aufschrift »Laßt die Steine liegen«. Diese Information habe ich zurückgegeben und gesagt: Nehmt das bitte ernst. Ich wußte auch um den Aufruf von Masur und den anderen fünf Persönlichkeiten. Ich habe gesagt: Unterstützt diesen Aufruf! Nur das kann heute die Linie sein, sonst kommt es zu einer großen Explosion.

**Anhörung von Günter Schabowski
(23. Januar 1990)**

Abg. Prof. Klemm: ... Wie sehen Sie Ihre Tätigkeit als Chefredakteur und Mitglied der Agitationskommission, wie sahen und sehen Sie das im Verhältnis zur Verfassung, Artikel 27 (1) und (2), wo es heißt:
»Jeder Bürger der Deutschen Demokratischen Republik hat das Recht, den Grundsätzen dieser Verfassung gemäß seine Meinung frei und öffentlich zu äußern. Dieses Recht wird durch kein Dienst- oder Arbeitsverhältnis beschränkt... Die Freiheit der Presse, des Rundfunks und des Fernsehens ist gewährleistet.« Wie sehen Sie in diesem Zusammenhang Ihre Tätigkeit als Chefredakteur und Mitglied der Agitationskommission?

Günter Schabowski: Die Praxis der Presse und vor allem natürlich derjenigen, die für sie arbeiten oder über die Arbeit der Medien zu befinden haben, so muß ich das formulieren, steht nicht im Einklang mit den Formulierungen der Verfassung... Darüber ist immer selten oder kaum oder gar nicht reflektiert worden von denen, die diese Funktion hatten, weil der Führungsanspruch der Partei, also der mit juristischen Konstruktionen verbundene Machtanspruch einer politischen Partei, so tief ins Bewußtsein injiziert war bei vielen, bei den meisten, die in dieser Funktion tätig waren, daß man sich darüber keine prinzipiellen Gedanken gemacht hat.

Sicher muß man noch hinzusetzen, daß die folgenden Jahre – ich sage das nicht, weil ich da mehr verantwortlich war –, von 1985 an, die Jahre des Beginns und der Entfaltung einer anderen Politik im Sozialismus, in der internationalen Welt des Sozialismus mit der Perestroika in der Sowjetunion waren. Diese Politik führte natürlich zu Auseinandersetzungen in diesen Kreisen, in den Leitungen der Redaktionen, dort mit Sicherheit, in den Leitungen und Institutionen der Partei viel weniger, aber auch dort zu einem Nachdenken und zu

Bedenklichkeiten, die insgesamt natürlich von Inkonsequenz geprägt waren, von der wir heute wissen und die ich auch feststellen muß für meine Arbeit in anderer Hinsicht. Aber damit ist überhaupt erst einmal der Prozeß der inneren Auseinandersetzung über die Verfassung der Medien und diese im Grunde menschenunwürdige Art der Informationspolitik im Grunde genommen in Gang gekommen. Das war vorher sehr wenig entwickelt. Also alles war mehr oder weniger diktiert von Selbstrechtfertigungspropaganda für diesen Führungsanspruch. Und der administrative und repressive Charakter dieser Ordnung führte geradezu, so kann ich heute sagen und muß es rückwirkend so sagen, dazu, daß immer dann, wenn sich Fehler dieses Selbstrechtfertigungsmechanismus bemerkbar machen, er sich gleichfalls besonders bemerkbar macht. Je mehr Fehler, desto ausgeprägter die Tendenz zur Selbstrechtfertigung und -beweihräucherung...

Abg. Prof. Klemm: Kamen die Vorschriften für die Medien direkt von Joachim Herrmann...?

Günter Schabowski: Sowohl direkt als auch vom Apparat, und sie kamen sicherlich in vielen Fällen auch direkt vom Generalsekretär, von Honecker selbst... Zum Bild dieser »Anleitung« gehörte, daß jeden Tag eine Besprechung zwischen Honecker und Herrmann über das Machen der Tageszeitungen stattfand, sicherlich nur des *Neuen Deutschland* konkret und des Fernsehens, aber damit waren die Normen gesetzt für die Fabrikation, für die Machart aller anderen Zeitungen bis hin zu den Medien der Blockparteien, die dann nur noch durch ein anderes Relais liefen, nämlich durch das Relais des Presseamtes... Dieses System war ausgefeilt bis ins letzte. Es bestanden kaum Möglichkeiten, irgendetwas durchzusetzen. Die Möglichkeit bestand immer, aber das war dann das Ende der journalistischen Tätigkeit des Betreffenden, ob er in einer Parteizeitung war oder in einer Zeitung der Blockparteien...

Daraus bildete sich im Laufe der Zeit ein bestimmtes Regulativ von Musterregelungen heraus, die dann nicht mehr unbedingt mit Honecker hätten besprochen werden müssen, sondern wo Herrmann von sich aus eine solche Maßnahme verkündete oder anrief. Es geht um Protokollmeldungen, wo dann abends um 10.00 Uhr ein Anruf kam und die halbe Zeitung umgestoßen werden mußte, damit diese oder jene Protokollmeldung in die Zeitung kam, die die Menschheit ohnedies nicht bewegt hätte. Auch solche Fälle hat es gegeben, daß Formalien überwogen, die Entscheidungen vielfach bestimmten, daß Zeilenschinderei betrieben wurde in diesem oder jenem Punkt, der unerheblich war für die Leserschaft. Der Apparat, die Führung, die Partei nahmen sich selbst in einer Weise wichtig, daß irgendwelche protokollarischen Vorgänge, daß irgendjemand jemanden empfangen hatte, daß das von einer Bedeutung zu sein schien, die für die Leser nicht erkennbar war und von den Lesern auch so bewertet wurde. Dieser Formalismus, nicht nur der Kontrast zwischen Schein und Wirklichkeit, die Überbetonung von Unerheblichkeiten für das Leben der Menschen war gleichfalls eins in dieser Medien- und Pressepolitik...

Abg. Prof. Klemm: Wenn Sie diesen Widerspruch in den achtziger Jahren immer stärker gespürt, immer stärker empfunden haben, haben Sie dann versucht, als Sie selbst Mitglied des Politbüros waren, solche Dinge einmal dort zur Sprache zu bringen?

Günter Schabowski: Im Politbüro nicht..., weil... man arbeitet und lebt in bestimmten Strukturen. Sie haben eine gefährliche Tendenz, den Menschen zu prägen, und diese führen auch dazu, daß man solche Strukturen schlecht überspringen kann. Ich sage auch heraus aus meiner Erfahrung, was die letzten Monate vor der Veränderung in der Führung der Partei betraf, an der ich einen bestimmten Anteil habe und bei der gewissermaßen die Probe aufs Exempel in einer extremen Weise zu machen war; und der Weg dorthin, ausgehend von den Prägungen, die wir hatten als führende Partei und Sozialismus und beste Sache von der Welt, bis man sich zu der Erkenntnis durchrang, daß diese beste Sache von der Welt objektiv mit so viel Fehlern und negativen Erscheinungen belastet ist, daß dieser Anspruch nicht mehr aufrecht erhalten werden kann. Das hat natürlich damals noch fast ungehemmt gewirkt, wenigstens bis 1985, weil das Gegenstück im Grunde nicht richtig erkennbar war und weil das ganze System darauf angelegt war, daß man immer wieder Erklärungen fand, warum das gut ist. Also: Wir können soviel Fehler machen, wie wir wollen, wir sind Kommunisten. Oder: Wir sind ein sozialistisches System, das ist a priori von vornherein besser als das andere System. Und aus dem moralischen Anspruch und dem absoluten Verwerfen der anderen Ordnung resultiert auch ein bestimmtes Maß an Selbstrechtfertigung...

Abg. Jaskulla: Sie deuteten die Möglichkeit an, daß jemand für einen Artikel fliegen konnte. Sind Ihnen Beispiele bekannt, daß solche Dinge tatsächlich vorgekommen sind? ... Gab es in diesem Zusammenhang auch ein Genehmigungssystem? Mußten beabsichtigte Veröffentlichungen auch zur Genehmigung vorgelegt werden? Wenn ja, würden Sie die Praxis der Medienpolitik, die Sie mit mehreren Formulierungen angedeutet haben, als Zensur bezeichnen?

Günter Schabowski: Es gab keine formelle Zensur. Ich sage das ausdrücklich, im Unterschied zu einigen anderen sozialistischen Ländern, wo es eine formelle Zensur gegeben hat. Die formelle Zensur halte ich für nicht wesentlich, ob formell oder nicht ... Die Berufung auf eine formelle Zensur oder das Nichtvorhandensein einer formalen Zensur, was von Honecker immer gern gegenüber ausländischen Journalisten in Gesprächen betont wurde, ist praktisch ohne Belang, weil das System, von dem ich vorhin gesprochen habe – ich will gar nicht den Begriff der Selbstzensur einführen –, das System der Gängelei, der Anleitung, des Berufens auf Verfahrensmuster so ausgeprägt war über viele Jahre, daß die SED ohne große Zensur oder Kontrollapparate auskommen konnte, bis auf die, von denen die Rede war, so daß keine Bürokratie extra entwickelt werden mußte, für die diese Zensur auch eine staatliche Zensur gewesen wäre, sondern diese Dinge haben so funktioniert, im Grunde auf Zuruf, auf Praktikabilitäten, die viele Jahre geübt worden sind und die gewissermaßen zu unformulierten, unfiltrierten Verhaltensregeln, zum Regulativ geworden sind. Das ist nach meiner Meinung ein Begriff, den Selbstzensur nicht ausdrückt und der zudem unfairerweise gegen die Journalisten gerichtet ist, als ob sie sich selber unablässig zensiert hätten.

Aber es gab eine Parteidisziplin, eine Überzeugtheit. Aber die kritischen Fälle, wo es sich um Leugnung von Tatsachen handelte, um die Entstellung von Tatbeständen, waren mit Weisungen verbunden ...

Abg. Uhlig: Als 1. Sekretär der Bezirksleitung hatten Sie in der Vergangenheit eine aktive Arbeit geleistet durch Arbeitsbesuche in Kombinaten und Betrieben, vor allem dort, wo Investitionen getätigt wurden. Welche Rolle spielten diese Arbeitsbesuche, deren Auswertung in der Bezirksleitung und im Politbüro? Es gibt zahlreiche Probleme, die an Sie herangetragen wurden.

Günter Schabowski: Zu dieser Frage habe ich mich schon mehrmals in Gremien äußern müssen. Ich kann mich darauf berufen, daß, seit ich diese Arbeit in Berlin mache, seit 1985, und da wiederhole ich mich indirekt, daß ich also seit dieser Zeit nach einem Gefühl der Belastung und des Selbstvorwurfes mit einem besonderen Engagement und mit einer besonderen Freude an diese Arbeit gegangen bin. Das werden auch meine früheren Kollegen im Sekretariat der Bezirksleitung bestätigen. Bei uns herrschte eine sehr offene und freimütige Atmosphäre. Leider hat sie sich nicht fortgesetzt. Und ich habe zu wenig dazu getan, daß sie sich fortsetzt. Aber Kollegen und Genossen, die zuvor im Laufe eines Jahres den Mund kaum aufgemacht hatten, verwandelten sich plötzlich in heftige Diskutierer. Und was die Betriebsbesuche betrifft, so bin ich nicht nur in große Investträgerbetriebe gegangen, wo große Investitionen zu erwarten waren, sondern auch dahin – so war unsere Art des Herangehens an die Dinge –, ... wo die Probleme besonders groß waren. Das betraf in Berlin fast durchgängig, allerdings in fast wechselnder Art, immer etwa 12 bis 15 Betriebe ... Ich habe in meinen Begegnungen dort immer von vornherein dafür gesorgt, daß wir nicht irgendwelche Kundgebungen oder dergleichen veranstalteten, sondern daß wir uns nach einem Gang durch den Betrieb oder durch eine Abteilung mit etwa vierzig Menschen zusammensetzten, die Leitung, die Parteileitung, die Gewerkschaften, die Jugendorganisation, vor allen Dingen Arbeiter aus den verschiedenen Bereichen, Meister, Frauen und Männer, und dann wurde die Sache eröffnet. Anfänglich wurde ich bei den ersten Besuchen dieser Art – ich mußte mich ja auch erst hineinfuchsen – so bedient, daß einer einen Rechenschaftsbericht gab.

Der sah so aus: Wir versichern dir, Genosse Schabowski usw. Ich habe denen gesagt, mit dem notwendigen Respekt vor dem betreffenden Kollegen, weil ich ja wußte, wie die Dinge zustande kommen, daß ich sehr herzlich bitte, uns nicht mit solchen Rechenschaftsberichten die Zeit zu stehlen, sondern daß wir hier ganz schlicht folgendes machen: Der, dem es juckt, der fängt an, was zu erzählen. Der braucht keine politischen Floskeln voranzustellen oder hinten ranzuhängen, sondern er sagt einfach, ich arbeite dort und dort, ich habe ein besonderes Problem, es besteht da und darin, und ich begreife nicht, warum die Sache so und so aussieht. Wir diskutieren hier darüber, wir ziehen daraus bestimmte Schlußfolgerungen. Unsere

Maxime ist, wenigstens eins, zwei oder drei solcher Dinge im Betrieb beantworten zu helfen. Dort hat der Besuch, den man dort veranstaltet hat, überhaupt einen Sinn gehabt...

Aber generell muß ich sagen, daß alle diese Dinge, die von den Kollegen in den Betrieben als wohlwollend empfunden worden sind und deren Wirkung ich heute noch zum Teil verspüre von Menschen, die ich von der Physiognomie her nicht kenne, die mich plötzlich ansprechen... Alle diese Dinge hatten eigentlich nur unter dieser festen Käseglocke, wenn ich mal spreche, des Systems, den Effekt, daß sie die Unerträglichkeiten und Ungereimtheiten gemildert haben...

Das war ein Flicksystem, und alles, was zum Flicken des Systems beitrug, hat im Grunde genommen zum System beigetragen. Das ist die teuflische Logik, sagen wir mal, die in diesen Dingen drinsteckt, selbst wenn man in dieser Situation unter Umständen sogar ein Gefühl des Stolzes entwickeln kann, daß man Kollegen geholfen hat... Heute kann sich niemand damit rauspauken, weil es immer bei diesem allgemeinen Zustand, daß die Decke zu kurz ist, daß sie geleugnet wurde, ein gestopftes Loch bedeutete, ein anderes wird aufgerissen...

Abg. Schur: ... Hat das nicht einen Einfluß auf Ihr eigenes Verhalten gehabt, möglicherweise nachzudenken, möglicherweise zu versuchen, das Ganze zu beeinflussen, verändern zu wollen?

Günter Schabowski: Ich habe schon andeutungsweise, ich will diese Frage nicht zurückweisen, zuvor ausgedrückt, natürlich hat das Rückwirkungen auf das Denken, auf die innere Auseinandersetzung, aber sie sind nicht tief und nicht weit genug gegangen... Wir haben ja immer noch in der Vorstellung gelebt, daß wir das bessere System seien. Wir haben in verschiedenen Erscheinungen der anderen Seite Rechtfertigung auch für unser System, für die Ungerechtigkeiten, für die Strukturen und die undemokratischen Strukturen gesehen. Es gab ja die These, daß die Demokratie nur eine Verfahrensweise der Diktatur ist... Heute begreifen wir alle etwas besser, daß die Demokratie eben nicht nur eine Verfahrensweise der Diktatur ist, sondern daß Demokratie einen Selbstwert darstellt, daß der Gedanke der Perestroika daraus resultierte, daß ein verordneter Sozialismus und seine Schwächen und sein Scheitern vielleicht aufgehalten werden können...

Abg. Lesser: ... Wie konnte es kommen, daß die Führung einer Partei sich in so eine Distanz begibt zur Meinung der Mitgliedschaft der Partei und sich überhaupt nicht davon berührt fühlt?

Günter Schabowski: ... Ich würde sagen, in der Informationspolitik mehr als vielleicht auf anderen Gebieten, selbst wenn die Widersprüche in der Wirtschaftspolitik sehr groß waren, aber die Informationspolitik ist die vorderste Linie sozusagen, wo sich Politik und Menschen begegnen. Alle anderen Dinge bedürfen bestimmter Ermittlung, um durchschaubar zu werden. Hier ist zugleich der Widerspruch sehr offenbar. Mitunter ist es so, daß individuelle Erfahrung auch nicht schlüssig genug ist, um eine Meinung zu haben. Das wollen wir beiseite lassen. Sagen wir einmal, der Abstieg, der Verfall dieses politischen Systems in der letzten Phase, das, was ich als Selbstrechtfertigung bezeichnet habe, hat ein solch aberwitziges Ausmaß angenommen, und wir alle haben dieses Ausmaß in Gestalt der Medien mitgetragen. Wir müßten uns heute nachdrücklich schämen, und ich habe mich auch zwischendurch geschämt, wenn ich in den Betrieben war und mir wurden Fragen gestellt und ich meine eigene Informationspolitik betrieb, an den Medien vorbei.

Dafür gab es auch Scheinrechtfertigungen, man dürfe dem Gegner kein Material liefern. Das war diese These. Aber das war schon derart absurd, weil der Gegner auf dieses kümmerliche Material gar nicht angewiesen wäre, sondern die Bürger waren längst, häufig noch bevor bei uns das irgendwie eine Rolle oder keine Rolle spielte, informiert. Es wurde diese Politik gefahren in vollem Bewußtsein der Tatsache, daß sich diese Bürger ohnedies längst darüber informiert haben. Das führte sogar zu solchen Äußerungen gelegentlich, daß wir uns deshalb überhaupt keinen Kopf zu machen brauchten. Was die Leute wissen wollten, kriegen sie sowieso zu hören. Da brauchten wir nicht sozusagen Druckerschwärze und Papier aufzuwenden für Tatbestände, die uns nicht genehm sind. Ich sage das mal überspitzt. So zynisch ist es nicht geäußert worden, aber so sind die Tendenzen der Selbstdarstellung dann gewesen.

Der Zustand hat stärker meiner Meinung nach politisierend gewirkt als die ökonomischen Schwierigkeiten, weil die ökonomischen Schwierigkeiten sich in einem, sagen wir mal, für die private Lebenssphäre erträglichen Maße gestalteten und zudem besser waren, das wußten auch viele, als in anderen sozialistischen Ländern. Aber hier war das Für-Dumm-Verkaufen so offensichtlich, daß sich jeder Mensch verletzt gefühlt hat, und das hat die ganze Sache sicher enorm beschleunigt und hat diese Bewegung, diese Volksbewegung wesentlich stimuliert... Der Urgrund für die Sache liegt wiederum im System. Es liegt darin, daß der Generalsekretär sich selber aussucht, welche politischen Felder er direkt bearbeitet. Und bei Honecker war das im Unterschied zu manchem anderen – ich weiß beispielsweise, daß Kadar sich um viele Fragen überhaupt nicht gekümmert hat, das blieb den Journalisten überlassen –, aber bei Honecker war es ein Hauptverantwortungsfeld, so wie die Sicherheitsfragen...

Abg. Prof. Klemm: Können Sie uns etwas sagen, wie das Verhältnis zur Kirche in Berlin war? Gab es besondere Probleme für die Bezirksleitung, daß sie überhaupt eingreifen konnte?...

Günter Schabowski: Das ist insofern ein besonderes Kapitel, als die Bezirksleitung Berlin die einzige Bezirksleitung war, die selbst keine Beziehungen zu der entsprechenden Kirchenleitung aufnehmen durfte. Während in den anderen Bezirken solche Beziehungen existierten – teils unerfreulich waren, teils aber auch sachlich und vernünftig sich entwickelten –, war mir das untersagt. Die Kontakte zur Kirchenleitung Berlin-Brandenburg waren Sache der Zentrale, also der entsprechenden Bereiche des Zentralkomitees. Insofern hatten wir keine Kontakte. Aber mit dem Oberbürgermeister bin ich mir frühzeitig auch in dieser neuen Arbeit klar darüber geworden, daß es sinnvoll wäre, mit kirchlichen Kreisen bei irgendwelchen Gelegenheiten immer den Kontakt zu suchen. Es ist dann doch aus Arbeitsgründen kaum dazu gekommen. Ich habe mal einen Brief von Bischof Forck bekommen, der mich um irgendetwas gebeten hat. Der Bitte habe ich gewöhnlich entsprochen, soweit es in meiner Kompetenz lag. Ich habe auch einmal die Stephanie-Stiftung besucht, aber auch erst relativ spät, um zum Ausdruck zu bringen, daß wir diese Arbeit der Kirche sehr schätzen und gleichfalls der Auffassung sind: Es gibt niemanden in der Republik, der sich mit einem solchen Engagement, mit solcher Selbstlosigkeit der bedauernswerten Mitbürger annimmt. Ich bin ziemlich erschüttert wieder herausgekommen, als ich gesehen habe, was da alles mit diesen schwerbehinderten Kindern und anderen schwerbehinderten Menschen gemacht wird. Da kann man nur größte Hochachtung empfinden. Das habe ich auch zum Ausdruck gebracht. Wir hatten eine sehr angeregte Unterhaltung.

Aber eigentlich erst nach der Veränderung in der Führung der SED hat es solche Kontakte gegeben. Diese Kontakte fanden statt mit Herrn Stolpe, und ich hatte auch eine Begegnung mit Bischof Fork. Darüber ist auch etwas bekanntgegeben worden, unter anderem auch durch diesen Tonbandmitschnitt. Ich bin bereit, dazu Aufklärung zu geben. Aber sicherlich ist das jetzt nicht das Thema. Das waren sehr vernünftige, sachliche Gespräche, anders, als es dann durch diese Tonbandaffaire herausgekommen ist. Das hat mir auch Herr Stolpe noch einmal bestätigt. Aber so etwas ist nun einmal in solchen komplizierten politischen Zeitläufen möglich, daß alle möglichen Verdächtigungen ausgesprochen werden. Natürlich wird in den Gremien etwas härter gesprochen, aber von der sachlichen Beurteilung her hat sich nichts anders abgespielt, als ich es dort abgesprochen habe. Die Dinge ließen sich eigentlich nicht schlecht an, weil die Leute spürten, daß mit einem gewissen Verständnis auf die Fragen reagiert wird und man Respekt vor den Leistungen der Kirche hat.

Abg. Prof. Klemm: Nun haben doch kirchliche Kreise versucht, maßgebend auf die Dinge einzuwirken, die sich an der Ossietzky-Schule in Pankow abspielten, damit das nicht übertrieben wurde. Ist man an Sie herangetreten, und warum ist nichts geschehen, um über die Bezirksleitung dafür zu sorgen, daß sich die Dinge an der Ossietzky-Schule in Pankow nicht überspannen?

Günter Schabowski: Lassen Sie mich einen kleinen Augenblick überlegen, wie die Lage dort war. Ich muß hier noch einmal sagen: Der Vorwurf, den man der Bezirksleitung machen muß, ist, daß sie nicht genügend eingegriffen hat, daß sie sich zuerst zurückgehalten hat und von taktischen Überlegungen hat leiten lassen, um beispielsweise schon eine solche Sache zum Anlaß zu nehmen – es geht ja immer in der letzten Phase um die Anlässe, die hätten benutzt werden müssen –, um politische Veränderungen durchzusetzen. Das ist von mir nicht erkannt worden, daß man von dieser Seite hätte ... Es war auch zuvor bei anderen Dingen dieser Art so. Es gab ja immer wieder Fälle, in denen eine Denunziation vorlag und dann etwas unter den Teppich gekehrt wurde. Und hier sind wir im Grunde nur ähnlich verfahren. Auch das kommt mir wieder schwer über die Lippen, wenn ich sage, daß diese Dinge, da sie von sehr prinzipieller Natur waren, nach Meinung des Volksbildungsministeriums hundertprozentig in den Händen des Volksbildungsministers lagen, da alle politischen Haltungen des Schuldirektors und alle Entscheidungen, die letztlich dort zu treffen waren, über den Tisch des Volksbildungsministers gegangen sind. Das muß man heute mit Scham konstatieren. Wir haben beiseite gestanden.

Ich habe in einem einzigen Falle – ich möchte den Namen hier nicht nennen, aber er ist jederzeit nennbar –, auch in dieser inkonsequenten Manier, zu mildern versucht. Da ging es darum, daß man doch versuchen sollte, den Kindern die Möglichkeit des Schulabschlusses – Abitur – zu erhalten. Ich habe diese Möglichkeit in den drei anderen Fällen nicht gesehen, weil es sich hier um Kinder von Menschen handelte, die, wenn mein Engagement dafür offenkundig gewesen wäre, diese Klage (?) herbeigeführt hätten. Das wäre die Konsequenz gewesen.

Ich habe nur in einem Falle gehandelt und habe dafür gesorgt, daß ein Kind eine solche Arbeit gefunden hat, die in seinem Interessenbereich lag und die es ihm nach Abschluß eines Jahres ermöglichte – inzwischen ist es aus meinem Blickfeld geraten, aber ich bin sicher, es hat geklappt –, dann über die Volkshochschule zur Universität zu kommen...

Abg. Dr. Toeplitz: ... Es gab in Berlin den Vorfall in der Zionskirche, wo die Skinheads eingedrungen sind und die, die sie für Punker hielten, zusammengeschlagen wurden. Es gab dann ein Gerichtsverfahren auf der Kreisebene, wobei die Skinheads zu sehr milden Strafen wegen Rowdytums verurteilt wurden. Es gab einen großen Protest. Später wurden die Strafen geändert... Waren die Richter und Staatsanwälte denn so dumm, daß sie das nicht durchschaut haben? Ich bekam die Antwort: Sie hatten von der Bezirksleitung die Orientierung: Unter den Teppich kehren! Neonazismus darf es bei uns nicht geben! Deshalb jetzt meine Fragestellung...

Günter Schabowski: Erstens ist es richtig, daß für diese erste Entscheidung des Gerichtes diese Grundorientierung mit eine Rolle gespielt hat, entscheidend war. Aber das ist keine Sache der Bezirksleitung, und daß hier eine Weisung der Bezirksleitung vorlag, das ist nicht zutreffend. Wir sind von dieser Entscheidung über die Medien und dann über die Wirkung informiert worden, die das in der Bevölkerung hatte. Aber die erklärte Linie war, und das ist die Linie der Partei, des Zentralkomitees, daß die DDR verdächtigt werden soll und Anlaß bietet, daß sich Faschismus oder Neofaschismus hier entwickeln. Und darauf wurde sehr empfindlich reagiert, und es wurde zurückgewiesen, weil nicht sein kann, was nicht sein darf ...

Abg. Prof. Klemm: ... Wann wurde nach Ihrer Meinung die Krise in unserem Land unübersehbar und auch deutlich sichtbar im Bereich des Politbüros? Wann war ungefähr der Zeitpunkt? Was sahen Sie für Anzeichen?

Günter Schabowski: Die tiefe Krise, die im Grunde zu unhaltbaren Zuständen führte, wurde sicher erst so empfunden im vergangenen Jahr – vielleicht schon im Frühsommer –, daß sich die DDR in einem krisenhaften Zustand befindet, sicher schon länger. Da müßte man mehrere Beispiele anführen: natürlich die anhaltende Zahl von Menschen, die die DDR verlassen, obwohl nicht in spektakulärer Form, immer noch Ursache ein Element der Selbstrechenschaft (?), von denen, die dienstlich rüberfahren, kommen bis auf 0,5 Prozent alle wieder zurück; aber doch die nicht sich vermindernde Zahl von Menschen, die den Antrag gestellt haben, auszureisen, blieb immer konstant, trotz aller fruchtlosen Versuche durch Überredung usw., sie davon abzubringen, obwohl doch der Druck immer stärker wurde, führte zu keinem Ausweg. Das waren schon Symptome für eine Krise, aber vielleicht noch nicht im Sinne von unhaltbar und unaufhaltsam, abrutschend in eine Katastrophe. Das drang erst ins Bewußtsein durch als Signal, daß hier Veränderungen unumgänglich werden, im Sommer natürlich besonders kraß mit den Erscheinungen in Ungarn, die uns auch alle im Grunde kaputtgemacht haben. Wenn man jeden Morgen in den Nachrichten hörte, daß jeden Tag sozusagen ein Mittelbetrieb die DDR verläßt, 400 bis 500 Personen, die unaufhaltsam über Ungarn abgewandert sind, dann wird einem klar: Dieses Unheil geht nicht mehr so weiter. Dann setzte das ein, was ich vorhin sagte, daß erst in dieser Situation einzelne anfingen, aufeinander zuzugehen, weil in der dünnen Luft des Politbüros das Besprechen von Aufruhr nicht so ohne weiteres für uns denkbar war. Da war eine ungeheure Schranke zu überwinden. Da wurden wir uns klar darüber, daß man etwas verändern muß. Und ich habe im September erstmals – auch nicht heldisch, sondern in Abwesenheit von Honekker – eine Debatte ausgelöst über notwendige Schritte, die eigentlich zu unternehmen wären, um diese Dinge zu verändern; denn so ging es nicht mehr weiter. Diese Dinge betrafen Reiseregelungen, Wirtschaftsreformen, größere Kompetenzen für die Produzenten, diese unerträgliche Gängelei ... Aber dann wurde diese Debatte abgebrochen mit dem Bemerken, jetzt würden Grundfragen der Politik der Partei behandelt, und man müsse warten, bis Honecker zurückkommt. Ich führe das hier nicht zur Entschuldigung an; denn wenn es uns zu diesem Zeitpunkt gelungen wäre, obwohl alles schon zu spät war, hätte vielleicht mit noch etwas weniger Schwierigkeiten diese Wende, mit der heute das Volk und die politischen Kräfte in diesem Volk befaßt sind, vollzogen werden können. Vielleicht hätte das auch etwas positivere Auswirkungen für die SED-PDS gehabt.

Abg. Prof. Klemm: Sie sagen: Das war im September 1989. Blieben Sie da in der Diskussion völlig allein?

Günter Schabowski: Nein. An dieser Diskussion haben sich verschiedene beteiligt. Ich kann einige Namen nennen. Die Bezirkssekretäre, die Mitglieder des Politbüros waren, haben sich beteiligt und das unterstützt. Die anderen haben sich stärker zurückgehalten. Sie haben aber nicht widersprochen. Und von einem Mann ist der Vorschlag gemacht worden, die Diskussion abzubrechen. Wir hätten auf Weiterführung drängen sollen ... Ich bin ja nicht in diese Partei eingetreten und bin nicht Mitglied der Führung geworden mit dem Vorsatz, alles zu verändern, sondern in der Vorstellung, es sei ein gutes System. Und dann haben sich allmählich diese Tatbestände, auch durch Beschäftigung mit diesen Tatbeständen, verdichtet und haben allmählich diese Auffassung reifen lassen. Ich muß noch einmal sagen: Auch das vollzog sich nicht so schlankweg, sondern das ist eine unerhört komplizierte Sache. Wenn Sie die Geschichte und den Charakter dieser Partei kennen – ich bin fast vierzig Jahre Mitglied der Partei gewesen –, dann werden Sie verstehen, daß sie zeitweise den Charakter eines Ordens hatte: Man muß zu bestimmten Sachen stehen, man muß an die größere Weisheit der Partei glauben, man muß nach Rechtfertigung suchen, selbst dann, wenn die Dinge kompliziert erscheinen. Was sich heute als kompliziert darstellt, erweist sich morgen als richtig. Viele solche Dinge gab es im Laufe der Jahrzehnte ... Insofern war es ein komplizierter Prozeß. Es gibt den Ausdruck des Bonapartismus, daß man sich in einer politischen Organisation gegen diese Organisation erhebt. Das ist eine komplizierte Sache, und sie ist zudem moralisch belastet. Man muß sehr weit sein und sehr weit gebracht werden, um in dieser Verantwortung zu dem Schluß zu kommen: Honecker, Mittag und Herrmann müssen entfernt werden – ganz abgesehen davon, daß es sich unter bestimmten konspirativen Bedingungen vollzog und daß der Mann Vorsitzender des Nationalen Verteidigungsrates war. Wenn Du so etwas versuchst, dann möglichst so, daß es klappt, und nicht so, daß du dich vorher woanders wiederfindest. Dann ist das in den Ofen gegangen, und was du vorhattest, hat sich nicht realisiert. Und ich wünschte diesem Lande nicht, daß das noch acht Wochen länger gedauert hätte, mit den Riesendemonstrationen, zunächst dem Aufziehen von Militär und dann den Kollisionen zwischen dem Militär und Demonstranten und dann dem Befehl: Nun fest drauf!

Alle diese Überlegungen haben eine Rolle gespielt und diesen Erkenntnisprozeß so sehr erschwert und zu Widersprüchen geführt, weil es gerade die waren, die aus den verschiedensten Gründen über viele Erkenntnisse, über die Kenntnis von Zusammenhängen verfügten, über die viele Menschen nicht verfügt haben, auch viele Genossen nicht...

Abg. Prof. Klemm: ... Haben in den Beratungen des Politbüros Fragen der Staatssicherheit als Gegenstand überhaupt eine Rolle gespielt, Probleme des Ministeriums für Staatssicherheit?...

Günter Schabowski: Fragen der Arbeit des Ministeriums für Staatssicherheit in dem Sinne, daß dort Aufträge erteilt wurden, Beschlüsse zur Arbeit gefaßt wurden, die die konkrete Situation betrafen, in dieser ausgeprägten Manier spielten keine Rolle. Im Zusammenhang mit solchen Entwicklungen hat es schon Bemerkungen gegeben zu Beginn einer solchen Sitzung – nicht als Tagesordnungspunkt –, häufig kritischer Natur an die Adresse des Ministers für Staatssicherheit. Es hat sowieso ein merkwürdiges Verhältnis bestanden. Auf der einen Seite waren sie große Freunde, Jagdfreunde. Auf der anderen Seite gab es immer eine latente Spannung zwischen ihnen, und diese Spannung beruhte im wesentlichen darauf, daß immer wieder der Vorwurf erhoben wurde von Honecker – das zeigte sich teilweise in solchen Bemerkungen vor Beginn einer Sitzung: Wie ungeschickt doch wieder die Staatssicherheit operiert hat.

Ich kann mich an einen Fall erinnern. Das war der Besuch von Ministerpräsident Rau in der Vertretung der BRD. Da ist im Fernsehen gezeigt worden, wie ein Volkspolizist irgendwelche Petitionsüberbringer zurückgedrängt hat, obwohl dort alles abgesperrt war.

Und solche Fälle hat es immer wieder gegeben, auch in kirchlichen Sachen. Oder man hat irgend jemanden von den christlichen Leitungen einzeln ausreisen lassen, andere hat man eingelocht. Ich würde deshalb etwas hemdärmelig sagen: Sie konnten machen, was sie wollten, selten, daß es den Gusto von Erich Honecker getroffen, der immer wieder bemängelte, das sei nicht clever genug, wie konnte man das machen, das muß man doch ganz anders machen usw. In dieser Art hat es schon Bemerkungen über die Arbeit dort gegeben. Und dann kam im Anschluß daran: Also wir reden nachher über die Geschichte. Wir müssen eine Festlegung treffen, wie wir da aus der Tinte kommen.

Im Prinzip waren die operativen Entscheidungen, die bestimmte politische Ereignisse betrafen, immer Absprachen zwischen ihm und dem Minister für Staatssicherheit, die also auch dort regelmäßig, ein- bis zweimal in der Woche, im Zentralkomitee stattfanden.

Bei den Politbürositzungen war es gewöhnlich so: Der erste, der drin war beim Genossen Honecker, war der Minister für Staatssicherheit. Und der Medienchef mußte sich dann bereithalten für die Zeit danach.

Auch die Entscheidungen mußten mit ihm abgesprochen sein. Ich habe das auch aus manchen Bemerkungen bei den unterschiedlichsten Anlässen, bei Empfängen usw. gehört, wenn Erich Mielke aufgeregt durchs Gebäude gezischt ist und versuchte, irgendeine Zustimmung oder etwas vom Generalsekretär zu holen. So haben sich die Dinge abgespielt. Sonst war dieser Bereich erstens weitgehend durchreguliert – würde ich behaupten –, so daß in der Zeit, als ich da war, sich besondere Beschlüsse zum Aufbau nicht mehr ergeben haben. Und diese konkreten Fälle, die auch zunahmen, wenn man so will, betrafen die oppositionellen demokratischen Kräfte und mutmaßlichen Aktionen von ihnen. Das war immer die Sache, die zwischen ihnen entschieden wurde. Da wurde das Politbüro nachträglich informiert, um so mehr, wenn diese Entscheidung eine gewisse Öffentlichkeit hatte.

Abg. Prof. Klemm: Also über die Ausdehnung des Personals, der Kosten, der Bewaffnung, seit 1985 der flächendeckenden Überwachung ist nie diskutiert worden?

Günter Schabowski: Daran hat auch kein Mensch gerührt. Das hatte eine solche Sensibilität – ich bitte, das nicht so zu verstehen, daß ich die Sache verteidige –, aber die Lage zu der Zeit war so, daß es von so heikler Natur war, wer anfängt, da mit den Fingern herumzubohren, der hat offensichtlich irgendwelche merkwürdigen Interessen, was geht denn den das an. Du hast doch deinen Arbeitsbereich. – So war die Mentalität. Und natürlich hatten bestimmte Leute dort ein bestimmtes Prä im Verlauf der Zeit gehabt. Mielke hatte ein bestimmtes Prä gehabt. Mittag hatte ein bestimmtes Prä gehabt. Das hängt mit der besonderen Konzentration von Herrschaftswesen bei ihnen zusammen.

Abg. Prof. Klemm: Sie hatten also nie das Gefühl, daß diese Staatssicherheit kontrolliert wurde?

Günter Schabowski: Sie wurde mit Sicherheit von Honecker kontrolliert... Die einzige Institution, die ihr übergeordnet war – staatlicher Natur –, war der Nationale Verteidigungsrat. Aber da traf man sich wieder – sozusagen.

(Zwischenruf: Streletz hat gesagt, daß er keinen Einfluß darauf hatte.)

Abg. Dr. Toeplitz: Er hat sich ausschließlich beschäftigt, wenn es um Generalsbeförderung ging, die aber vorher vorbereitet war.

Günter Schabowski: Nun ist gestern gesagt worden – ich habe das alles aufmerksam angehört, weil es für mich auch eine Möglichkeit war, wenigstens nachträglich zu erfahren, was da so Geheimnisvolles beraten wurde –, daß zumindestens Fragen der Vorbereitung auf einen Krisenzustand, auf einen Spannungszustand, auf eine militärische Auseinandersetzung dort eine Rolle spielten.

Abg. Prof. Klemm: Das hat eine Rolle gespielt, aber nie als Kontrolle über den Apparat der Staatssicherheit.

Günter Schabowski: Aber theoretisch hätte der Verteidigungsrat die staatliche Kontrolle sein können, wenn man dem Ministerrat nicht zutraut, die Kontrolle auszuüben.

Abg. Dr. Toeplitz: Er hat sich faktisch nicht damit beschäftigt.

Abg. Prof. Klemm: Nach Meinung von Herrn Herger. Er war Mitglied des Nationalen Verteidigungsrates, und er hat uns das gesagt...

Günter Schabowski: Herger war Mitglied des Verteidigungsrates?

Abg. Dr. Toeplitz: Er war Mitglied des Verteidigungsrates, seit er Leiter der Abteilung Sicherheit wurde.

Günter Schabowski: Denn ich staune, daß ich darüber nur so...

Abg. Prof. Klemm: Sie kannten die Mitglieder auch nicht genau?

Günter Schabowski: Ich habe das gestern gehört. Ich habe mich nie dafür interessiert, aber ich wußte, daß der Ministerpräsident und Mielke drin waren, auch der Verteidigungsminister. Ich wußte auch, daß einige Bezirkssekretäre drin sind. Ich wußte, daß die Grenzbezirke drin sind und habe erst in der Untersuchungskommission des Magistrats mitbekommen, daß Egon Krenz drin war, daß z. B. Timm nicht Mitglied war. Ich habe keine exakte Kenntnis davon. Aber ich wußte ungefähr, wer drin ist. Ich wußte, daß Hager drin ist, daß der Sekretär für Landwirtschaft drin ist. Darüber habe ich mich auch gewundert, warum der da drin ist, aber da ging es um die Versorgungsfragen, die doch in so einem Falle mitbesprochen werden mußten.

Abg. Prof. Klemm: Kommen wir zu einem nächsten Komplex, wenn es dazu keine Fragen mehr gibt. Welche Position haben Sie persönlich zur Perestroika in der UdSSR seit 1985 bezogen? Sie haben das schon angedeutet.

Günter Schabowski: Ich habe es wirklich nur angedeutet. 1985 wäre die Möglichkeit gewesen, wenn man in einzelnen Punkten Bedenken hatte, was man für veränderungswürdig hielt, das jetzt an ein anderes Bild zu halten und zu sagen: Mensch das ist eine gute Sache. Generell würde ich sagen – und so ist es auch anderen gegangen –, haben wir die Entwicklung mit großer Genugtuung verfolgt ...

Also die Einstellung dazu war positiv. Aber ich möchte auch sagen: Sie war nicht unkritisch, weil die Perestroika eins nicht voll vermocht hat und bis heute nicht vermocht hat, und das war verbunden mit der Selbsttäuschung und mit der Illusion – sonst hätte man auch diesen Punkt anders gesehen –, die ökonomischen Probleme zu lösen. Hier war immer die Reserve da: Perestroika ist gut, die Strukturen müssen aufgeweicht und aufgebrochen werden. Aber die Ökonomie, was ist das bloß? Woran liegt das?

Sonst könnte man ja sagen: Mit fliegenden Fahnen zur Perestroika! Das war der Grund, weshalb sich in der DDR die Dinge bremsten. Leider hat sich diese Entwicklung auf diesem Gebiet mehr und mehr zugespitzt und schuf aus diesem Grunde immer mehr ungerechte Rechtfertigungen für die Ablehnung der Perestroika. Ich sage ausdrücklich: ungerechte.

Abg. Dr. Toeplitz: Das heißt, die ökonomischen Probleme der Perestroika wurden zur Stützung der Mittagschen Wirtschaftspolitik benutzt?

Günter Schabowski: So ist es. Und umgekehrt wurde die Mittagsche Wirtschaftspolitik als falsches Argument angeführt, um sich als die Besseren darzustellen; denn diese Wirtschaftspolitik war für die, die Einblicke hatten – und einige hatten sehr tiefe Einblicke –, im Grunde genommen schon eine Fiktion. Sie war ein Potemkinsches Dorf, das mit allen möglichen Mitteln, mit Krampf und Lochstopfmethode usw. aufrechterhalten wurde. Allerdings hat sich nach außen dieser Eindruck soweit erhalten, daß selbst Gorbatschow noch am 7. Oktober bei der Zusammenkunft im Politbüro – neben den anderen Bemerkungen – sagte, die DDR habe noch die größten Chancen, eine mobile Politik zu entwickeln, bei dieser ökonomischen Situation. Da war die ökonomische Situation im Grunde schon verfahren...

Abg. Prof. Klemm: Nun haben Sie anläßlich des Verbots des *Sputnik* eine Vielzahl von Protesterklärungen in Berlin gehabt, zum Teil ganz offen in einzelnen Parteigruppen, in einzelnen Organisationen der Deutsch-Sowjetischen Freundschaft. War das nicht ein Zeichen für Sie?

Günter Schabowski: Das war eines der Zeichen, wie das Verbot verfügt worden ist. Das ist ja verfügt worden. Das war in der Zeit, als ich noch nicht für die Medien verantwortlich war. Aber es war eines der Symptome, die ich anführe, um zu sagen: zu spät. Ich bitte immer wieder zu verstehen, daß ich diese Prämisse nicht dabei ausklammere, viel zu spät. Daß diese Krise dieses Ausmaß annimmt, wo das nicht mehr nur mit kleinen Korrekturen zu machen ist, sondern wo die Hauptexponenten dieser Politik verschwinden müssen, damit andere erst mal eine Politik machen können. Das ist schon ein gravierendes und sehr ernstes Symptom gewesen. Aber wir haben darauf wiederum nicht reagiert, wie es hätte sein müssen. Ich weiß nicht, mit wem er das beraten hat, aber da hätte man selbst ihn durch taktische Hinweise davon abbringen können. Da wäre der Betreffende nicht einmal ein Risiko eingegangen, wenn er gesagt hätte: Es ist eine grenzenlose Dummheit, die begangen wird, wenn du von außen hin das Bild aufrechterhalten willst, daß zwischen der UdSSR und der DDR, zwischen Honecker und Gorbatschow bestes Einvernehmen herrscht, wenn du dieses Bild zertrümmern willst. – Er war sehr interessiert, daß es nicht zertrümmert wird. Bei allen latenten Vorbehalten hätte man ihn davon abhalten können...

Abg. Prof. Klemm: Kommen wir ... zu den Vorgängen am 7. und 8. Oktober 1989 in Berlin. War Ihnen nun das Ausmaß dieser Übergriffe bekannt? Und warum haben Sie immer noch zu diesen Vorgängen im wesentlichen geschwiegen? Die vollzogen sich doch im Bereich Berlins, im Bereich Ihrer Bezirksleitung?

Günter Schabowski: Ich habe dazu wiederholt Aussagen gemacht, und ich muß dazu, ich will es kurz machen...

Abg. Prof. Klemm: Wir kennen Ihre Aussage dazu, möchten es hier noch einmal hören.

Günter Schabowski: Erstens, ich nenne das mal so, die militärische Vorbereitung oder das militärische Reglement für bestimmte zu vermutende Vorkommnisse, Vorgänge haben nicht in der Kompetenz der Bezirksleitung Berlin der SED gelegen. Ich muß das mit allem Nachdruck sagen. Das hat einen Grund. Das ist auch verständlich. Bei der Rolle, die die Hauptstadt spielt, bei den Prestigevorstellungen, die für die DDR und den 40. Jahrestag bestanden, bei der Krise, die sich entwickelt hatte und über die man in der Welt bereits sprach, hat Erich Honecker natürlich die Sicherung dieser Ereignisse in Berlin in der Weise abgesprochen, in der andere wichtige Dinge, die die Sicherheit betreffen, abgesprochen wurden, nämlich direkt mit dem Minister für Staatssicherheit und sicherlich auch mit anderen militärischen Einheiten. Im Ergebnis dieser Sache ist ein Befehl ergangen. Nach diesem Befehl hat die Bezirksleitung im Laufe einer Woche einen Lagebericht zu schreiben.

Abg. Prof. Klemm: Dieser Befehl ist vom Politbüro ausgegangen?

Günter Schabowski: Der Bericht ist ausgegangen von ihm. Er wurde von ihm persönlich als dem Vorsitzenden des Nationalen Verteidigungsrates unterschrieben. Ich nehme an, der Sekretär hat ihn entworfen. Danach waren wir verpflichtet, jeden Tag eine Lagemeldung zu machen. Uns ist vorgeworfen worden, daß die Bezirksleitung nicht mehr getagt hat. Das stimmt. Wir haben seit April nicht mehr getagt. Es bestand auch keine dringende Notwendigkeit. Wir haben diese Berichte jeden Tag gegeben. Das waren ganz formale Dinge. Ich möchte noch einmal sagen: Sie sind abgefaßt worden unter dem Aspekt, daß wir etwas anderes vorhaben. Es war ein ganz normaler Vorgang. Aber in Berlin selbst wußten wir oder konnten damit rechnen, daß am 7. wieder vor der Weltzeituhr dieses Treffen stattfindet derjenigen, die gegen die Wahlfälschung jeden Monat protestierten. Diese Dinge haben stattgefunden. Es hat keine Gewalttaten gegeben, aber wir haben uns natürlich auch gesagt, wir müssen aufpassen, daß es nicht zu gewaltsamen Auseinandersetzungen kommt. Ich betone immer wieder, nicht mehr als Mitglieder des Politbüros, die auf Biegen und Brechen diese Politik fortsetzen, sondern die diese Politik verändern wollen. Daß sich die Dinge vorher nicht so zuspitzen, daß hier irgendetwas passiert, was den Menschen Schaden bringt. Die Bezirksleitung Berlin hat einige hundert Menschen dort gehabt, Mitarbeiter, die die Aufgabe hatten, zu diskutieren, d. h. den friedlichen Verlauf mit zu sichern. Wir wußten außerdem und haben von uns aus nichts unternommen, zu denunzieren, daß das westliche Fernsehen mit ihren Kameras hinkommt.

Ich sage das deshalb so, weil ein Staubmachen von uns, an Honekker einen Brief schreiben, daß das Westfernsehen usw. bewirkt hätte, daß es abgezogen würde. Aber damals waren die Verhältnisse schon so, daß das ARD-Fernsehen und andere sich einfach dorthin stellten. Rigorose Vorgänge waren schon nicht mehr so möglich. Wir rechneten damit, daß die Existenz des Fernsehens dort mit moderierend wirken könnte auf solche, die vielleicht versuchen sollten, Gewalt anzuwenden. Daß Polizei dort aufgestellt war, war uns natürlich bekannt. Es ging ja unter anderem auch darum, den Palast der Republik abzuschirmen, wo am Abend der Internationale Empfang stattfand. Ich habe zwischendurch immer wieder die Nachricht bekommen, daß sich die Dinge auf dem Alexanderplatz völlig normal und friedlich entwickeln, daß die Volkspolizei, die dort tätig war, nichts weiter macht, als es abzusperren. Das ging dann bis in die Abendstunden, um sieben, acht Uhr so rum. Ich habe auf dem Empfang aus dem Fenster geschaut zur Spreeseite und habe gesehen, ich kriegte auch die Mitteilung, daß der Alex allmählich leer wird und daß die Teilnehmer dieser Diskussionsrunde – ich weiß nicht, ob man sie in dem Sinne als Demonstranten bezeichnet –, daß die Menschen dort langziehen, und dann zogen sie an der Böschung entlang, riefen dort verschiedene Dinge: »Gorbi, Gorbi« usw. Das ist alles bekannt. Aber es waren keinerlei Gewalthandlungen festzustellen, auch – ich betone das hier nachdrücklich – von den Demonstranten kein, sagen wir mal, irgendwie besonders aggressives Verhalten zu erkennen, daß sie vielleicht Steine geworfen hätten. Nichts weiter, nur rufend zogen sie die Böschung entlang. Andere Passanten waren dazwischen. Das merkte man, die da auch langschlenderten. Ich rief Egon Krenz raus. Sieh dir an, die Sache scheint sich friedlich aufzulösen, weil wir immer so eine leise Korrespondenz untereinander hatten. Es sollte nichts passieren, nicht nur in Berlin, sondern generell. Und dann schauten wir nochmal, und im Grunde genommen waren wir solange in dem Vorraum, bis die Böschung wieder leer war. Damit war für uns der Fall klar. Nichts ist passiert. Wir gingen zurück und haben uns mit den Ausländern unterhalten usw.

Ich bin abends nach Hause gefahren. Ich habe nichts davon gehört. Es ist schlimm. Jetzt steht wieder einer da, der nichts gewußt hat. Es ist Tatsache. Ich habe keine Veranlassung, es zu verschweigen. Ich bin am nächsten Morgen im Ministerium für Staatssicherheit gewesen. Ich bin um zehn Uhr dorthin gebeten worden. Dort war auch Egon Krenz. Und einige Generale waren dort. In dieser Beratung hat der Minister für Staatssicherheit eine Information gegeben. In dieser Information ist er nicht eingegangen auf etwa solche Gewaltakte und Ausschreitungen, hätte er sicherlich auch nicht gemacht, er hätte es wenigstens sagen können, daß es zu Auseinandersetzungen gekommen ist, aber mit Sicherheit hätte er nie aufgeklärt, welche Ausmaße diese Sache gehabt hat, weil es dann doch politisch gegen ihn ging. Er hat dort vor allem darauf orientiert, da auch heute wiederum mit Demonstrationen zu rechnen sei, am 8., und daß die Bezirksleitung, soweit das mich betraf – was er den anderen gesagt hat, kann ich jetzt nicht mehr genau sagen –, aber nicht in der Richtung: blutige Niederschlagung. Das war auch nicht mit dem Denkansatz von uns da, weil wir bis dato, abgesehen von den Meldungen, die man gehört hat – es soll zu solchen Sachen gekommen sein – gar nichts wußten, hatten wir auch die Vorstellung, nur wieder, es gilt Leute bereitzuhalten, die diskutieren können. Und dann – ich habe mich belehren lassen müssen –, ich war in dem Glauben, ich hätte am Abend des 8. durch einen Anruf von Frau Butzmann – Herr Butzmann ist ein Graphiker aus Pankow, der kirchlichen Kreisen nahesteht, mit dem ich gewissen Kontakt habe, für die Damen und Herren, die diese Dinge nicht kennen: Es gehört mit zu dem Stil der Bezirksleitung, daß wir auch mit solchen Leuten Kontakt halten, um uns mit ihnen kameradschaftlich zu unterhalten. Die Frau rief an bei Ellen Brombacher, das ist die

Sekretärin für Kultur, und teilte mit, daß ihr Mann verhaftet worden sei. Ich habe in Erinnerung, ich habe mir darüber keine Notizen gemacht, ich bin der Meinung gewesen, es sei der 8. In der Tagung des Ausschusses hier in Berlin wurde mir gesagt, auch von Herrn Butzmann, es sei der 9. gewesen. Durch diesen Anruf doch noch einen Tag später habe ich das erste Mal und auch durch die Umstände, wie mir das mitgeteilt wurde. Ellen kam aufgeregt zu mir und sagte nur, sie ist ganz verzweifelt die Frau, Butzmann haben sie verhaftet. Sie weiß nicht, wo er ist. Im Zusammenhang mit diesen Demonstrationen fingen wir an, zu telefonieren, und zwar mit der Bezirksverwaltung für Staatssicherheit, mit Genossen Hänel, der mir bestätigte, daß Hunderte verhaftet worden seien. Darauf riefen wir in einigen Haftanstalten an, nicht ich, sondern der für Sicherheit verantwortliche Genosse. Ich habe gesagt, rufe an, pauke ihn raus, wenn du kannst. Und er ist dann auch freigelassen worden. Ich habe Hänel noch einmal angerufen und habe gesagt: Ich weiß nicht, welchen Einfluß du darauf hast, daß so schnell wie möglich diese Gefängnisse leer gemacht werden. Und erst im Zusammenhang mit diesen Dingen sind dann auch zu uns Informationen, Zuschriften, Anrufe gedrungen, wo sich einzelne Bürger beschwert haben über die skandalöse Weise, wie sie behandelt worden sind, durch Zufall in die Dinge geraten, verhaftet worden, die Sache mit dem Mit-gespreizten-Beinen-Stehen usw. So sind die Dinge an uns herangetragen worden. So habe ich Kenntnis davon erhalten. Ich möchte zu meiner eigenen Rechtfertigung noch sagen, oder nicht Rechtfertigung, sondern ... Wir waren in diesen Tagen sehr intensiv befaßt mit dem, was wir vorhatten. Ich war ehrlichen Glaubens, daß Gewaltakte abgewehrt wurden oder nicht stattgefunden hatten und habe das unterschätzt, was an Eruptionen, ungeachtet der Dinge, die wir für so furchtbar wichtig hielten in dieser Zeit, die nicht unwichtig waren, aber doch nach wie vor hätten stattfinden können, sonst hätte ich mich vielleicht nochmal um 11 oder 12 Uhr abends gemeldet und gesagt: Ist noch irgendetwas gewesen? Für mich war die Sache nach acht Uhr oder halb neun – ich kann es nicht mehr so genau sagen, wann wir da geguckt haben – erledigt mit dem Vorbeiziehen. Daß sich im Innern nochmal etwas abspielen würde, damit hatte ich nicht gerechnet.

Und die zweite Bemerkung: Dieses Tonband, das gehört wurde und wo mir unterstellt wurde, ich wollte die Dinge unterdrücken, reflektiert im Grunde eins, daß wir durch den Bericht von Wolfgang Herger erstmals konkrete Dinge mit Namen und Adresse, also in Gestalt eines Berichtes sozusagen, einer Kommission, erfahren hatten, und zwar in erschreckend niedriger Zahl, weil offensichtlich die Gewalthandlungen viel umfangreicher waren, wo ich sagte, man muß diese wenigen Fälle sofort veröffentlichen. Das war der Gegenstand der Debatte, nicht der Volkskammerfraktion, sondern der Runde der Abgeordneten, die SED-Mitglieder waren. Da ging es noch darum, wie kann man uns solche Dinge unterstellen. Da sagte ich noch: Das hat doch damit überhaupt nichts zu tun. Die Dinge sind passiert, und wir dürfen keine Zeit verstreichen lassen, um damit an die Öffentlichkeit zu gehen, auch, damit die Wahl von Krenz – in der Tat, so habe ich dort operiert – nicht wieder belastet wird. Wir brauchen sozusagen schnelle Kompetenzen in diesem Land usw. Das waren die Überlegungen.

Abg. Prof. Klemm: Dennoch hat Herr Herger am Abend des 24. 10. 1989, das ist jetzt nicht Ihnen vorzuwerfen, vor dem Staatsrat eine Erklärung abgegeben, wie die Dinge [abgelaufen sein sollen] ...

Das ist das Problem, so daß der Eindruck entstand, noch Wochen danach, hier soll etwas verhüllt und vertuscht werden.

Anhörung von Wolfgang Schwanitz und Rudi Mittig (6. Februar 1990)

Abg. Dr. Toeplitz: ... Wie war es möglich, daß das frühere Ministerium für Staatssicherheit ein Staat im Staate wurde, das heißt, daß es sich nicht ... darauf beschränkte, ein Nachrichten- und Sicherheitsdienst zu sein ..., sondern ein solch umfassender Apparat? War das von Anfang an so konzipiert, oder ist das ein bestimmter Entwicklungsprozeß? Wie kann man den zeitlich, wenn es einen solchen Prozeß gibt, begrenzen?

Rudi Mittig: Zu der Frage: Wie war es möglich, daß das Ministerium für Staatssicherheit sich zum Staat im Staate herausbildete? Die Angehörigen leisteten einen Fahneneid und waren auf Grund dieses Fahneneides verpflichtet zur bedingungslosen Erfüllung aller Befehle und Weisungen des jeweiligen Vorgesetzten, zur unbedingten Durchführung der Beschlüsse der Partei- und Staatsführung. Die ursprüngliche Hauptaufgabenstellung des Ministeriums bestand insbesondere in der Durchführung der Aufklärungsaufgaben, also dem Auslandsnachrichtendienst, in der Spionageabwehr, in der Sicherung der Volkswirtschaft sowie in der Bekämpfung von Angriffen gegen die Staatsmacht. Das Ministerium wurde nach dem Prinzip der militärischen Einzelleitung geführt. Der ehemalige Minister hatte uneingeschränktes Weisungsrecht gegenüber allen Angehörigen, unabhängig von der Dienststelle. Die Weisungslinie umfaßte somit seine vier Stellvertreter, die Leiter der Haupt- und selbständigen Abteilungen in Berlin, die Leiter der Bezirksverwaltungen bis hin zu den Leitern der Kreisdienststellen. Damit hatten die vier Stellvertreter des ehemaligen Ministers nur bedingtes Weisungsrecht gegenüber den Leitern von Haupt- und selbständigen Abteilungen, die ihnen unterstellt waren. Ein wesentlicher Grundsatz der Arbeit im Ministerium für Staatssicherheit bestand darin, daß jeder Angehörige einschließlich der Leiter, nur das wissen durfte, was er zur unmittelbaren Realisierung seiner Aufgaben benötigte ...

Abg. Dr. Toeplitz: ... Es geht mir eigentlich mehr um die Grundfrage, die mit der Antwort absolutes militärisches Weisungsrecht nicht beantwortet wird. Das hätte nicht unbedingt bedeutet, daß dieses ehemalige Ministerium sozusagen ein völlig selbständiger Komplex, ein selbständiger Staat im Staate wurde. Meine Frage ging ja dahin: War das von Anfang an konzipiert, oder hat sich das in einer bestimmten Entwicklung vollzogen?

Rudi Mittig: Diese Tendenz der Herausbildung Staat im Staate entstand Anfang der siebziger Jahre im Zusammenhang mit den ganzen Problemen, wie sie anstanden – KSZE-Prozesse, Grundlagenvertrag, Transitabkommen, Zunahme der diplomatischen Anerkennung der DDR –, also alles in allem mit der neuen internationalen Situation, in der sich die DDR befand. Sie fiel auch zeitlich zusammen mit der Wahl Erich Honeckers zum Generalsekretär und 1971 mit der Wahl des ehemaligen Ministers für Staatssicherheit in das Politbüro. Dieser Trend der Verselbständigung, dieses Problem – Dialog nach außen, aber Verhinderung des Dialogs nach innen – führte zwangsläufig zu einer Aufblähung des Apparates ... Es ist ja bereits bekannt, daß sicherheitspolitische Probleme vordergründig und in erster Linie zur Behandlung standen zwischen dem ehemaligen Generalsekretär und dem damaligen Minister für Staatssicherheit. Dadurch waren weitere Mitglieder der Parteiführung – zumindestens, was die Probleme der Sicherheitspolitik betrifft – ausgeschlossen.

Abg. Dr. Toeplitz: Eine Zwischenfrage: Wurden solche tiefgreifenden Probleme im Kollegium des Ministeriums behandelt oder nicht?

Rudi Mittig: ... Innerhalb des Ministeriums war die Kollektivität nicht ausgeprägt. Man kann sagen: Sie fehlte. Es gab nach den Dienstberatungen, nach den Politbürositzungen, Weisungen an diesen, an jenen Stellvertreter, entsprechend der sachlichen Aufgabenstellung. Aber Problemberatungen in dem Sinne, das Für und Wider abzuwägen, auf Grund der konkreten Lage zu analysieren, inwieweit gibt es Konfliktherde, bestimmte Tendenzen, die gesellschaftspolitisch hätten Berücksichtigung finden müssen, gab es nicht ...

Abg. Prof. Klemm: Sie sagen sehr richtig, Herr Mittig, daß Sie Informationen hatten. Sind solche Informationen nie beraten worden kollektiv? Das ist doch ganz erstaunlich.

Rudi Mittig: Sie wurden zum Teil behandelt in Globalberatungen mit den Leitern der Diensteinheiten. Aber ich meine, hier gab es die Selbstverständigung. Es widerspiegelten sich in diesen Beratungen die Erkenntnisse, die nun das anwesende Forum selbst gesammelt hat ... Während Anfang der siebziger Jahre nun das Problem der Andersdenkenden faßbar wäre vom Gesichtspunkt der Entfaltung des Dialogs nach innen, der Gesprächsführung mit diesen Menschen, gab es hier wenig Widerhall, obwohl ausreichende Informationen vorlagen und obwohl gewiß auch ausreichende Bereitschaft hier war, in der Gesellschaftspolitik mitzuarbeiten. Aber die Festschreibung und die Fortsetzung der dogmatischen Linie in der Gesellschaftspolitik führte dazu, daß diesen Informationen kein Gehör geschenkt wurde ...

Abg. Dr. Toeplitz: ... Schätzen Sie das ebenso ein, Herr Schwanitz?

Wolfgang Schwanitz: Die Sicherheitspolitik konnte nicht besser sein als die Politik insgesamt. Es ist natürlich nicht so, daß nun jegliche Kontrolle gefehlt hat. Es fehlte die parlamentarische Kontrolle. Es fehlte die kollektive Kontrolle der Regierung. Aber ich möchte natürlich sagen, daß eine Kontrolle von der Partei- und Staatsführung ausgeübt wurde.

Abg. Dr. Toeplitz: Aber doch sehr eingegrenzt, im Grunde genommen über das Weisungsrecht des Generalsekretärs.

Wolfgang Schwanitz: Sicherlich eingegrenzt – daß Fonds zur Verfügung gestellt worden sind von der Staatlichen Plankommission, daß auch die Mitarbeiter einer Planung unterlagen usw.... Ich möchte sagen: Man muß doch ein bißchen relativieren oder differenzieren, wie ich überhaupt der Auffassung bin, ohne überhaupt im geringsten etwas zu beschönigen, daß man das Gesamtproblem nach meiner festen Überzeugung doch differenziert angehen muß, wie es sich schon langsam auch in der Tendenz abzeichnet, nebenbei gesagt in jüngsten Verlautbarungen. Ich möchte nur mal, weil es nach meiner Meinung zum Thema gehört, die Zahl 85 000 nehmen. Natürlich sind die Menschen erschrocken. Aber das lag auch ein bißchen in der Politik der ehemaligen Partei- und Staatsführung. Ich muß sagen, das lag auch in der Persönlichkeit des ehemaligen Ministers Mielke, daß das ehemalige Ministerium für Staatssicherheit viele Funktionen ausgeübt hat, die in anderen Staaten andere Organe ausüben. Ich kann im wesentlichen nur von meinem eigenen Verantwortungsbereich sprechen. Wir hatten das gesamte Chiffrier- und Dechiffrierwesen mit 500 Mitarbeitern. Das macht in anderen Staaten nicht unbedingt der Nachrichtendienst. Wir hatten sämtliche Probleme der geheimen Nachrichtenverbindung der Partei- und Staatsführung. Das macht in anderen Staaten häufig die Post oder das Bundeskanzleramt usw.

Wir hatten die Betreuung der Führungsstellen der Partei- und Staatsführung. Das macht in anderen Staaten die Armee... Ich möchte mal sagen, ansonsten hat das Herr Mittig hier ausgeführt: Die Sicherheitsdoktrin war falsch, die zunehmende Leitung nur über den ehemaligen Generalsekretär, über den ehemaligen Minister, die völlig – ich möchte wirklich sagen –, völlig fehlende Kollektivität im ehemaligen Ministerium für Staatssicherheit, die klare Befehlsstruktur, die es dem einzelnen gar nicht ermöglicht hat, es sei denn auf die Gefahr, jegliche Konsequenzen – die wären sehr weittragend gewesen – auf sich zu nehmen, gegen bestimmte Erscheinungen vorzugehen, eine völlig fehlende Gesetzmäßigkeit. Es gibt lediglich den Zweizeiler vom 8. Februar 1950 zur Bildung des ehemaligen Ministeriums der Staatssicherheit ...

Sie kennen sicherlich die gesetzlichen Bestimmungen. Ich habe sie auch mit, ich kann darüber konkret Auskunft geben. All das hat eben dann doch zur fehlerhaften Entwicklung geführt. Ich muß sagen, insgesamt haben eigentlich nur bestimmte Arbeitsrichtungen des ehemaligen Ministeriums für Staatssicherheit zu diesem für die Bevölkerung doch erschreckenden Bild geführt. Das war ein kleiner Teil. Ich möchte beinahe sagen, der kleinste Teil der Arbeit, der das verursacht hat. Wir haben das ... zunehmend erkannt, Herr Mittig und ich. Es gab darüber des öfteren Gespräche. Wir hatten auch über die Dinge zunehmend Gespräche mit Herrn Herger, aber wir haben eben ... in mangelnder Konsequenz doch auf einen Führungswechsel vertraut und mit der Möglichkeit des Führungswechsels auf die Möglichkeit grundsätzlicher inhaltlicher Veränderungen, aber die Entwicklung, wie man weiß, hat uns überrollt. Es wurde dann nicht mehr in der Leitung entschieden, sondern es wurde vom Volk entschieden.

Abg. Dr. Toeplitz: Herr Schwanitz, teilen Sie die Einschätzung von Herrn Mittig, daß eine solche Aufklärung, eine solche doch im Grunde negative Entwicklung insbesondere Anfang der siebziger Jahre eingesetzt hat?

Wolfgang Schwanitz: Ja, das ist ganz deutlich. Vor allem mit der Wahl des ehemaligen Ministers zum Kandidaten des Politbüros damals und mit der Wahl des Herrn Honecker als Generalsekretär begann diese Entwicklung. Man muß leider sagen, auch durch die Tatsache, daß einerseits Herr Mielke sehr, sehr autoritär geleitet hat, seinen unterstellten Leitern auch wirklich nur die ihnen zukommende Verantwortung überließ und da auch noch sehr stark hineinregierte, war er mit der wachsenden Größe des Apparates nach meiner festen Überzeugung trotzdem zunehmend nicht mehr in der Lage, alles zu überschauen. Und manche Struktureinheit hat sich im Laufe dieser Zeit auch etwas verselbständigt und aufgebläht ...

Dienstbesprechungen mit uns waren in den zurückliegenden Jahren – ich kann das nur für die letzten drei Jahre beurteilen als stellvertretender Minister – relativ selten. Es waren weniger Diskussionen als Monologe. Der Standpunkt des ehemaligen Ministers wurde mit größter Konsequenz vorgetragen und durchgesetzt, so daß eine Kollektivität schlecht aufkommen konnte. Ich möchte das letzte halbe Jahr ausklammern. Hier hat Herr Mielke erkannt, daß die Entwicklung gefährlich ist, und er hat mehr Kollektivität gesucht ...

Und weil vorher die Frage nach den Informationen war, gerade in den letzten Monaten haben wir wirklich völlig reale, objektive, in keiner Weise geschönte Informationen erarbeitet. Sie widerspiegelten also die katastrophale Lage, so wie sie war. Aber der ehemalige Minister für Staatssicherheit konnte sich nicht entscheiden. Er hat immer mit sich gerungen: Na, ist denn das hier wirklich die objektive Wahrheit? Ist das tatsächlich so? Wir haben ihn darin bestärkt. Da waren wir uns einig im Leitungskollektiv. Wir haben gesagt: Jawohl, die Lage ist so, und sie ist vielleicht sogar noch schlimmer, als sie hier geschrieben steht. Aber das Ergebnis war dann – das war ein- oder zweimal –, daß dann gesagt wurde: Naja, schreiben wir es doch noch einmal um. Und dann hat er ein paar Vorgaben gegeben, in welcher Richtung umzuschreiben war. Das war einfach Inkonsequenz und Bedenken, in dieser Art ungeschminkt die Information über die Lage weiter an Herrn Honecker zu geben ...

Abg. Frau Dr. Krautzig: Herr Schwanitz, Sie sprachen davon, daß die Sicherheitsdoktrin falsch war. Ich würde Sie eigentlich mal bitten, uns zu erläutern, worin bestand denn eigentlich die Sicherheitsdoktrin, die Ihrem Ministerium und der Arbeit Ihres Ministeriums, der 85 000 Mitarbeiter, zugrunde lag, und wie Sie heute zu dem Standpunkt kommen, daß diese Doktrin falsch war ...

Wolfgang Schwanitz: ... Eine in sich geschlossene Sicherheitsdoktrin gab es nicht, sondern ich würde meinen, die Sicherheitsdoktrin ergibt sich aus der Summe der grundlegenden Befehle und Weisungen des ehemaligen Ministeriums für Staatssicherheit. Aber es gibt grundsätzlich falsche, theoretische Grundlagen, die sich im Laufe der Jahre, insbesondere nach 1971, entwickelt haben, die sich dann letzten Endes auch im Strafrecht widergespiegelt haben. Ich erinnere – die Volkskammer hat sich gerade damit befaßt – an das 2. und 8. Kapitel des Strafgesetzbuches.

Das waren solche grundsätzlich falschen theoretischen Ausgangspunkte wie politisch-ideologische Diversion, ohne daß ich das jetzt näher ausführen möchte, war damit faktisch schon theoretisch begründet, nicht die politische Arbeit mit Andersdenkenden, sondern die Administration gegen Andersdenkende. Oder der Begriff, nebenbei gesagt, ein Lieblingsbegriff unseres ehemaligen Ministers: Wer ist wer? Das heißt also, daß, natürlich bezogen auf bestimmte Personenkategorien, dann zu erklären war, wie ist also dessen tatsächliche Denkstruktur, um das mal kurz zu sagen. Das betraf Geheimnisträger, das betraf Reisekader, das betraf leitende Funktionäre, das betraf andere, die bestimmte Genehmigungen bekommen sollten, bis hin, meinetwegen, zu Reisen ins nichtsozialistische Ausland. Durch die Politik der ehemaligen Partei- und Staatsführung wurde dieser Begriff »Wer ist wer?« auf einen doch recht beträchtlichen Personen-Kreis ausgedehnt, so daß doch in einem nicht unerheblichen Umfang über Menschen Personenermittlungen getätigt wurden. »Politischer Untergrund« war auch eine solche falsche Theorie. Hier wurde eine gesunde Opposition, die sich im Volke entwickelte, hier wurden Menschen, die die Fehlerhaftigkeit der Politik der ehemaligen Partei- und Staatsführung schon frühzeitig erkannten und den Mut hatten, dagegen anzugehen und auch Gleichgesinnte zu suchen und zu sammeln, als »politischer Untergrund« kriminalisiert. Ich will bloß mal Havemann anführen oder andere, die schon zu ihrer Zeit doch sehr weitsichtig grundlegende Fehler der Politik der ehemaligen Partei- und Staatsführung erkannten und die den Mut hatten – ich muß sagen, ich habe vor diesen Menschen höchsten Respekt –, zu ihrer Zeit dagegen anzukämpfen. Und das Gefährliche an dieser Geschichte eben war, ... daß in diesem Geiste eben Tausende ehemaliger Mitarbeiter des Ministeriums für Staatssicherheit erzogen wurden. Und das wurde ja alles sozusagen wissenschaftlich begründet und entsprach der herrschenden Ideologie und wurde von den Mitarbeitern demzufolge auch als gegeben aufgenommen und setzte sich dann in ihrem Handeln um. Insofern würde ich sagen, es war eine völlig verfehlte Sicherheitsdoktrin ...

Abg. Fritz Krausch: Können Sie etwas zur Form und zum Inhalt der allgemeinen politischen und ökonomischen Informationen sagen, die von Ihnen an die Parteiführung der SED gegeben worden sind? ...

Wolfgang Schwanitz: ... Es gibt sehr, sehr viele wirklich ungeschönte Informationen zu den verschiedensten Gebieten, die auch heute sehr stark die Gesellschaftspolitik bewegen, die vom ehemaligen Ministerium für Staatssicherheit an die ehemalige Partei- und Staatsführung gegangen sind. Ich habe auch in meiner kurzen Zeit als Amtsleiter Gelegenheit gehabt, das zu sagen. Ich hätte die Latte noch

viel mehr verlängern können. Was sich heute zeigt zur wirtschaftlichen Lage, darauf haben wir seit Jahren aufmerksam gemacht. Nebenbei gesagt: Was sich zeigte in der sogenannten oppositionellen Bewegung, darauf haben wir seit Jahren aufmerksam gemacht. Nebenbei gesagt, auch mit Schlußfolgerungen. Das war unsere zutiefste Meinung, daß man dieser Entscheidung nicht nur administrativ begegnen darf. Wir haben immer wieder Vorschläge gemacht, mit Andersdenkenden politisch zu arbeiten. Wir haben stark auf die politische Auseinandersetzung orientiert. Wir haben zur Kirche objektive Informationen gegeben und haben versucht immer wieder ...
– und da war Herr Mittig sozusagen der spiritus rector, der keine Gelegenheit ausgelassen, um zu sagen: Es ist falsch, daß wir sozusagen die Kirche und kirchenleitende Persönlichkeiten ins Abseits stellen. Wir müssen auch mit den Menschen arbeiten. Wir müssen sie mit einbeziehen. Aber leider wurde das nicht beachtet ...

Abg. Prof. Klemm: Sie sagten, daß das Kollegium des Ministeriums sehr selten getagt hat oder daß bestimmte Fragen sehr rar waren. Gab es von Ihnen beiden nicht eine Art persönlichen Kontakt als stellvertretende Minister zu Herrn Mielke, so daß diese Fragen vielleicht auch einmal halb privat besprochen wurden? Gab es so etwas?

Rudi Mittig: Ich hatte persönlichen Kontakt zu Herrn Mielke in größeren Abständen. Natürlich gab es dort auch Gespräche zur Lage. Nicht selten hat Herr Mielke dem zugestimmt, aber in dem Sinne die Zustimmung relativiert: Ich komme nicht durch.

Abg. Prof. Klemm: Es wurde also nicht nach außen artikuliert?

Rudi Mittig: Ich komme nicht durch damit. Ich meine, ich weiß jetzt nicht, weil es hieß, ich habe schon zum wiederholten Male mit Herrn Hager gesprochen zu Fragen des Gesundheitswesens, ich habe Herrn Honecker aufmerksam gemacht auf die Ernsthaftigkeit der Probleme, die mit den Antragstellern zusammenhängen. Ich nehme an, daß man sich verständigt hat, aber ich kann nicht sagen, man hat sich verständigt. Ich bin, was individuelle Gespräche betrifft, sogar überzeugt davon, daß er es gemacht hat.

Abg. Prof. Klemm: ... Gab es Informationslinien an Herrn Mielke vorbei direkt ins Politbüro aus dem Kollegium heraus, die an Herrn Mielke vorbeigingen?

Rudi Mittig: Nein, die gab es nicht. Wenn man die Frage konkret beantworten will, war es die Urlaubszeit, wo vertreten wurde.

Abg. Dr. Toeplitz: Das heißt, es gab auch keine Information, nehmen wir mal an eine Spezialinformation, an den Minister für Gesundheitswesen. Die mußte über Herrn Mielke gehen?
Rudi Mittig: Sie mußte über Herrn Mielke gehen.
Abg. Krausch: ... Wenn ich jetzt einmal Ihre Information etwas salopp werte, kommt mir die Person des Ministers, sein offensichtliches Wissen, über das er verfügte, seine Leitungstätigkeit wie ein Wunder vor, wenn er nicht einmal so enge Arbeitskontakte mit seinen unmittelbaren Stellvertretern gepflegt hat, die ja notwendig sind. Deshalb die Frage: Hat es um die Person des ehemaligen Ministers herum im Sinne eines Mitarbeiterstabes wissenschaftlicher, politischer Mitarbeiter noch eine funktionelle Einheit gegeben, die neben seinen Stellvertretern ihn überhaupt befähigt hat, diese militärische, politische und staatliche Führungstätigkeit so zu leisten, wie wir sie jetzt erfahren haben? Gab es eine solche Sondereinheit?
Wolfgang Schwanitz: ... Ich habe zwei Stockwerke über dem ehemaligen Minister gesessen, aber zu individuellen Beratungen bin ich vielleicht in den drei Jahren dreimal und da auch nur zu Einzelproblemen zu ihm gerufen worden, um das mal eindeutig zu schildern. Das andere spielte sich in kurzen Telefonaten morgens ab und auf schriftlichem Wege. Lediglich als die Lage 1989 doch zunehmend prekärer wurde, gab es etwas mehr Beratungen des ehemaligen Ministers mit seinem kleinen Leitungsgremium. Dazu zählten die stellvertretenden Minister ... Dort wurden hin und wieder vor allem zur Selbstverständigung Fragen aufgeworfen. Ansonsten waren eben die Kollektivität und auch die Zusammenarbeit, wie man sie sich zwischen Leiter und Stellvertreter vorstellt, bedauerlicherweise völlig abwegig. Was hier den Stab betrifft: Jawohl, das gab es. Es gab im ehemaligen Ministerium die ZEAG, die Zentrale Informations-, Kontroll- und Auswertungsgruppe unter Leitung des Herrn Generalleutnant Irmler. Auf diesen Apparat hat sich Herr Mielke sehr stark gestützt. Hier wurden seine Reden nach seinen Vorgaben vorbereitet. Hier wurden die Befehle ausgearbeitet. Es gab keinen einzigen Befehl und keine einzige Weisung des ehemaligen Ministers, die nicht durch die ehemalige ZEAG gegangen wären. Und es gab auch niemanden, der ihm Entwürfe vorlegen durfte. Auch wir, wenn wir mal etwas initiiert hatten, mußten diesen Weg über die ZEAG gehen, so daß es so ein Stabsorgan gab, auf das er sich weitgehend gestützt hat ...

Richterin Frau Ewald: Entschuldigen Sie bitte, wenn ich es so formuliere, aber ich finde es nahezu blasphemisch, wenn ausgerechnet heute von einem ehemaligen stellvertretenden Minister Havemann als mutiger Vorkämpfer bezeichnet wird, wo gerade Havemann, Bahro und andere genau von diesem Organ in den Tod getrieben wurden, kann man sagen; bzw. für Bahro hatte es verhängnisvolle Folgen. Er soll jetzt wieder rehabilitiert werden. Und ich denke an Janka und andere...

Schätzen Sie bitte ein bei der Verantwortung dieses Organs für diesen Staat, für dieses Volk und für diesen Sozialismus, den wir alle mal wollten: Wann sahen Sie den Zeitpunkt für gekommen, daß man eben die Konsequenzen gegen eine falsche Führung einleiten muß, und zwar nachgewiesenermaßen, wenn diese Regierung das Volk und das Land an den Rand eines Abgrunds steuert – bewußt oder unbewußt, das weiß ich nicht? Wie wollten Sie sich im Kollegium eigentlich dazu stellen, oder wollten Sie wirklich behaupten, Sie hatten alle keine Möglichkeit und keinen Einfluß? War die Zeit nicht spätestens 1987 reif, sich im Kollektiv darüber zu verständigen, kollektiv zurückzutreten z. B.? Es können ja nicht alle sang- und klanglos im Untergrund verschwinden. Mir geht es konkret um die Verantwortung. Wir stehen vor einem Scherbenhaufen, und keiner will es gewesen sein.

Wolfgang Schwanitz: Zu Herrn Havemann habe ich meine ehrliche Meinung geäußert, wobei ich Ihnen sagen muß, ich habe seine Veröffentlichungen nach dem Oktober noch einmal gelesen. Und ich sage Ihnen ehrlich: mit anderen Augen als vor Jahren. Vor Jahren bin ich doch an diese Literatur mit einer von meiner Erziehung geprägten Voreingenommenheit herangegangen. Das ist so. Heute sehe ich die Dinge anders. Und was ich vorhin gesagt habe, das ist natürlich die Einschätzung aus heutiger Sicht. Ich möchte jetzt hier nicht urteilen über die Bemerkung: In den Tod getrieben. Ich möchte nur sagen: Herr Havemann ist an Krebs gestorben. Man muß die Dinge objektiv sehen, und das zählt zu dem, was ich eingangs versuchte auszudrücken. Es gibt viel Schuld. Aber man muß wirklich differenzieren und darf nun nicht ständig, nach meiner Auffassung, Öl ins Feuer gießen.

Was die Konsequenzen, das Wann, betrifft, so kann ich nur von uns beiden, die wir uns eigentlich immer verständigt haben, ausgehen. Zunehmend offener wurden unsere Gespräche, und zwar nicht nur mit Herrn Mittig, sondern auch mit Herrn Herger und mit anderen, ab Sommer 1989, also relativ spät, wobei wir ... mehr darauf gesetzt haben, daß wir eine neue Gesellschaftskonzeption brauchen. Und wir haben versucht, mit unseren Möglichkeiten das zu beeinflussen, auch eben durch Informationen an die ehemalige Parteiführung. Und uns war klar, daß sich eine Veränderung der Gesellschaftskonzeption nur möglich macht durch eine Veränderung der personellen Zusammensetzung der ehemaligen Parteiführung. In dieser Richtung haben wir versucht, unseren geringen Einfluß geltend zu machen und haben sehr große Hoffnungen auch in die Vorbereitung und Durchführung des XII. Parteitages gesetzt ...

Abg. Prof. Klemm: Ich habe noch eine Frage, weil das vielleicht für die Wahrheitsfindung wichtig sein könnte. Sie sagten Herr Schwanitz, daß es keine Befehlsgewalt des Ministeriums bzw. des Ministers in andere Bereiche hineingegeben hat. Gab es Sonderfälle, wo diese Regelung aufgehoben wurde, eine Befehlskette, die dann in bestimmten Zeiten, es geht häufig um die Tage des 7. bis 9. Oktober, eine Sonderrolle gespielt hat? Wir haben solche Meinungen teilweise gehört von Herrn Streletz.

Wolfgang Schwanitz: Das ist mir nicht bekannt ...

Abg. Dr. Toeplitz: Jetzt komme ich zur nächsten Frage: Post- und Fernmeldekontrolle. Sie entsprach offensichtlich nicht den Grundsätzen der Verfassung. Wie war das organisiert?

Wolfgang Schwanitz: Sicherlich wird das wieder Befremden bewirken. Aber detaillierte Auskünfte zur Postkontrolle, die kann ich zumindestens nicht geben. Die Postkontrolle unterstand dem ehemaligen Leiter der Hauptabteilung II, dem Generalleutnant Kraatsch. Herr Kraatsch wurde unmittelbar vom Minister angeleitet und kontrolliert, d. h., da gab es diese Leitungslinie. Deshalb, weil häufig nach unbekannten Spionen gesucht wurde, nebenbei auch mit Erfolg gesucht wurde, über den Weg der Postkontrolle, Geheimschrift, Spionagesendungen, die auf dem Postweg befördert wurden, wurde die Postkontrolle dort angegliedert, so daß detaillierte Auskünfte von diesen Herren gegeben werden müßten. Ich kann nur sagen, beispielsweise heute steht in unserer Presse, daß im Westen die stichprobenartige Postkontrolle eingestellt wird. Hier zeigen sich oft Auswirkungen der Geschehnisse in der DDR für Westdeutschland. Sie sprechen von stichprobenartig. Ich weiß auch aus meiner Tätigkeit als Amtsleiter, wo ich mich auch mit der Frage kurz befassen mußte, daß wir ungefähr drei Prozent der Post kontrolliert haben. Hier möchte ich doch den Begriff flächenartig noch einmal ein bißchen ... Ich bin hier zu keinen konkreteren Auskünften in der Lage.

Abg. Prof. Klemm: Drei Prozent sind eine ungeheuer hohe Zahl.

Wolfgang Schwanitz: Sehr hoch. Da gebe ich Ihnen völlig recht. Fernsprechkontrolle war die Abteilung 26, eine selbständige Abteilung..., sie unterstand direkt dem ehemaligen Minister. Als ich im Herbst 1986 als stellvertretender Minister eingesetzt wurde, wurde mir lediglich übertragen, mich um die technische Seite zu kümmern ... Während die ganze operative Seite der ehemalige Minister sich nicht aus der Hand nehmen ließ, so daß ich hier auch keinerlei Kenntnis habe, was den Inhalt anbetrifft. Auch hier möchte ich allerdings sagen, auch aus meiner Tätigkeit als Amtsleiter: Wir haben uns nach dem Oktober sofort verständigt, Herr Mittig und ich, und waren der Auffassung, daß wir diese Arbeit schnellstens unterbinden müssen. Es wurde also auf Initiative von Herrn Mittig der »M« [Postkontrolle] und auf meine Initiative die Arbeit der 26 [unterbunden]. Das war ein Prozeß, der sich über Tage hinzog, der im wesentlichen im November 1989 abgeschlossen war. Daher erkannte ich auch, wobei ich jetzt nicht mehr die genauen Zahlen im Kopf habe, die Kapazität. Aber auch hier möchte ich sagen, es war natürlich auch beträchtlich. Ich glaube, es waren Telefonaufträge, die liefen, etwa 600 bis 700. Dabei waren viele Leute, die im Spionageverdacht standen. Dabei waren akkreditierte Journalisten. Dabei waren auch ehemalige Mitarbeiter des Ministeriums für Staatssicherheit, die kontrolliert wurden.

Abg. Prof. Klemm: Wie war es mit den Volkskammerabgeordneten, wurden auch sie abgehört?

Wolfgang Schwanitz: Kann ich Ihnen beim besten Willen nicht beantworten. Ich habe das statistisch bekommen, nicht auf die einzelnen Namen zugeschnitten ...

Abg. Dr. Toeplitz: Nächste Frage: Wir waren schon durch eine Bemerkung von Herrn Schwanitz herangekommen: Umfang der Sammlung von Personendaten, anders ausgedrückt, Umfang einer Datenbank über Personen, ihre Einschätzung, ihr Verhalten. Wie kann man das kennzeichnen?

Rudi Mittig: Die zentrale Personen- und Datenbank befindet sich in der Normannenstraße. Das sind elektronisch gespeicherte relevante Daten ...

Abg. Dr. Toeplitz: Was waren die Kategorien für die Relevanz?

Rudi Mittig: Das waren Verhaltensweisen, die, ich betone ausdrücklich, unter damaligen Gesichtspunkten eine eben politisch operative bzw. rechtliche Relevanz hatten, d. h., permanent Konterstellung gegen die Politik der damaligen Führung. Verhaltensweisen, die darauf hinausliefen, Sammlungsbewegungen zu organisieren.

Abg. Prof. Klemm: Wie war es mit Auslandsreisen?

Rudi Mittig: Die Fragen nach relevanten Kontakten nach dem Ausland, nicht etwa schlechthin Reisen, Kontakte hier oder irgendwo anders, sie mußten eben eine bestimmte Bedeutung haben.

Abg. Prof. Klemm: Können Sie uns das an einer Zahl sagen?

Rudi Mittig: Darüber bin ich leider nicht auskunftsfähig.

Abg. Prof. Klemm: Ich stelle die Frage, weil die Gerüchte darüber phantastisch sind. Traf es nach Ihrer Meinung zu oder nicht, daß jeder Erwachsene erfaßt wurde?

Rudi Mittig: Das halte ich für unmöglich.

Wolfgang Schwanitz: Wobei ich der Überzeugung bin: Es ist viel zu viel erfaßt worden.

Rudi Mittig: Es sind beispielsweise natürlich auch Geheimnisträger gespeichert, eine Kategorie, die heute im Grunde genommen bedeutungslos ist, auch Reisekader.

Abg. Dr. Toeplitz: Relevant, wer entschied darüber? Es muß doch irgendeine Stelle gesagt haben: Der kommt rein.

Wolfgang Schwanitz: Es gab dazu konkrete Weisungen, einen ganzen Katalog.

Abg. Dr. Toeplitz: Mit Kategorien, wer zu erfassen ist? Und trotzdem muß noch einer konkret sagen: Emil Müller fällt unter Punkt 5 des Katalogs.

Wolfgang Schwanitz: Die Informationen gingen dann zu den Auswertungsorganen. Die Auswertungsorgane haben nach dem Katalog festgelegt, wer in die Erfassung und wer nicht: Und dann ist das so erfolgt.

Abg. Weißgärber: Wer war der Chef von diesem Organ?

Wolfgang Schwanitz: Das war Generalleutnant Irmler. Das lag in den Händen dieser Stabseinheit.

Abg. Frau Dr. Krautzig: Können Sie darüber Auskunft geben, ob es eine Kopplung dieser Datenbank zur Personendatenbank der Statistik gab, da von dorther auch Daten bezogen wurden. Grund[lage] für den Aufbau dieser Datenbank.

Rudi Mittig: Das ist nicht bekannt ...

Abg. Krausch: Herr Mittig, Herr Schwanitz, in diesem Zusammenhang möchte ich eine Frage stellen, die vielfach – und ich meine – spekulativ in der Bevölkerung diskutiert wird über Inhalte der Personenkennzahl, die in den Personalausweis eingetragen ist ... Können Sie uns sagen, ob im Rahmen der Klassifizierung der Personenkennzahl auch Aspekte der Arbeit des ehemaligen Ministeriums für Staatssicherheit berücksichtigt worden sind?

Rudi Mittig: Nicht bekannt.

Abg. Lesser: Im Zusammenhang mit der Überprüfung und auch im Zusammenhang mit dieser komischen Reisekaderregelung war das nicht ein erheblicher Ermessensspielraum für die einzelnen Dienststellen, z. B. Auslegung in dem Bezirk und Auslegung in dem Bezirk? Es konnten ja Differenzen gewesen sein. Gab es da Möglichkeiten seitens der Leitung des Ministeriums? Wie würden Sie das einschätzen?

Abg. Dr. Toeplitz: Inwieweit war das objektivierbar, inwieweit spielte Subjektivismus eine Rolle?

Rudi Mittig: Natürlich waren die Kriterien für Reisekader vorgegeben. Ich bin nicht nur der Meinung, ich kenne eine Vielzahl von Entscheidungen, die deutlich macht: Viele Entscheidungen wurden subjektiv gefällt, in der Beziehung, wenn dieser Bürger nicht zurückkommt als Reisekader, dann wird man auf mich zeigen, und ich werde gewissermaßen als Schuldiger dastehen, nicht richtig und nicht ausreichend geprüft zu haben. Das ist mit der Hauptpunkt dafür, weshalb ...

Abg. Dr. Toeplitz: Deswegen war es einfacher, nein zu sagen.

Rudi Mittig: Mancher Mitarbeiter sagte: Ich sage erst einmal nein, da bin ich erst einmal auf Nummer Sicher. Man muß überlegen, dieser Mitarbeiter hatte nicht nur einmal ja oder nein zu sagen. Er hat nicht selten zwanzig, dreißig, vierzig, fünfzig Entscheidungen. Sie wissen selbst, wieviel Reisekader in manchen Objekten anstanden zur Prüfung, so daß nicht selten auch Korrekturen notwendig waren, um solche Fehlentscheidungen, gewiß nicht aus Boshaftigkeit, sondern einfach aus persönlicher Sorge heraus zu fällen.

Abg. Dr. Toeplitz: Eine andere Frage: In den ganzen Diskussionen hat die Frage Personenschutz, PS, eine große Rolle gespielt. Was schloß Personenschutz ein? Wie kann man das erläutern? Personenschutz ist ja z. B. für ein Politbüromitglied. Was hat das für praktische Bedeutung?

Rudi Mittig: Die praktische Bedeutung des Personenschutzes bestand darin, daß der jeweilige Funktionär durch einen persönlichen Begleiter geschützt wurde. Das traf auch zu auf den Kraftfahrer. Die Aufgabe des Personenschutzes bestand darin, vom Abgang aus der Wohnung über den Tagesablauf bis zum Wiederheimkommen in die Wohnung den persönlichen Schutz zu gewährleisten.

Abg. Dr. Toeplitz: Das schloß z. B. ein, daß Mitglieder des Politbüros, wenn sie nach Dresden fuhren, immer mit zwei Autos fuhren.

Rudi Mittig: Ich bin über die inhaltliche Seite des Personenschutzes und die Ausweitung im einzelnen nicht informiert.

Abg. Prof. Klemm: Ging dieser Bereich nicht viel weiter? Wir haben Herrn Wolf schon dazu gehört. Wir haben den Eindruck, als ob der Personenschutz die ganzen Dinge in Wandlitz, in der Waldsiedlung mit geregelt hat. Das gehörte alles zum Personenschutz?

Rudi Mittig: Natürlich, das gehörte alles mit dazu...

Abg. Frau Köckritz: Ich hätte eine Frage, was den Personenschutz und das Aufgabengebiet betrifft. Schätzen Sie ein, Herr Mittig oder Herr Schwanitz, daß die Normative, die wir in unserem Land anwandten, über den international üblichen Rahmen des Personenschutzes, den es ja überall gibt, hinausging und wie sich dieser vielleicht im Laufe der Jahre seit 1971 entwickelte?

Rudi Mittig: Dem Personenschutz wird in allen Ländern große Bedeutung beigemessen. Natürlich ist der Personenschutz, wo starke terroristische Tendenzen entstehen, stärker ausgelegt als in Ländern, wo die terroristischen Aktivitäten nicht so ausgeprägt sind... Im Verhältnis zu den sozialistischen Ländern bin ich überzeugt davon und habe auch soweit Einblick gehabt, daß vielleicht die Maßnahmen Personenschutz in der DDR um ein weiteres stärker ausgeprägt waren als in anderen Ländern. Ich meine Polen, Ungarn, ČSSR, vielleicht sogar Sowjetunion...

Abg. Prof. Klemm: Wie erklären Sie sich das?...

Rudi Mittig: Ich meine, das waren Abstimmungen zwischen Herrn Honecker und Herrn Mielke.

Abg. Prof. Klemm: Kann eventuell eine Rolle gespielt haben, daß man diese Persönlichkeiten vom normalen Leben fernhalten wollte? Wir haben Gespräche mit vielen ehemaligen Politbüro-Mitgliedern geführt, und wir haben den Eindruck, daß sie manchmal teilweise in einem anderen Land gelebt haben.

Rudi Mittig: Genauso ist das...

Abg. Dr. Toeplitz: Ich möchte auf die Frage, die wir vorhin berührt hatten, zurückkommen: die Kontrolle. Die einzelnen Abteilungen waren leitungsmäßig dem Minister unterstellt. Welches Verhältnis hat denn nun das Ministerium bzw. der Minister zum Politbüro, zum ZK, innerhalb der Regierung zum Nationalen Verteidigungsrat und zu all diesen Organen, zur Volkskammer gehabt? Das hängt mit den Ausgangspositionen zusammen: Staat im Staate.

Rudi Mittig: Die Beziehungen des ehemaligen Ministers für Staatssicherheit zu den einzelnen staatlichen und parteilichen Institutionen..., also die Verbindungen zum ehemaligen Generalsekretär Honecker, zu den anderen Mitgliedern des Politbüros, zum ehemaligen Vorsitzenden des Ministerrates pflegte er persönlich, auch zu allen anderen staatlichen Institutionen. Gewissermaßen repräsentierte er die Kompetenz der Staatssicherheit. Natürlich gab es auch Arbeitsbeziehungen zu diesen oder jenen Fachministern, die wir selbst unterhielten.

Abg. Dr. Toeplitz: Ich meine, gab es eine Aktivität des Ministers oder seines beauftragten Stellvertreters beispielsweise in der Regierung, in den Beratungen der Regierung?

Rudi Mittig: Herr Mielke ist wiederholt in Sitzungen des Ministerrates aufgetreten und hat zu diesen oder jenen Problemen [Stellung bezogen]..., ähnlich wie es im Politbüro erfolgte. Ich meine in Vertretung war ich oftmals im Ministerrat, aber nicht kompetent, dort etwa im Auftrag des Ministers zu sprechen. Auch von der Sachkompetenz hielt ich es nicht für angebracht, in Dinge hineinzureden, von denen ich nur relative Ahnung hatte.

Abg. Dr. Toeplitz: Die Beteiligung war mehr eine Information?

Rudi Mittig: Ja.

Abg. Prof. Klemm: Rechtliche oder verordnungsmäßige Regelungen für eine solche Kontrolle, eine Art Statut oder so etwas hat es ja nie gegeben? Aber es muß doch irgendwelche persönlichen Beziehungen gegeben haben. Sie haben gesagt: Es gingen diese persönlichen Beziehungen zwischen Mielke und Honecker. Wie war das hinsichtlich der zuständigen Fachabteilungen im Zentralkomitee, zu Herrn Herger und Herrn Krenz? Wir haben Herrn Herger gehört ...

Rudi Mittig: Es waren vordergründig Telefonate. Es waren auch diese und jene Gelegenheiten im Hause des Zentralkomitees, wo man zu dieser oder jener Sachfrage, die die Arbeit betraf, sich verständigte. Persönlich kenne ich Herrn Herger nicht weiter.

Abg. Prof. Klemm: Ich möchte der Sache doch noch weiter nachgehen. Wie war das Verhältnis von Herrn Mielke zu Herrn Herger und zu Herrn Krenz, zum zuständigen Ressortleiter im Politbüro oder Zentralkomitee?

Rudi Mittig: Ich kann nur eines zum Ausdruck bringen: Herr Mielke und Herr Krenz kennen sich im Grunde noch aus der Zeit, als Herr Krenz erster Sekretär des Zentralrates der Freien Deutschen Jugend war. Das ehemalige Ministerium für Staatssicherheit hat ja der Freien Deutschen Jugend bei allen möglichen dieser damaligen Großveranstaltungen Unterstützung gegeben: materieller Art, kräftemäßig, auch solidarischer Art. Meiner Meinung nach war es immer ein Verhältnis, nicht etwa: Ich bin der Ältere, aber: Ich bin auf alle Fälle der Erfahrene. Damit will ich nicht zum Ausdruck bringen, daß es ein großes persönliches Verhältnis gab und dergleichen mehr. Man respektierte einander. Man akzeptierte einander und hörte aufeinander.

Abg. Prof. Klemm: Herr Herger hat uns z.B. gesagt, daß das Verhältnis zu Herrn Mielke von seiner Seite her kein gutes gewesen ist.

Rudi Mittig: Zu Herrn Herger? Das möchte ich durchaus einräumen.

Abg. Dr. Toeplitz: Er hat hier folgendes ausgesagt: Als er die Abteilung Sicherheitsfragen übernahm, hat er sich ordnungsgemäß bei den zuständigen Ministern angemeldet, mit denen er zu tun hatte. Und da hätte ihm gleich Herr Mielke gesagt: Zu mir brauchst du nicht zu kommen. Die operative Arbeit des Ministeriums entscheide ich. Kümmere dich um die Parteiarbeit. So etwa war es. Es hatte nicht einmal sozusagen ein solches Antrittsgespräch stattgefunden.

Rudi Mittig: Ich bin davon überzeugt, daß das so war. Das entsprach auch seinem Charakter.

Abg. Prof. Klemm: Es ist also der Parteiapparat, das Zentralkomitee, völlig aus einer Kontrolle der Staatssicherheit als Gremium ausgeschlossen gewesen? Es lief nur über diese persönlichen Dinge? ...

Abg. Schur: Wir sind gerade bei der Kontrolle. Ein so gewaltiger Apparat an der unsichtbaren Front bedingt sicherlich auch, daß man möglichst wenig voneinander weiß. In diesem Apparat ... mußte doch zum Beispiel auch eine eiserne Disziplin eingehalten werden, d. h., es hätten nach innen Kontrollen im Apparat erfolgen müssen. Es kommen Dinge auf den Tisch, wo es Beschwerden gibt, diesem oder jenem ist das widerfahren. Das sind Dinge, die, wenn man davon Kenntnis gehabt hätte, Schlußfolgerungen gehabt hätten. Gab es nicht eine Möglichkeit einer Kontrolle von oben nach unten, um zu wissen, was an der Basis geschieht?

Rudi Mittig: Unter konspirativen Bedingungen geschehen mitunter Dinge, die erst später bekannt werden ... Das kompliziert insgesamt die Lage, die Öffentlichkeit fehlt in diesem Sinne. Gerade deshalb waren die Kontrollmechanismen besonders ausgeprägt. Herr Schwanitz brachte bereits zum Ausdruck, die Auswertungs- und Informationsgruppe in der Zentrale hatte einen starken Apparat der Kontrolle aller operativen Prozesse innerhalb des Ministeriums, in den Bezirksverwaltungen bis hin zu den Kreisen mit der ganzen Autorität des ehemaligen Ministers. Ebensolche Kontrollapparate gab es auch in verkleinerter Form in den Bezirksverwaltungen. Diese Kontrollen liefen kombiniert, was die operativen Grundprozesse betraf, Fehlverhalten und dergleichen mehr, aber auch finanztechnischer Art. Es hat nicht wenige Feststellungen gegeben bei diesen Kontrollen, die in jedem Fall nicht zu konsequenten Schlußfolgerungen führten. Disziplinarische Bestrafungen, Entlassungen, aber auch eine Reihe von Ermittlungsverfahren wegen Verletzung gesetzlicher Bestimmungen bzw. innerdienstlicher Bestimmungen. Ich betone aber noch einmal: Selbst diese weitgehend perfekte Kontrolle neben und unabhängig vom jeweiligen Leiter bedeutet nicht, daß gerade unter konspirativen Bedingungen diese oder jene Dinge nicht geschehen, die meinetwegen nicht einmal materiellen Schaden nach sich ziehen, aber doch Schaden gegenüber den Menschen deutlich machen, falsches psychologisches Verhalten. Das ist die Kompliziertheit, die natürlich einer konspirativen Arbeit im Apparat leider innewohnt.

Abg. Prof. Klemm: Keine Kontrolle. Ich möchte noch einmal auf diese persönlichen Beziehungen eingehen. Sie haben versucht, das Verhältnis des Herrn Mielke zu Herrn Honecker ein bißchen zu beleuchten bzw. zu Herrn Krenz und zu Herrn Herger. Wie war das Verhältnis zu Herrn Mittag?
Rudi Mittig: Ein sehr gutes Verhältnis.
Abg. Prof. Klemm: Gab es da auch persönlichen Gedankenaustausch?
Rudi Mittig: Zweifelsfrei.
Abg. Prof. Klemm: Es war anders zu den anderen Politbüromitgliedern. Es haben alle hier gesagt: Wir haben nie über diese Fragen diskutieren können. Das hat sich im wesentlichen auf diese Dreiergruppe beschränkt?
Rudi Mittig: Das würde ich bestätigen, aber unabhängig davon gab es individuelle Gespräche, zumeist Telefonate. Natürlich war für Kirchenfragen Jarowinsky und für Wirtschaftsfragen Mittag zuständig. Im Politbüro selbst, da bin ich überzeugt, gab es ...
Abg. Prof. Klemm: Können Sie das bestätigen, Herr Schwanitz?
Wolfgang Schwanitz: Dazu fehlen mir die Einblicke ...
Abg. Singer: Wenn man Kontakt hatte mit Angehörigen des Ministeriums für Staatssicherheit, Sie waren der erste Stellvertreter von Herrn Mielke: Hat der in Dienstberatungen das alles überhaupt noch mitbekommen bzw. die Weisungen zielbewußt und geistig gegenwärtig erteilt? ...
Abg. Prof. Klemm: Wir stehen natürlich alle unter dem letzten Eindruck, den er in der Volkskammer gegeben hat. Es ist das einzige Mal gewesen, wo er öffentlich aufgetreten ist in seinem Leben.
Rudi Mittig: Ich möchte hier zum Ausdruck bringen: Der Eindruck in der Volkskammer war für Sie sehr enttäuschend. Und ich sage Ihnen offen und ehrlich: Für uns war es die Katastrophe. Sie haben uns die Frage gestellt: Wie ist so etwas möglich?
Abg. Prof. Klemm: Das verstehe ich jetzt nicht, wie Sie das meinen.
Rudi Mittig: Ich meine einen solchen Auftritt, einen solchen desolaten Zustand.
Abg. Prof. Klemm: Den Eindruck hatten Sie vorher nicht?
Rudi Mittig: Niemals ...
Abg. Dr. Toeplitz: ... Und jetzt noch eine Frage: Bei der Untersuchungsabteilung gab es natürlich eine Untersuchungsanstalt. Gab es

im Strafvollzug Haftanstalten, die dem Ministerium für Staatssicherheit unterstanden oder war alles in der Regie des Innenministeriums? Es gab auch eine Differenzierung: Bautzen 1, 2 und solche Fälle.

Rudi Mittig: Diese Differenzierung ist mir bekannt, aber nicht als spezielle Vollzugseinrichtung des ehemaligen Ministeriums für Staatssicherheit.

Abg. Dr. Toeplitz: Ich persönlich war bisher der Auffassung, daß alle Vollzugseinrichtungen dem Ministerium des Innern unterstehen. Ihnen ist nicht Gegenteiliges bekannt?

Rudi Mittig: Nein.

Abg. Dr. Toeplitz: Es geht um die Frage des Verhältnisses der Staatssicherheit zu anderen Sicherheitsorganen, um das Verhältnis zur Nationalen Volksarmee. Abwehrapparat. War das ein Apparat der Nationalen Volksarmee oder der Staatssicherheit?

Wolfgang Schwanitz: Militärabwehr ist ein Apparat der Staatssicherheit in der Nationalen Volksarmee gewesen, aber eine dem Minister für Staatssicherheit bzw. Herrn Generalleutnant Neiber unterstellte Diensteinheit, befehlsmäßig dem stellvertretenden Minister Neiber unterstellt.

Abg. Dr. Toeplitz: Wie war das Verhältnis zur Führung der Volkspolizei, die Zusammenarbeit?

Rudi Mittig: Allein schon die Entwicklung beider Minister, Mielke und Dickel, drückten aus eine auf Vernunft und Kameradschaft begründete Zusammenarbeit.

Abg. Dr. Toeplitz: Gab es besondere Beziehungen zur Zivilverteidigung und zu den Kampfgruppen?

Rudi Mittig: Sie waren nur arbeitsmäßiger Natur. Es gab eine Besonderheit. Eine Verstärkung gab es im Falle von Katastrophenfällen. Ansonsten hat es keine besonderen Notwendigkeiten gegeben.

Wolfgang Schwanitz: Es gab erstens keinerlei Weisungsrecht, weder für die Volkspolizei, noch für die Armee, noch für die Zivilverteidigung, noch für die Kampfgruppen. Es wurde auch in der Praxis nicht gehandhabt. Dann müßte man noch sagen, daß auch in diesen Organen durch das ehemalige Ministerium für Staatssicherheit eine Abwehrarbeit durchgeführt wurde.

Abg. Dr. Toeplitz: Eine Frage, die eine besondere Rolle gespielt hat, im Zusammenhang mit dem 7./8. Oktober: Gab es eine solche Befehlskette, daß in bestimmten Fällen die Staatssicherheit sozusagen das Gesamtkommando hatte? Ich erinnere an Diskussionen über die Rolle, die der ehemalige Minister Mielke gespielt hat. War das eine persönliche Initiative, daß er dort die Leitung übernahm, oder hatte er einen Sonderauftrag des Generalsekretärs? Oder war das eine generelle Einrichtung? War das eine spezifische Regelung?

Wolfgang Schwanitz: Es gibt zum 40. Jahrestag einen Maßnahmenplan, unterschrieben vom ehemaligen Minister Mielke, betätigt vom ehemaligen Generalsekretär, wo die Leitung definitiv festgelegt ist, nämlich, daß jeder Leiter des jeweiligen Organs eigenverantwortlich für die Durchsetzung dieses Maßnahmeplanes ist, und da ist direkt ausgeführt, indem aufgezählt wurde: Minister für Staatssicherheit, Minister für Nationale Verteidigung, Minister des Innern, so daß hier die Befehlslage völlig klar geregelt war.

Was die spezielle Funktion des ehemaligen Ministers für Staatssicherheit anbetrifft, so wurde ihm eine koordinierende Funktion zugeschrieben, also, was insbesondere den Einsatz der Kräfte, Mittel usw. sowie die Informationen anbetrifft. Daran hat man sich auch gehalten. In diesem Maßnahmeplan steht ausdrücklich, daß das auf allen Leitungsebenen gilt. Und auch daran hat man sich gehalten.

Abg. Dr. Toeplitz: Auf allen Leitungsebenen würde auch einbeziehen die sogenannten Einsatzleitungen der Bezirke und Kreise?

Wolfgang Schwanitz: Jawohl.

Abg. Prof. Klemm: Nun war ja Herr Mielke eine solche Autorität, daß dieser Plan anstandslos anerkannt worden ist.

Wolfgang Schwanitz: Das ergibt sich aus seiner Funktion Mitglied des Politbüros usw., daß sein Wort Gewicht hatte, wie das Wort anderer Mitglieder des Politbüros auch ...

Abg. Dr. Toeplitz: Ich möchte jetzt diese Anhörung abschließen ... Es ging uns dabei um die Einordnung des ganzen Apparates in die Gesamteinschätzung, die wir ja der Volkskammer zum Schluß der Tätigkeit unseres Ausschusses schulden.

Rudi Mittig: Herr Vorsitzender! Wir möchten uns für die Möglichkeit bedanken. Es ist das zweite Mal, sich vor einem solchen Forum zu erklären. Ich bin überzeugt davon: Hätte es solche Möglichkeit in der Vergangenheit gegeben, hätte vielleicht mancher Schaden, wenn auch nicht verhindert, so doch begrenzt werden können ...

Abkürzungsverzeichnis

Abg.:	Abgeordneter	MfS:	Ministerium für Staatssicherheit der DDR
ABI:	Arbeiter- und Bauerninspektion	Min.:	Minister/Ministerium
Abt.:	Abteilung	Min. R.:	Ministerrat = Regierung
ADN:	Allgemeiner Deutscher Nachrichtendienst	Mitgl.:	Mitglied
		NDPD:	Nationaldemokratische Partei Deutschlands
AdW:	Akademie der Wissenschaften der DDR	ND:	Neues Deutschland (Zentrale der SED)
Aussch.:	Ausschuß	NV:	Nationale Volksarmee
BL:	Bezirksleitung	NVR:	Nationaler Verteidigungsrat
Bez.:	Bezirk		
CDU:	Christlich-Demokratische Union	PB:	Politbüro
DBD:	Demokratische Bauernpartei Deutschlands	PDS:	Partei des Demokratischen Sozialismus
DDR:	Deutsche Demokratische Republik	Präs.:	Präsidium
		PV.:	Parteivorstand
DFD:	Demokratischer Frauenbund Deutschlands	Reg.:	Regierung
		SED:	Sozialistische Einheitspartei Deutschlands
DSF:	Gesellschaft für Deutsch-Sowjetische-Freundschaft	Sekr.:	Sekretär/Sekretariat
DSTB:	Deutscher Turn- und Sportbund der DDR	Stasi:	Staatssicherheit
		StR:	Staatsrat der DDR
DVP:	Deutsche Volkspolizei	Stellv.:	Stellvertreter
FDGB:	Freier Deutscher Gewerkschaftsbund	stellv.:	stellvertretend
		VdgB:	Vereinigung der gegenseitigen Bauernhilfe
FDJ:	Freie Deutsche Jugend	VEG:	Volkseigenes Gut
HV:	Hauptvorstand	VEB:	Volkseigener Betrieb
KB:	Kulturbund der DDR	VK:	Volkskammer der DDR
Koko:	Gruppe Kommerzielle Koordinierung	Vors.:	Vorsitzender
		ZK:	Zentralkomitee
LDPD:	Liberaldemokratische Partei Deutschlands	ZPKK:	Zentrale Parteikontrollkommission
Ltr.:	Leiter		

Literatur- und Dokumentenverzeichnis

Andert, R./Herzberg, W.: Der Sturz. Honecker im Kreuzverhör. Berlin 1991
Bahrmann, H./Links, C.: Wir sind das Volk. Die DDR zwischen 7. Oktober und 17. Dezember 1989. Eine Chronik. Berlin und Weimar 1990
Beschluß über die Zusammensetzung des zeitweiligen Ausschusses der Volkskammer der DDR zur Überprüfung von Fällen des Amtsmißbrauches, der Korruption, der persönlichen Bereicherung und anderer Handlungen, bei denen der Verdacht der Gesetzesverletzungen besteht. 18. 11. 1989. In: Gesetzblatt (Gbl.) der DDR 1989/I/23 S. 249
Bekanntmachung der Neufassung des Strafgesetzbuches der DDR. 14. 12. 1988. In: Gbl. der DDR 1989/I/3 S. 33–78
2. Bericht des Untersuchungsausschusses der Volkskammer der DDR. Übergeben an die Volkskammer am 11. 1. 1990 (vervielfältigt durch das Sekretariat der Volkskammer)
3. Bericht des Untersuchungsausschusses der Volkskammer der DDR. Übergeben an die Volkskammer am 7. 3. 1990 (vervielfältigt durch das Sekretariat der Volkskammer)
Bürger 1 000 000 1. Der Staat gegen Erich Honecker. In: *Der Spiegel* 9, 1990, S. 22–31
Gesetz über das Jagdwesen der DDR vom 15. 6. 1984. 2. Durchführungsbestimmung zum Jagdgesetz. Staatliche Jagdgebiete und Wildforschungsgebiete. In: Gbl. der DDR 1984/I/18 S. 217–221 u. 228 f.
»Ich liebe Euch doch alle ...« Befehle und Lageberichte des MfS Januar-November 1989. Hrsg. von Arnim Mitter und Stefan Wolle. Berlin 1990
Lemke, K.: Staatsjagd im Revier. Berlin 1990
Mitteilung des zeitweiligen Ausschusses zur Überprüfung von Fällen des Amtsmißbrauches, der Korruption, der persönlichen Bereicherung und anderer Handlungen, bei denen der Verdacht der Gesetzesverletzungen besteht, zum stenographischen Protokoll der Anhörung von Frau Margot Honecker am 20. 12. 1989 und im Zusammenhang mit Pressemeldungen über die zur Anhörung eingegangenen Eingaben. In: Deutsche Lehrer-Zeitung (DLZ) 5, 1990, S. 12
Modrow, H.: Aufbruch und Ende. Berlin 1991
Neue Chronik der DDR. Drei Folgen. Zusammengestellt von Zeno und Sabine Zimmerling. Berlin 1990

Parlaments-Szenen einer deutschen Revolution. Hrsg. von Helmut Herles und Ewald Rose. Bonn 1990

Protokolle der Sitzungen der Volkskammer. Stenographische Niederschrift, hrsg. von der Volkskammer der DDR. 9. Wahlperiode. 11. Tagung am 13.11. 1989; 12. Tagung am 17./18.11. 1989; 13. Tagung am 1.12. 1989; 14. Tagung am 11./12.1. 1990; 15. Tagung am 29.1. 1990; 16. Tagung am 5.2. 1990; 17. Tagung am 20./21.2. 1990; 18. Tagung am 7.3. 1990

Protokolle über eine alte Zeit. In: *Neues Deutschland* 27./28.1. 1990, S.9

Przybylski, P., Tatort Politbüro. Die Akte Honecker. Berlin 1991

Reißig, R./Glaeßner, G.-J.: Das Ende eines Experiments. Berlin 1991

Schabowski, G.: Das Politbüro. Ende eines Mythos. Eine Befragung. Herausgegeben von Frank Sieren und Ludwig Koehne. Reinbek b. Hamburg 1990

Schalcks-Valuta-Reich. in: *Der Spiegel* 50, 1989, S. 30ff.

Scheffler, U./Winkelhofer, D.: Wir sind das Volk. Heft 1–3. Halle 1990

Schumann, F.: Hundert Tage, die die DDR erschütterten. Berlin 1990

Schwelien, M.: Unter die Räder gekommen. Wie das DDR-Regime über sich selbst zu Gericht sitzt. In: *Die Zeit* 12, 1990, S. 7

Staat im Staate. In: *Der Spiegel*, 6, 1990, S. 54

Tapetenwechsel. Der Untersuchungsausschuß der Volkskammer zur Überprüfung von Korruption und Amtsmißbrauch zieht Fazit. In: *Neue Berliner Illustrierte* (NBI) 11, 1990, S. 10f.

Und diese verdammte Ohnmacht. Report der unabhängigen Untersuchungskommission zu den Ereignissen vom 7. u. 8. Oktober 1989 in Berlin. Berlin 1991

Verfassung der Deutschen Demokratischen Republik vom 6. April 1988 in der Fassung des Gesetzes zur Ergänzung und Änderung der Verfassung der DDR vom 1. Oktober 1974

Wir sind keine Helden gewesen. Der frühere Volkskammerpräsident über Macht und Ende der SED. In: *Der Spiegel* 19, 1990, S. 53–66

Zivilgesetzbuch der DDR vom 19.6. 1975. In: Gbl. der DDR 1975/I/27 S. 465–516

Zwischenbericht der Regierung der DDR über den Stand der Auflösung des ehemaligen Amtes für Nationale Sicherheit vom 15.1. 1990 (vervielfältigt durch das Sekretariat der Volkskammer)

Personenverzeichnis

Albrecht, Hans: 1. Sekr. der BL Suhl der SED (1968), Mitgl. des ZK der SED (1963), Abg. der VK (1971), Mitgl. des NVR 27, 54, 80, 179
Ast, Jürgen: Dokumentarist aus Berlin 92
Axen, Hermann: Mitgl. des PB der SED (1970), Sekr. des ZK der SED (1966, verantwortlich für Außenpolitik), Abg. der VK (1950), Vorsitzender des Aussch. für Auswärtige Angelegenheiten 27–29, 73, 78, 118
Bahro, Rudolf: Soziologe/Wirtschaftswissenschaftler, wegen seiner Kritik am SED-Regime zu einer Gefängnisstrafe verurteilt, in die BRD abgeschoben 90, 233
Bauer, Hans: Stellv. des Generalstaatsanwaltes der DDR (1989), Mitgl. der SED 25
Becker, Jurek: Schriftsteller aus der DDR, lebte während der letzten Jahre vorwiegend in der BRD 121
Beil, Gerhard: Min. für Außenhandel im Min. R. der DDR der Reg. Stoph und Modrow, Mitgl. des ZK der SED 40, 42, 86
Benjamin, Hilde: Min. für Justiz im Min. R. der DDR der Reg. Grotewohl, Mitgl. des ZK der SED 13
Biermann, Wolf: Lyriker und Sänger, wegen Kritik am SED-Regime aus der DDR ausgebürgert 124 f.
Böhme, Hans-Joachim: Mitgl. des PB der SED (1986), 1. Sekr. der BL Halle der SED (1981), Abg. der VK 28, 80, 136
Bormann, Dieter: Abg. der VK (1981), Fraktion FDGB, Mitgl. d. SED, Mitgl. des Untersuchungsaussch. der VK, Lehrausbilder 31, 34 f., 117, 143, 145, 158–160, 171, 173
Brandt, Willi: Ehrenvorsitzender der SPD 199
Brombacher, Ellen: Sekr. der BL Berlin der SED (1984), Abg. der VK (1976) 222
Brünner, Horst: Generalleutnant der NVA, Stellv. des Min. für NV der DDR, Chef der Politischen Hauptverwaltung der NVA, Mitgl. des ZK der SED (1986) Abg. der VK (1986) Mitgl. des NVR 54, 179
Buggel, Ehrenfried: stellv. Staatssekretär für Körperkultur und Sport, Mitgl. der SED, Sportwissenschaftler 49, 83
Chemnitzer, Johannes: 1. Sekr. der BL Neubrandenburg der SED, Mitgl. des ZK der SED (1963) Abg. der VK (1963), Mitgl. des NVR 80
Deutscher, Hubert: stellv. Vors. der ABI bzw. der Volkskontrolle in der DDR, Mitgl. der SED 26

Dickel, Friedrich: Armeegeneral, Min. des Innern im Min. R. der DDR (1963), Mitgl. des ZK der SED (1967), Abg. der VK (1967), Mitgl. des NVR 54, 179, 182, 189 f., 197, 243

Dietrich: Generalmajor der NVA, Chef des Wehrbezirkskommandos Leipzig, Stellv. des Vors. der Bezirkseinsatzleitung, Mitgl. der SED 197, 199 f.

Dohlus, Horst: Mitgl. des PB der SED (1980), Sekr. des ZK der SED (1973), Abg. der VK (1971) 58

Dubček, Alexander: Generalsekretär der Kommunistischen Partei der ČSSR bis 1968, eine der führenden Personen des Prager Frühlings 142

Eberlein, Werner: 1. Sekr. der BL Magdeburg der SED (1983), Mitgl. des PB der SED (1986), Vors. der ZPKK der SED (1989), Abg. d. VK (1986), Mitgl. des NVR 49–51, 54, 63, 67, 72, 136, 141–152, 178, 180 f.

Ebert, Friedrich: Mitgl. des PB der SED (1949), Oberbürgermeister von Ost-Berlin (1948–1967), Mitgl. der VK (1949), verstorben 1980 140

Ehrensperger, Günter: Mitgl. des ZK der SED, Ltr. der Abt. Finanzen im ZK der SED (1974), Abg. der VK (1981) 75

Eichler, Heinz: Sekr. des StR der DDR (1971), Abg. der VK (1971), Mitgl. des Präs. der VK, Mitgl. der SED 92

Erbach, Günter: Staatssekretär für Körperkultur und Sport beim Min. R. der DDR, Mitgl. der SED 49, 83, 92

Ewald, Manfred: Präs. des DTSB, Präs. des Nationalen Olympischen Komitees der DDR, Mitgl. des ZK der SED (1963), Abg. der VK 83

Ewald, Marlies: Richterin am Stadtgericht Berlin, Mitgl. der DBD, juristische Beraterin des Untersuchungsausschusses der VK 19 f., 31, 41, 47, 116 f., 160, 233

Felber: Generalmajor der Stasi, 1. Sekr. der Kreisleitung der SED im MfS, Mitgl. des ZK der SED 76

Felfe, Werner: Mitgl. des PB der SED (1976–1988, verstorben), Sekr. des ZK der SED (1981, verantw. für Landwirtschaft), Abg. der VK (1971), Mitgl. des NVR 54, 178

Fischer, Oskar: Außenminister im Min. R. der DDR der Reg. Stoph und Modrow, Mitgl. des ZK der SED, Abg. der VK 42

Fister: Generalleutnant der Stasi, Ltr. der Hauptabt. IX (Untersuchungsabt.) im MfS, Stellv. von Schwanitz im Amt für Nationale Sicherheit der Reg. Modrow (bis zum 16. 12. 1990) 25 f.

Fleck, Rudi: 1. Vors. des Rates des Bez. Schwerin, Mitgl. der SED 80

Flegel, Manfred: Stellv. des Vors. des Min. R. der DDR der Reg. Stoph, Min. für Handel und Versorgung der Reg. Modrow, Stellv. Vors. der NDPD, Mitgl. der VK 42

Forck, Gottfried: Evangelischer Bischof für Brandenburg-Berlin 210 f.

Gerlach, Manfred: Vors. der LDPD (1967), Stellv. Vors. des StR der DDR (1960), amtierender Vors. des StR. der DDR (1989), Abg. der VK (1950) 54

Göring, Hermann: Reichsmarschall, Oberbefehlshaber der Luftwaffe, Reichsjägermeister 80

Götting, Gerald: Vors. der CDU in der DDR (1966–1989), Präs. der VK (1969–1976), Stellv. des Präs. der VK (1980), Stellv. des Vors. des StR (1960), Abg. d. VK (1950) 14, 27, 91

Gorbatschow, Michail S.: Generalsekr. des ZK der KPdSU (1985) Staatspräs. (1989) 115, 117f., 138, 219, 221

Grimm, Thomas: Dokumentarist aus Berlin 92

Hackenberg: 2. Sekr. der BL Leipzig der SED, auf Grund der Krankheit des 1. Sekr. Vors. der Bezirksleitung im Okt./Nov. 1989 197

Hänel: Generalmajor der Stasi, Chef der Bez.-Behörde der Stasi in Berlin, Mitgl. der SED 223

Härtel, Hans: Abg. der VK (1976), Fraktion der FDJ, Mitgl. der SED, Mitgl. des Untersuchungsaussch. der VK, Bauleiter 34, 151, 187

Hager, Kurt: Mitgl. des PB der SED (1963), Sekr. des ZK der SED (1955, bis Nov. 1989 verantwortlich für Kultur, Volksbildung, Gesundheitswesen, Wissenschaft), Mitgl. des StR der DDR, Abg. und Vors. des Aussch. für Volksbildung in der VK, Mitgl. des NVR 28, 49, 54, 60–62, 66, 68, 120–133, 178, 218, 231, 233

Harrland, Harry: Stellv. des Generalstaatsanwaltes der DDR (bis 12. 1. 1990), Mitgl. der SED 25, 38

Havemann, Robert: Professor der phys. Chemie an der Berliner Humboldt-Universität und an der AdW, Dissident, scharfer Kritiker der SED-Regimes, jahrelang erbittert von der Stasi verfolgt 62, 128–130, 230

Heimke, Astrid: Mitarbeiterin des Sekretariats der VK, Mitgl. der SED, Sekr. des Untersuchungsaussch. der VK 19

Hellmann, Rudi: Mitgl. des ZK der SED, Abt.-Ltr. für Körperkultur und Sport im ZK der SED 83

Henneberg, Gerd: Ltr. der Staatlichen Finanzrevision im Min. für Finanzen der DDR, Mitgl. der SED 26

Henning, Werner: Oberst der Stasi, Ltr. des Sektors Finanzrevision im MfS, Mitgl. der SED 58f.

Herger, Wolfgang: Mitgl. des ZK der SED (1976), Abt.-Ltr. im ZK der SED (1976), seit 1985 Abt.-Ltr. für Sicherheitsfragen, kurzzeitig Mitglied des PB der SED-PDS (1989), Mitgl. des NVR, Abg. der VK (1971), Vors. des Aussch. für NV in der VK 53–56, 58, 177–202, 217, 224, 228, 234, 240, 242

Herrmann, Joachim: Mitgl. des PB der SED (1978), Sekr. des ZK der ZK der SED (verantwortlich für Agitation, die Presse, Rundfunk, Fernsehen), Ltr. der Agitationskommission des ZK, 1971–1978 Chefredakteur des ND, zuständig im ZK für die Verbindung der SED zu den anderen Blockparteien, Abg. der VK (1976) 28f., 49f., 52, 58, 60, 62–64, 72, 94, 98, 135, 137, 152–164, 172, 204, 215

Heusinger, Hans-Joachim: Stellv. des Vors. des Min. R. der DDR der Reg. Stoph, Min. für Justiz im Min. R. der DDR, der Reg. Stoph und Modrow, Stellv. des Vors. der LDPD, Abg. der VK (1961) 42

Heym, Stefan: Schriftsteller in der DDR, auf Grund seiner Kritik am SED-Regime starken Repressalien ausgesetzt 121, 128

Hoffmann, Heinz: Armeegeneral, Mitglied des PB der SED (1973), Min. für NV im Min. R. der DDR der Reg. Stoph (1960–1976), Abg. der VK (1950), 1986 verstorben 182

Hofmann, Waldemar: Admiral der NVA, SED, Min. für NV der Reg. Modrow (1989), Chef der NVA der Reg. de Maizière 199

Honecker, Erich: 1946–1955 Vors. der FDJ, 1950–1958 Kandidat des PB der SED, 1958 Mitgl. des PB der SED und Sekr. des ZK der SED, 1971 Erster Sekr. bzw. Generalsekr. der SED (1976), Vors. des StR (1976), Vors. des NVR (1971), Abg. der VK (1950) 9, 27f., 35f., 49, 52, 54–58, 62–64, 66, 73, 75, 78, 80f., 83, 88, 110f., 117, 121, 133–135, 137, 139f., 144–147, 152, 154–156, 160, 163f., 178, 181, 184, 186f., 190, 192–196, 200, 204, 206, 210, 213–217, 219–221, 225, 228–231, 238–240, 242, 244

Honecker, Margot: 1949–1953 Sekr. d. Zentralrates der FDJ, Min. f. Volksbildung der DDR (1963) der Reg. Stoph, Mitgl. des ZK der SED (1963), Abg. der VK (1967) 20, 44f., 47–49, 60f., 65, 73, 99–112

Huchel, Peter: Lyriker, in die BRD emigriert 121

Irmler: Generalleutnant der Stasi, Ltr. der Zentralen Informations-, Kontroll- und Auswertungsgruppe (ZAEG) im MfS, Mitgl. der SED 232, 236

Jahn, Günther: 1. Sekr. des Zentralrates der FDJ 1967–1974, 1. Sekr. der BL Potsdam der SED (1976), Mitgl. des ZK der SED (1967), Abg. der VK (1967) 80

Jánetz, Leo: Emigrant aus Chile in der DDR, Schwiegersohn der Familie Honecker 80

Janka, Walter: Leiter des Aufbau-Verlages in Ost-Berlin. Wegen seiner Kritik am SED-Regime zu einer langjährigen Gefängnisstrafe verurteilt 17, 90, 233

Jarowinsky, Werner: Mitgl. des PB der SED (1984), Sekr. des ZK der SED (1963, verantwortl. für Handel und Versorgung), Abg. der VK (1963) und Vors. des Aussch. für Handel und Versorgung 57f., 242

Jaruzelski, Wojciech: seit 1943 in poln. Streitkräften auf seiten der UdSSR, Mitgl. Kommunist. Poln. Vereinig. Arbeiterpartei (1947), Mitgl. des ZK der Partei (1964), Verteidigungsmin. (1968–1983), Min.präs. und Erster Sekr. der Partei (1981), Vors. des StR (1985), Staatspräs. (1989–1991) 133

Jaskulla, Norbert: Abg. der VK (1986), Fraktion der NDPD, Mitgl. des Untersuchungsaussch. der VK, Aspirant an einer Ingenieurhochschule 15, 156, 206

Junker, Wolfgang: Min. für Bauwesen im Min. R. der DDR (1963) der Reg. Stoph, Mitgl. des ZK der SED (1971), Abg. der VK (1976) 28, 45

Kelm, Martin: Direktor des Amtes für Industrielle Formgestaltung in der DDR, Mitgl. der SED, verheiratet mit Elli Kelm, Sekretärin von E. Honecker 75

Keßler, Heinz: Armeegeneral, Mitglied des PB der SED (1986), Min. für NV (1986) im Min. R. der DDR der Reg. Stoph, Mitgl. des ZK der SED (1946), Abg. der VK (1950), Mitgl. des NVR 28, 45, 54, 67, 75, 92, 178, 195, 197, 199, 201f.

Kienberg: Generalleutnant der Stasi, Leiter der Hauptabteilung 20 im MfS (Bekämpfung der politisch-ideologischen Diversion und politischer Untergrundtätigkeiten), Mitgl. der SED 190

Kirsch, Sarah: Lyrikerin, emigrierte in die BRD 121

Kleiber, Günther: Stellv. Vors. des Min. R. der DDR (1971), 1. Stellv. des Vors. des Min. R. (1988), Kand. des PB der SED (1967), Mitgl. des PB der SED (1984), Abg. der VK (1967) 27f., 36, 45, 54, 64, 66, 72f., 78, 80f., 134f., 179

Kleinert, Wolfgang: Staatssekr. beim Vors. des Min. R. der DDR der Reg. Stoph, Mitgl. der SED 45

Klemm, Volker: Abg. der VK (1976), Fraktion der NDPD, Stellv. des Vors. des Untersuchungsaussch. der VK, Hochschullehrer 99–103, 108–111, 113f., 118, 124, 126, 129–132, 134, 136–139, 141–144, 147–150, 153–155, 157, 162–164, 170–172, 180, 182, 184–187, 190, 200f., 203–205, 210f., 213, 215–220, 224, 226, 231, 234–236, 238–242, 244

Klopfer, Heinz: Staatssekr. in der Staatlichen Plankommission des Min. R. der DDR, Mitgl. der SED 67

Knöfler, Claus-Dieter: Abg. der VK (1963), Fraktion der LDPD, Stellv. des Vors. des Untersuchungsaussch. der VK, Justitiar 16, 31, 34f., 114, 125, 165, 169, 197, 202

Koch, Hans: Mitgl. des ZK der SED (1981), Abg. der VK (1963), Literaturwissenschaftler 122

Köckritz, Ursula: Abg. der VK (1981), Fraktion des DFD, Mitgl. der SED, Mitgl. des Untersuchungsaussch. der VK, Abt.-Ltr. in einem VEB 151, 158, 175, 238

Kohl, Helmut: Bundeskanzler der BRD 40

Kopp, Hilmar: Ltr. der Staatl. Bilanzinspektion bei der Staatl. Plankommission der DDR, Mitgl. der SED 26

Kraatsch: Generalleutnant der Stasi, Leiter der Hauptabt. 2 im MfS (dazu gehörte die Postkontrolle) Mitgl. der SED 234

Kralowetz, Kerstin: Abg. der VK (1986), Fraktion der FDJ, Mitgl. der SED, Mitgl. des Untersuchungsaussch. der VK, Agraringenieurin in einem VEG 16, 157

Krausch, Fritz: Abg. der VK (1986), Fraktion der LDPD, Vors. des Bez.-Verbandes der LDPD Berlin, Mitgl. des Untersuchungsaussch. der VK 31, 33, 35, 110, 113, 138, 182, 196, 230, 232, 237

Krautzig, Rosemarie: Abg. des VK (1967), Fraktion der CDU, Mitgl. des Untersuchungsaussch., Wiss. Lektorin an einer Hochschule 123, 229, 236

Kreisel, Willi: Generalmajor der Stasi, Leiter der Abt. Finanzen im MfS, Mitgl. der SED 58f.

Krenz, Egon: 1. Sekr. der FDJ 1974–1983, Mitgl. des PB der SED (1983), Sekr. des ZK der SED (1983, verantwortl. f. Sicherheitsfragen), Stellv. des Vors. des StR (1984), Generalsekretär der SED und Vors. des StR der DDR (1989), Mitgl. und Vors. des NVR, Abg. der VK 9, 54f., 58, 63, 66, 113, 118, 144, 179, 188–190, 193–197, 199f., 218, 222, 224, 240, 242

Krolikowski, Werner: 1. Stellv. des Vors. des Min. R. der DDR (1976–1988), Mitgl. des PB der SED (1971), Sekr. des ZK der SED (1988, verantwortlich für Landwirtschaft), Abg. der VK (1963) und Vors. des Aussch. für Industrie, Bauwesen und Verkehr 27f., 36, 45, 54, 66, 72f., 82, 134, 179

Kuhrig, Heinz: Min. für Land-, Forst- und Nahrungsgüterwirtschaft der DDR (1973–1982), Mitgl. des ZK der SED (1976), Vizepräs. der DSF (1982), Abg. der VK (1976) 49

Kunert, Günter: Lyriker, in die BRD emigriert 121 f.

Kunze, Rainer: Schriftsteller, in die BRD emigriert 121

Lauck, Hans-Joachim: Min. für Schwermaschinen- und Anlagenbau im Min. R. der DDR der Reg. Stoph, Min. für Wirtschaftsplanung der Regierung Modrow, Mitgl. der SED 42

Lesser, Wolfgang: Abg. der VK (1971), Fraktion des KB, Mitgl. der SED, Mitglied des Untersuchungsaussch. der VK, Präsident des Verbandes der Komponisten u. Musikwissenschaftler in der DDR (1985), Komponist 15, 31, 34, 63, 138, 162, 174, 193 f., 201, 208, 237

Lietz, Bruno: Min. für Land-, Forst- und Nahrungsgüterwirtschaft im Min. R. der DDR (1982) der Reg. Stoph, Mitgl. des ZK der SED (1982), Abg. der VK (1986) 29, 46

Lorenz, Werner: Staatssekr. im Min. für Volksbildung der DDR (1958), Mitgl. des ZK der SED (1986), Abg. der VK (1958) 104, 196

Mader: Oberst der NVA, Mitgl. des Untersuchungsaussch. des Min. für NV der DDR, Mitgl. der SED 201

Maizière, Lothar de: Ministerpräs. der Reg. der DDR (1990), Vors. der CDU (DDR) (1989), Stellv. des Ministerpräs. und Minister für Kirchenfragen in der Regierung Modrow (1989) 14, 94

Maleuda, Günther: Vors. der DBD, Stellvertr. des Vors. des StR der DDR, Präs. der VK der DDR (1989), Abg. der VK 11, 36, 93

Martini, Karl-Heinz: Staatssekr. im Min. für Bauwesen der DDR, Mitgl. der SED 45

Masur, Kurt: Chefdirigent des Gewandhausorchesters Leipzig 193, 198, 202

Mecklinger, Ludwig: Min. für Gesundheitswesen im Min. R. der DDR der Reg. Stoph, Mitgl. des ZK der SED (1986), Abg. der VK (1981) 176

Mielke, Erich: Armeegeneral der Stasi, Min. für Stasi im Min. R. der DDR (1957) der Reg. Stoph, Mitgl. des PB der SED (1976), Abg. der VK (1958), Mitgl. des NVR 26, 28, 33, 41, 43, 50, 52, 54–57, 59, 62, 72 f., 75 f., 80, 85, 88, 135, 138, 145, 164, 179 f., 182, 184–187, 189–191, 193 f., 197, 202, 216–218, 226–232, 238–240, 242–244

Mittag, Günter: Mitgl. und Sekr. des ZK der SED (1962), verantw. für Wirtschaftsfragen, Mitgl. des PB der SED (1966), Abg. der VK (1963), Mitgl. des StR (1963), stellv. Vors. des StR (1984), Erster stellv. Vors. des Min. R. (1973) 36, 40, 51, 54, 58, 62, 64, 66, 73, 77, 80 f., 88, 114, 135, 144–147, 155, 168–175, 179, 215, 217, 219, 242

Mittig, Rudi: Generaloberst der Stasi, 1. Stellvertr. des Min. f. Stasi, Mitgl. des ZK der SED 56 f., 72, 190 f., 200, 224–228, 231 f., 234–244

Modrow, Hans: 1. Sekretär der BL Dresden der SED (1973), Ministerpräs. der DDR von Nov. 1989 bis März 1990, Abg. der VK, Mitgl. des ZK der SED (1967) 9, 25 f., 39–42, 57, 86

Mückenberger, Erich: Mitgl. des PB der SED (1958), 1953–1960 Sekretär des ZK der SED (verantwortlich für Landwirtschaft), Vors. der ZPKK der SED (1971), Präsident der DSF (1978), Abg. der VK (1950), Vors. der Fraktion der SED in der VK, Mitgl. des Präs. der VK 28, 49 f., 52, 62 f., 67, 133–141

Müller, Gerhard: 1. Sekr. der BL Erfurt der SED (1980), Kandidat des PB der SED (1985), Abg. der VK (1981) 27 f., 80, 82, 144

Müller, Inge: Abg. der VK, Fraktion des DFD, Mitgl. der SED, Mitgl. des Untersuchungsaussch. der VK, Angestellte in einem VEB 146, 149

Naumann, Konrad: Mitgl. des PB der SED (1976–1985), 1. Sekr. der BL Berlin der SED (1971–1985), 1985 aller Ämter enthoben 49 f., 78

Neiber: Generalleutnant der Stasi, Leiter der Abt. Militärabwehr für das MfS innerhalb der NVA, Mitgl. der SED 243

Netwig, Helmut: Generalleutnant der DVP, Stellv. des Min. des Innern, Ltr. der Kriminalpolizei in der DDR, Mitgl. der SED 26 f.

Neubert: Stellv. von A. Schalck-Golodkowski für Koko, Mitgl. der SED 76

Neumann, Alfred: Mitgl. des PB der SED (1958), 1. Stellv. des Vors. des Min. R. der DDR (1968), Abg. der VK (1954), Mitgl. des NVR 54, 179

Nickel, Uta: Ministerin der Finanzen der Regierung Modrow, Mitgl. der SED 40

Niesen, Jürgen: Stellv. des Ltr. der Staatlichen Finanzrevision im Min. für Finanzen der DDR, Mitgl. der SED 26

Niggemeier, Adolf: Mitgl. des Präs. und Sekr. des HV der CDU (DDR) seit 1977, Abg. der VK (1967), Mitgl. des Präs. der VK (1989) 91, 93

Reichelt, Hans: Stellv. des Vors. des Min. R. und Min. für Umweltschutz und Wasserwirtschaft im Min. R. der DDR (1972), Stellv. des Vors. der DBD, Min. für Umweltschutz der Reg. Modrow (1989), Abg. der VK (1950) 42, 49–51, 61, 63, 112–114, 165–177

Reinhold, Wolfgang: Generaloberst der NVA, Stellvertr. des Min. für NV, Chef der Luftstreitkräfte/Luftverteidigung, Mitgl. der SED 45

Rüthnik, Rudolf: Stellv. des Min. für Land-, Forst- und Nahrungsgüterwirtschaft der DDR, Generalforstmeister der DDR, Mitgl. der SED 46, 79, 81

Sarge, Günter: Präs. des Obersten Gerichtes der DDR, Mitgl. der SED 37 f.

Sauer: Beauftr. der Reg. Modrow zur Auflösung der Stasi bzw. des Amtes für Nationale Sicherheit, Mitgl. der SED 188

Schabowski, Günter: Mitgl. des PB der SED (1984), Erster Sekr. der SED-Bezirksleitung Berlin, Informationssekr. des ZK der SED 49 f., 52, 58, 62, 64, 66, 69 f., 73, 196, 203–224

Schalck-Golodkowski, Alexander: Staatssekr. im Min. für Außenhandel der DDR, Ltr. der Gruppe »Kommerzielle Koordinierung« (Koko), Mitgl. der SED 22, 29, 32, 35, 39 f., 45, 73, 75–77, 80, 85–89

Schürer, Gerhard: Kandidat des PB der SED (1973), Vors. der Staatl. Plankommission im Min. R. der DDR (1966), Abg. der VK (1967) 28, 42, 72, 117

Schumann, Horst: 1. Sekr. der BL Leipzig der SED, Mitgl. des ZK der SED, Mitgl. der VK, im Okt./Nov. 1989 erkrankt 197

Schur, Gustav-Adolf: Abg. der VK (1958), Fraktion der SED, Stellv. des Vors. des

Untersuchungsausch. der VK, Stellv. Vors. des Bezirksvorstandes des DTSB in Magdeburg 15f., 31, 35, 41f., 78, 136f., 208, 241

Schwanitz, Wolfgang: Generalleutnant der Stasi, Stellv. des Min. für Stasi, Leiter des Amtes für Nationale Sicherheit in der Reg. Modrow, Mitgl. der SED 26, 39, 41–43, 56f., 190, 224, 226–238, 241–244

Schwartze, Peter: Abg. der VK, Fraktion des KB, Mitgl. der SED, Mitgl. des Untersuchungsausschusses der VK, Hochschullehrer 101f., 106f., 113

Seidel: Oberst der NVA, Mitgl. des Untersuchungsausch. des Min. für NV, Mitgl. der SED 199f.

Seidel, Manfred: Stellv. von A. Schalck-Golodkowski für die Gruppe Koko, Mitgl. der SED 76f., 87

Sindermann, Horst: Mitgl. des PB der SED (1967), 1973–1976 Vors. des Min. R. der DDR, Präs. der VK der DDR (1976), Abg. der VK (1963), Mitgl. des NVR 9, 27–29, 49, 54, 61, 63, 65f., 69, 73, 81, 94, 112–120, 134f., 139f., 149, 155, 179

Sindermann, Thomas: Sohn von Horst Sindermann, Major der DVP, Leiter der Mordkommission in Berlin (Ost), Mitgl. der SED 66, 135

Singer, Thomas: Abg. der VK, Fraktion der SED, Mitgl. des Untersuchungsausch. der VK, Baubrigadier 15, 31, 34f., 78, 117, 135–137, 140, 155, 190, 198, 242

Singhuber, Kurt: Min. für Erzbergbau, Metallurgie und Kali im Min. R. der DDR der Reg. Stoph, Min. für Schwerindustrie der Reg. Modrow, Mitgl. der SED 86

Staegemann, Gerd: Abg. der VK, Fraktion der NDPD, Mitgl. des Untersuchungsausch. der VK, Stomatologe und Hochschullehrer 15

Stalin, Josef W.: Kommunist. Diktator der UdSSR, verstorben 1953 141f.

Stolpe, Manfred: Konsistorialpräsident der evangelischen Kirche für Brandenburg-Berlin, Jurist 211

Stoph, Willi: Vors. des Min. R. der DDR (1964), Mitgl. des PB der SED (1953), Stellv. des Vors. des StR, Abg. der VK (1950) 27f., 36, 45, 51, 54, 64, 66, 72f., 78f., 92, 118, 135, 155, 174f., 179

Streletz, Fritz: Generaloberst der NVA, Stellv. des Min. für NV, Chef des Hauptstabes der NVA, Sekr. des NVR, Mitgl. des ZK der SED 53–55, 177–202, 217, 234

Timm, Ernst: 1. Sekr. der BL Rostock der SED, Mitgl. des ZK der SED, Abg. der VK (1976) 27, 218

Tisch, Harry: Mitgl. des PB der SED (1975), Vors. des Bundesvorstandes des FDGB (1975), Mitgl. des StR der DDR (1975), Abg. der VK (1963) 28, 66, 72f., 82

Töpfer, Johanna: Stellv. Vors. des Bundesvorstandes des FDGB, Mitgl. des StR der DDR (1981), Mitgl. des ZK der SED (1971), Abg. der VK (1976) 92

Töpfer, Klaus: Bundesumweltminister 177

Toeplitz, Heinrich: Vors. des Obersten Gerichtes der DDR (1962–1985), Stellv. des Vors. der CDU (1966), Abg. der VK (1951), Fraktion der CDU, Vorsitzender des Untersuchungsausch. der VK, Rentner 13–20, 30, 33, 39–41, 48, 50, 91–93, 95, 101, 104f., 109, 112–114, 116, 118–123, 125, 127–129, 131f., 152f., 158, 160, 163f., 177, 180f., 183, 185, 187–189, 191f., 201f., 212, 217, 219, 224–228, 232, 234–240, 242–244

Uhlig, Andreas: Abg. der VK (1981), Fraktion des FDGB, Mitgl. der SED, Mitgl. des Untersuchungsaussch., Bereichsltr. in einem VEB 206

Wagner: Generalleutnant der Volkspolizei, Mitgl. der SED, Min. für Inneres in der Reg. Modrow (1989) 200

Weckwerth, Manfred: Präs. der Akademie der Künste in der DDR, Mitgl. der SED, Theaterintendant 192

Weißgärber, Wilhelm: Abg. der VK (1971), Fraktion der DBD, Stellv. des Vors. des Untersuchungsaussch., Sekr. des Parteivorstandes der DBD 15f., 30, 38, 111, 126, 135, 137, 139, 141, 145, 149

Wötzel: Protest. Pfarrer in Leipzig 198

Wolf, Markus: Generaloberst der Stasi, Stellv. des Min. für Stasi, Ltr. der Hauptabt. Aufklärung (HVA), Mitgl. der SED 72, 74

Wolff, Günter: Generalleutnant der Stasi, Ltr. der Hauptabt. Personen- und Objektschutz im MfS, Mitgl. der SED 53

Worner, Grischa: Rechtsanwalt im Rechtsanwaltkollegium Berlin, Mitgl. der SED, jurist. Berater des Untersuchungsaussch. der VK 19f., 91, 115, 117–119

Ziegenhahn, Herbert: 1. Sekr. der BL Gera der SED (1963), Mitgl. des ZK der SED (1966), Abg. der VK (1963) 80

Zimmermann: Vors. des Rates des Bez. Suhl, Mitgl. der SED 80